U0104866

古典文獻研究輯刊

三八編

潘美月・杜潔祥 主編

第12冊

《伊川易傳》大義通釋（第四冊）

程強 著

國家圖書館出版品預行編目資料

《伊川易傳》大義通釋（第四冊）／程強 著 -- 初版 -- 新北市：
花木蘭文化事業有限公司，2024〔民 113〕
目 4+226 面；19×26 公分
（古典文獻研究輯刊 三八編；第 12 冊）
ISBN 978-626-344-715-8（精裝）
1.CST：易經 2.CST：研究考訂
011.08　　112022583

ISBN-978-626-344-715-8

古典文獻研究輯刊
三八編　第十二冊　　ISBN：978-626-344-715-8

《伊川易傳》大義通釋
（第四冊）

作　　者　程　強
主　　編　潘美月、杜潔祥
總 編 輯　杜潔祥
副總編輯　楊嘉樂
編輯主任　許郁翎
編　　輯　潘玟靜、蔡正宣　美術編輯　陳逸婷
出　　版　花木蘭文化事業有限公司
發 行 人　高小娟
聯絡地址　235 新北市中和區中安街七二號十三樓
　　　　　電話：02-2923-1455／傳真：02-2923-1400
網　　址　http://www.huamulan.tw 信箱 service@huamulans.com
印　　刷　普羅文化出版廣告事業
初　　版　2024 年 3 月
定　　價　三八編 60 冊（精裝）新台幣 156,000 元　

《伊川易傳》大義通釋

（第四冊）

程強 著

目次

第一冊

第二冊

第三冊

第四冊

周易下經下・卷六

䷲震卦第五十一　震下震上

【程傳】

震，雷震而物動，萬物驚醒，震也。《說文》：「震，劈歷，振物者，從雨辰聲。」辰，《說文》：「辰，震也。三月陽氣動，雷電振，民農時也，物皆生。」**《序卦》：「主器者莫若長子，**《廣雅》：「主者，守也。」**故受之以震。」鼎者器也，**鼎為國器，也為宗廟之器。**震為長男，**剛居兩柔之下為長男，陽初出為長。**故取主器之義，**主器，即主儀者。**而繼鼎之後。長子，傳國家、繼位號者也，**傳國家重器，繼天子、諸侯之位。號：天子、諸侯之號。**故為主器之主。**器，朝堂、宗廟之器。**《序卦》取其一義之大者，為相繼之義。**

震之為卦，一陽生於二陰之下，動而上者也，陽生於下必上。**故為震。**兩陰附麗而順從，猶萬物附麗而順從於天：陽動，陰動而隨之。**震，動也。不曰動者，震有動而奮發、震驚之義。乾坤之交，一索而成震，**索，交媾也；乾父坤母生六子，乾生一陽，坤受之而生震，故言一索而成震。**生物之長也，故為長男。其象則為雷，**雷震而萬物順由之，故為生物之長。**其義則為動。**雷震，物奮發而動。**雷有震奮之象，動為驚懼之義。**

【釋義】

鼎為國器，主國器當為長男，故震次於鼎。長男主器，國柄轉移，國家新政，故震有驚蟄奮發，一新天下之義。

為卦，一陽主於下，是主動者，兩陰附於上，是隨動者，陰順陽而動，萬物順隨天而動，動以正，不正而妄動，非震之義。

震，亨。

【程傳】

陽生於下而上進，有亨之義。陽道亨也。**又震為動，為恐懼，為有主。**動者，震動萬物也。有主者，為萬物之主也。**震而奮發，**萬物自內奮發。**動而進，**非自外推之而後動，是驚其可動者而自動。**懼而修，**天威震動，自內而修其善。**有主而保大，**主，陽也；有主，兩陰有所主。保大，持守善也。**皆可以致亨，故震有亨。**

【釋義】

陽始來之時，威嚴加諸萬物，萬物警駭而順動，向善而進，齊同於天，生育而亨。

只是振動，何來亨？天為至正，需與天同動、齊同，動而正，順而進，也需自內奮作，不已其生機，而後可言亨。

震來虩虩，笑言啞啞。

【程傳】

當震動之來，則恐懼不敢自寧，威自天降，不敢不懼。**旋顧周慮，**因畏懼而思慎也。**虩虩然也。虩虩，**xì，虩：蠅虎，食蠅蛛或壁虎。虩虩，驚懼不安之狀。**顧慮不安之貌，蠅虎謂之虩者，以其周環顧慮，不自寧也。處震如是，**處震，臨大事也。**則能保其安裕，**知懼則能反己，反則能安，安則處之寬裕也。**故笑言啞啞。**明其所以而後安於常也。**啞啞，笑言和適之貌。**素行也。

【釋義】

震來虩虩，物驚也；笑言啞啞，順常也。

虩虩，恐懼不寧之貌，如蠅虎聞變色驚，顧盼左右而不安。

震始來之時，必驚駭怠惰者，肅整荒隨者，如蠅虎聞振動之聲而驚顧左右，故云「震來虩虩」。既來之後，若中心正，不為私欲所繫，則順之而已，坦然言笑，不失其常。

震驚百里，不喪匕鬯。

【程傳】

言震動之大而處之之道。不喪匕鬯，坦然順常，處之之道也。**動之大者，莫若雷。震為雷，故以雷言。**雷者，善之大者。震，提撕萬物生生之機，故為善。**雷之震動，驚及百里之遠，人無不懼而自失，**自處不正，則驚而失常，唯處正者不失其常。**雷聲所及百里也。唯宗廟祭祀執匕鬯者，**精誠專一而不喪，長子之德也。**則不至於喪失。**

人之致其誠敬，莫如祭祀。匕以載鼎實，實，鼎中食物。升之於　；古代祭祀、燕饗時陳置牲體或其他食物的禮器。鬯以灌地而降神。鬯，祭祀用的香酒。以酒灌地以降神，此遺俗尚存。方其酌裸以求神，酌裸，灌鬯之儀。薦牲而祈享，薦牲於神。盡其誠敬之心，祈神享祭，當盡其誠心。則雖雷震之威，不能使之懼而失守，失守，失祭祀之儀。故臨大震懼，能安而不自失者，能敬懼而後有安。唯誠敬而已，此處震之道也。卦才無取，故但言處震之道。

【釋義】

鄭玄：「雷發聲聞於百里，古者諸侯之象。諸侯出教令，能警戒其國。內則守其宗廟社稷，為之祭主，不亡匕與鬯也。人君於祭之禮，匕牲體薦鬯而已，其餘不親也。升牢於俎，君匕之，臣載之。鬯，chàng 音，秬酒，芬芳修鬯，因名焉。」

按周禮，諸侯方百里，故鄭注為「古者諸侯之象」。震驚百里：天子出教令，震驚諸侯？諸侯出教令，震動邦內？不能確定。卦辭似只取震驚之廣，廣至百里。所以震驚者，教令新出也：臣民便於舊習，聞新政皆震驚。「不喪匕鬯」，臨大事而不改素常：祭祀貴精誠專一，匕牲薦鬯時，不為驚雷所動，有主於中，故能不喪匕鬯。匕：匙也，祭祀之用，載鼎肉而升之於俎也。鬯，祭祀之香酒，以鬱金草和酒，有芬芳之氣。干寶曰：「祭禮薦陳甚多，而經獨言『不喪匕鬯』者，匕牲體，薦鬯酒，人君所自親也。」人君臨變如此，可以刑範臣民。

此卦言遇大變而不失常：心懷恐懼而行不失儀，修身有素也。

《彖》曰：震亨。震來虩虩，恐致福也；笑言啞啞，後有則也。

【程傳】

震自有亨之一無之字義，雷震而萬物從，自有亨義。非由卦才。震來而能恐懼，自修自慎，修以順天，慎不悖天。則可反至福吉也。笑言啞啞，言自若也，自若：自處若常。由能恐懼而後自處有法則也。恐懼，則收斂慢肆，故能後處有法則。有則則安而不懼矣，修身有素，有則也；人安止於則，臨變則行止有常，故不懼。處震之道也。

【釋義】

恐，畏天而反己修省，夫子迅雷風烈必變，能反己而省也。福，有德加身也，處寬則有福，唯有德能如此。君子聞風雷之變，恐懼修省，革其不善而著其善，「恐致福」也。

後者，順後也，順後於天而行止有則，後有則也。人若不順巽於天，則舉止無措，行無則也。行止有則，能臨事而安，故能笑言啞啞。笑言，言樂天，唯樂天而能順守其則，故能行其素常而不亂。

震驚百里，驚遠而懼邇也。

【程傳】

雷之震及於百里，遠者驚，邇者懼，言其威遠大矣。

【釋義】

驚則思順，懼則思反，百里之地，率而皆為王臣。

出可以守宗廟社稷，以為祭主也。

【程傳】

《彖》文脫「不喪匕鬯」一句。《卦辭》云「不喪匕鬯」，本為一作謂**誠敬之至，**誠敬：內斂其精也。**威懼不能使之自失。**外畏不能使失其內則：有主於內，不因時而革易也。**《彖》以長子宜如是，因承上文用長子之義通解之，謂其誠敬不喪匕鬯，則君出而可以守宗廟社稷以為祭主也。**主祭者。**長子如是，**臨大事而不失其主。**而後可以守世祀，承國家也。**

【釋義】

雷震而不喪匕鬯，君之長子有此精誠專一之德，君出巡視，長子則可以守宗廟社稷，為祭祀主，可擔國之重任也。

《象》曰：洊雷震，君子以恐懼修省。

【程傳】

洊，再也。**重襲也。上下皆震，故為洊雷。雷重仍則威益盛。**仍，繁也。雷重，上下內外皆震。**君子觀洊雷威震之象，以恐懼自修飭循省也。**君子觀洊雷之象：內震則自修飭，外震則考察百官。循省，考察也。**君子畏天之威，**君子承天之命，故畏天之威。**則修正其身，思省其過，咎而改之。**有咎則改之。**不唯雷震，凡遇驚懼之事，皆當如是。**

【釋義】

雷再襲，內外皆震動，動及根本，君子反本以應之：內懼以修己，思過改錯，外懼以省察百官，整飭政務。

初九，震來虩虩，後笑言啞啞，吉。

【程傳】

初九，成震之主，致震者也；震之發起者。在卦之下，處震之初也。知震之來，當震之始，若能以為恐懼而周旋顧慮，周旋，觀之周詳也。顧慮，思之周備也。虩虩然不敢寧止，自修整飭而不寧也。則終必保其安吉，唯不寧修式，故終保安吉。故一作然後笑言啞啞也。

【釋義】

震來，陽來內處初。震來所以虩虩者，乃憂懼己不修德、不順天而天震怒，故反己而虩虩不寧，恐己之失德也。

後，順天之則也，猶坤「先迷後得主」。坤後於乾得主，人後於天得則，即《象》傳「後有則也」。得主，有則在身之謂。子曰：「主忠信」，「忠信」在身，為得主、為有則。

燕居時申申、夭夭，容色舒愉，故能笑言啞啞，不失其常；驚雷之後而能如此者，乃是順天而後有則。後笑言啞啞，有則不失其德，自能寬舒自處。

初處震之始，能恐懼而慎事慮周，必終遂而吉。

《象》曰：震來虩虩，恐致福也，笑言啞啞，後有則也。

【程傳】

震來而能恐懼周顧，則無患矣，周顧：周慮，慮周也。是能因恐懼而反致福也。恐懼於外，必反於內。反己則能致富。反，也作「反而」。因恐懼而自修省，不敢違於法度，內有慎獨，外有規矩。是由震而後有法則，後，思後也，順則也。故能保其安吉，而笑言啞啞也。笑言啞啞：舒泰也。復歸於常，則舒泰。

【釋義】

恐懼則心不馳放，敬束其心，反己則得福。笑言啞啞，順天有則，樂同於天也。

六二，震來厲，億喪貝，躋於九陵，勿逐，七日得。

【程傳】

六二居中得正，善處震者也，而乘初九之剛，九震之主。震剛動而上奮，孰能御之？厲，猛也，危也。六二柔乘初九之剛，必危厲。彼來既猛，則己處危矣。乘剛則危厲。億，度也。夫子論子貢：「億則屢中」。貝，所有之資也。躋，《說文》：「登也」。升也。九陵，陵之高也。逐，往追也。以震來之厲，度不能當，而必喪其所有，則升至高以避之也。九言其重。重複之重。岡陵之重，高之至也。二升至高，見初震之厲。九，重之多也，九為重多也。如九天、九地也。

勿逐七日得：二之所貴者中正也，遇震懼之來，雖量勢巽避，度量其危懼之勢而遜退以避之。當守其中正，持中不失。無自失也。億之必喪也，故遠避之以自守，過則復其常矣，厲過去則復其常。是勿逐而自得也。逐，即物也。以己即物，殉物也。失其守矣，故戒勿逐。避遠自守，躋於九陵，避遠也；勿逐，自守也。處震之大方也。如二者，當危懼而善處者也。卦位有六，七乃更始，數七則更，數九則更之極。事既終，時既易也。不失其守，雖一時不能御其來，然時過事已，事，厲也。已，止息也。則復其常，故云七日得。

【釋義】

震來威猛，事變突然，危厲將至，不能預防之，測度必將喪其舊有，故升登於九陵以避之，貞守中正，勿往追其所失，規避七日，陰始來歸於初，復得其喪，安於素常也。九者，深遠也，陵之深遠者為「九陵」。震來厲，則遁於深遠之山陵，俗語即躲進深山老窪裏去。

六二居中得正，居中則不偏，得正則不失，故能順其震而處之，當升則升，當止則止，隨遇而安，貞守之，不妄自作，退以靜觀，厲去則歸，故終復得其失。

二三四為艮，二處艮底又乘初震剛，震動而升高，有登陵之象。艮為止，當止息於高，勿逐於喪。震主生，不主殺：喪貝以震懾其乘剛之失，然又不以剛威窮滅物，七日得，不絕物，以示寬大。

《象》曰：震來厲，乘剛也。

【程傳】

當震而乘剛，是以彼厲而己危。震剛之來，其可禦乎？

【釋義】

乘剛以招致來厲，然二有順遇之德，物來順應，又能貞固不失，不逐已去，不刻求復來，故來厲而能善處。

六三，震蘇蘇，震行无眚。

【程傳】

蘇蘇，如酥酥而軟沓。神氣緩散自失之狀。三以陰居陽，不正。處不正，於平時且不能安，況處震乎？故其震懼而蘇蘇然。處不正，增益恐懼。若因震懼而能行，去不正而就正，則可以無過。眚，目病生翳，視不明也，故行必有過，眚也。過也。三行則至四，正也，動以就正為善，就善，就四也。故二勿逐則自得，三能行則无眚。行而就正則无眚。以不一有中字正而處震懼，有眚可知。

【釋義】

《子夏易》:「弱而無當，蘇蘇也；居不安矣，行乃无眚也。」因驚懼而精神渙散，所謂「失神無主」。蘇蘇而無所依，柔弱也；陰居陽位，無當也。以驚懼渙散之態居不當之位，行止皆不得安，恐懼畏怖而不敢進；當此時，若惕厲於非安之所，則能反己自省，遠避於危地，往附於四剛，行无眚也。

三居剛處震，其行必上；居艮下，二三四互為艮，依止於剛。六三上行而依止於剛，附艮而安止於正，遷其不安而就於安地，震行无眚也。

【補遺】

六三居震上，若不進則蘇蘇無主，若進則附正无眚。

《象》曰：震蘇蘇，位不當也。

【程傳】

其恐懼自失蘇蘇然，由其所處不當故也。不中不正，其能安乎？

【釋義】

陰柔居剛，居震之極，蘇蘇而懼，位不當也。

柔居剛，居處不正，本為居位不穩；又震恐，則蘇蘇更增益其不穩。

九四，震遂泥。

【程傳】

九四，居震動之時，不中不正，處柔失剛健之道，居四無中正之德，陷溺於重陰之間，四居坎中，上下皆兩陰，陷溺於重陰。不能自震奮者也，故云遂泥。泥，滯溺也，因滯留不進而溺陷其中。以不正之陽，而上下重陰，安能免於泥乎？處不正而陷於群小，安能不浸染乎？遂，順而入也。無反之意。反善也。處震懼，則莫能守也；剛處不正，遇震懼則失常，失常則不能守。欲震動，則莫能奮也。震道亡矣，豈復能光亨也？

【釋義】

聞雷驚懼，當舉而進德，卻恐而墜落，遂下陷於泥。

四剛居柔位，體坎而在坎之中，上下皆兩重陰爻，有泥入而不反之象，震遂泥也。

剛明君子聞雷，當惕厲反己而自振作；然九四剛居柔，不能守正；欲有振奮，陷於四陰，又艮止不進，故深陷不能自拔，遂墜陷於卑污之行。

遂，墜也、入也，震懼而從高處墜落（入）。四居外卦、近尊位，為高位。泥，卑污也，德不潔為卑污，陽剛安於陰柔，剛德不振，下墜為卑污。

【補遺】

四居大臣之位，在震時本當進德修業，然居處不正，又浸潤於群小之間，怯懦而不敢任責，惶懼不敢進，恐犯上僭越，遂下行而墜入泥中，無以自處也。

《象》曰：震遂泥，未光也。

【程傳】

陽者剛物，震者動義。以剛處動，本有光亨之道，剛處動為正，正固有亨道。**乃失其剛正，而陷於重陰，以致遂泥，**墜於泥污而不反於正。**豈能光也？**失正，豈能光也。**云未光，見陽剛本能震也，以失德故泥耳。**陷於柔而失剛健之德。泥本不能自立之物，沾於物則陷溺其中，故言失德為泥。

【釋義】

剛德本當不陷，然居柔而處不正，故陷於重陰而難自振也。

六五，震往來厲，億無喪有事。

【程傳】

六五雖以陰居陽，不當位為不正，然以柔居剛，又得中，乃有中德者也。不失中，則不違於正矣，所以中為貴也。

諸卦：二五雖不當位，多以中為美；三四雖當位，或以不中為過，中常重於正也。蓋中則不違於正，正不必中也。天下之理，莫善於中，於六二、六五可見。此段言「中常重於正」：處中不違正，居正未必得中。

五之動，上往則柔不可居動之極，下來則犯剛，來居四則乘剛。**是往來皆危也。當君位，為動之主，隨宜應變，**事事見「中」，以「中」應變，變不失「中」，隨宜應變也。**在中而已，**「中則」不改也。**故當億度，**周慮而有預備也。**無喪失其所有之事而已。**不喪柔中之德也。**所有之事，**有事存焉，存中於心也。**謂中德。苟不失中，雖有危，不**一有終字**至於凶也。億度，謂圖慮求不失中也。五所以危，**柔動而易失中也，故危。**由非剛陽而無助。若以剛陽有助為動之主，則能亨矣。往來皆危，時則甚難**一作艱**，但期於不失中，則可自守，以柔主動，**剛主動，柔順動也。**固不**

能致亨濟也。

【釋義】

處震必有所動，故六五有動而往來上下，然來乘九四之剛，往喪六五中德，索索矍矍，是往來皆有危厲。九四剛德不振，陷於卑污，不能使六五有所喪，不比初九剛德正盛能使六二喪貝，故五乘剛而「億無喪」。

有事：祭祀也，言惕厲敬慎也。能惕厲敬慎，則無喪。惕厲敬慎，即持守其中，故程子云「所有之事，謂中德」，與《象》傳「其事在中」，義相合無失。虞翻：「事謂祭祀之事。出而體隨，王享於西山，則可以守宗廟社稷為祭主，故無喪有事也。」李光地：「《春秋》凡祭祀皆曰『有事』，故此『有事』謂祭也。二五之震同，具有中德而能億度於事理者亦同。然二喪貝而五無喪者，二居下位，所有者貝耳。五居尊，所守者則宗廟社稷也。貝可喪也，宗廟社稷可以失守乎。故二以喪貝為中，五以無喪有事為中。」

六二先喪後得，六五不喪不得。六五居尊位，喪則君位易手，固有「無喪」之象。

【補遺】

《周易全解》：「震往來厲：三種讀法。一是『往來厲』連讀，如虞翻：『往謂乘陽，來謂應陰；失位乘剛，故往來厲也。』程頤：『是往來皆危也。』傳統皆採用此讀法。其次是『震往來』連讀，王弼：『往則無應，來則乘剛，恐而往來，不免於危。』或可分讀為『震往，來厲』，震動而往則來厲。」易無達詁，各從其是。

《象》曰：震往來厲，危行也。其事在中，大無喪也。

【程傳】

往來皆厲，行則有危也。動皆有危，唯在無喪其事而已。其事謂中也，守中為事。**能不失其中，則可自守也。大無喪，以無喪為大也。**無喪其中道為大。

【釋義】

往來皆厲，則處其位而持守其中，無喪也。陰柔易失守，故戒之「其事在中」：不應以往來為事，五若有所事，但守中而已。

上六，震索索，視矍矍，征凶。震不於其躬，於其鄰，无咎，婚媾有言。

【程傳】

索索，索：盡，空也。志氣不存之狀。**消索不存之狀，謂其志氣如是。六以陰**

柔居震動之極，其驚懼之甚，志氣殫索也。氣餒也。矍矍，隼欲脫人手而視遽不定也。不安定貌。志氣索索，則視瞻徊徨，行前而視後，彷徨畏懼而無主也。以陰柔不中正之質，而處震動之極，震之極，大事變之時。陰柔之才處此，若旋風中飄葉。故征則凶也。

震之及身，乃於其躬也。不於其躬，謂未及身也。鄰者，近於身者也。能震懼於未及身之前，則不至於極矣，故得无咎。苟未至於極，極則不可復也。尚有可改之道。震終當變，柔不固守，故有畏鄰戒而能變之義。聖人於震終，示人知懼而能改之義，為勸深矣。

婚媾，所親也，謂同動者。有言，有怨咎之言也。六居震之上，始為眾動之首，今乃畏鄰戒而不敢進，戒備鄰人傷害我，畏鄰戒也。與諸處震者異矣，故婚媾有言也。與鄰打交道而畏懼鄰人，鄰人必有言，故婚媾有言也。

【釋義】

索索，鄭玄：「猶蹜蹜，足不正也。」恐懼戰慄而舉足不正。因不正，故乃因驚懼而步履不穩。矍，《說文》：「隹欲逸走也。」又，為人手；隹，隼也；手抓住隼，隼欲從人手中疾逸，兩眼顧望；矍矍，驚顧急視之貌。帛書「矍矍」通「懼懼」，為恐懼貌。足履錯亂，兩眼驚顧急視，中心無主，氣失志喪，人處恐懼之時常態也，如此而往征，則必有凶災。

上六陰柔處震動之極，勇、志皆喪，不可有所為，當此凶變未然之際——震不於其躬而於其鄰，若戒懼惕厲，慎事而為，則可无咎。

上六索索而知畏怖修省，行諸己則无咎，行諸於婚媾，徘徊不進，則必有怨言。按，「婚媾有言」四字可能是誤入的羨文，與上下文不搭。俞琰云：「婚媾有言羨文，觀傳不釋可見。」（見《周易全解》）

【補遺】

上六恐懼過常，有動必凶。然若災異未及於身，戒懼而備，則能保无咎。

《象》曰：震索索，中未得也。雖凶无咎，畏鄰戒也。

【程傳】

所以恐懼自失如此，索索，自失也。以未得於中道也，得中則定有主。謂過中也。不在五位）。使之得中，則不至於索索矣。極而復征，極：處震極大變之時。則凶也。若能見鄰戒而知懼，程子讀有誤：當是畏鄰人而戒，非是畏鄰人戒我。變於未極之前，則无咎也。上六動之極，震極則有變義也。

【釋義】

震索索，中心無主也，故行履錯亂。雖有凶兆，然畏懼省改，則无咎。畏鄰戒，若似畏懼鄰人傷我而有戒備，慎不敢出也；畏鄰人：若似畏鄰人，當增「若」字，非真畏，即老子之意：「豫兮若冬涉川，猶兮若畏四鄰。」戒備如此，遇凶无咎也。

䷳艮卦第五十二　艮下艮上

【程傳】

艮，《序卦》：「震者動也，物不可以終動，終動：至於終皆動。**止之，故受之以艮，**艮下兩陰，陰為欲，止不正之欲而歸之於正。**艮者止也。」**剛居上，不可往矣，故止。陰依附於陽，不可自止，唯陽剛可自止。**動靜相因，**因，倚也。**動則有靜，**才有動則靜生之。**靜則有動。**才靜則動生之，相因不離。靜者，動之以內。動者，動之以外。動之以內，必發見於外，靜則有動也。**物無常動之理，艮所以次震也。**陽升至上，自止為艮。

艮者止也。陽止於上而不進也。**不曰止者，艮山之象，有安重堅實之意，**安重堅實皆為坤德，艮止又別於坤，故特以止為艮，言陽止於進而有別於坤也。**非止義可盡也。乾坤之交，三索而成艮，**索，求也，交也。乾交於坤，陽爻入於坤。一索成震，二索成坎，三索成艮。乾坤交媾，變坤之上爻三而得艮。**一陽居二陰之上。**陽蓄止陰，君蓄止民，君子蓄止小人，皆自艮止象中見的。**陽動而上進之物，既至於上則止矣。**無可進自止。艮變為震，又自下始，周行不息。**陰者靜也，上止而下靜，**陽不得進而止息於上，陰順靜而安止於下，陰陽各居其位，上下不交而止息也。**故為艮也。**

然則與畜止之義何異？曰：畜止者，制畜之義，制畜，制控而畜止之。**力止之也；艮止者，安止之義，止其所也。**止在其位，以安重為義。

【釋義】

震乃陽居下☳，陽乃向上之物，居下自為上行，上行至中位為坎☵，至上位為艮☶。陽行至高位，不得進，止於所動處，蓄止於此而成艮，故艮有蓄止陽剛之義。剛被蓄止，則生養草木禽獸，生養者大德也。《說卦》：「艮，東北之卦也，萬物之所成終而所成始也，故曰成言乎艮。」艮之成物，便是蓄養萬物，草木生之，禽獸居之，寶藏興焉；仁者樂山，樂此生養之仁德。

君子觀艮，蓄止其德，推而擴充之，齊家治國平天下，生息天下百姓，皆艮止之德。

【補遺】

《說文》:「艮,很也,從匕目。匕目,猶目相匕,不相下也。《易》曰:『艮其限。』匕目為艮,匕目為真也。」兩目對視相仇,不相遜讓,匕目也。鄭玄:「艮之言很也。」黃宗炎:「艮為狠,艮有反見之象,無言笑面目可徵,故取其剛狠之義與?」(《周易全解》)能很,則能剛斷而止也。

艮其背,不獲其身;行其庭,不見其人,无咎。

【程傳】

人之所以不能安其止者,動於欲也。動於欲,循外也,內無艮止之則,不能安止也。**欲牽於前而求其止,不可得也。故艮之道,當艮其背。**背其欲也。**所見者在前,而背乃背之,是所不見也。止於所不見,則無欲以亂其心,而止乃安。**斷其外欲,心自安分。

不獲其身,欲不能捕獲其身,行不由欲也。**不見其身也,**欲不見諸於身,動皆由義。**謂忘我也。**忘小我之私。**無我則止矣。**見義則行,見欲則止。**不能無我,**不能絕私。我者,私也。無我,則君臣父子兄弟各有其位,有君有臣,有父有子,有兄有弟,無有一個「我」者。**無可止之道。**

行其庭不見其人:非其人則不交接。道不合,至近也如不見。**庭除之間,**除,臺階。**至近也。在背,**背對之。**則雖至近不見,謂不交於物也。**五官交於物,則馳於外也;不交於物,則五色不能亂其目,五音不能亂其耳也。**外物不接,內欲不萌,**行其庭不見其人,外物不接也;艮其背不獲其身,內欲不萌也。**如是而止,**內外皆止也。**乃得止之道,於止為无咎也。**於止:如是而止,或為:於止之道。

【釋義】

背,背之不見,尊其瞻視,不正則不視,視若無睹。艮其背:背對而止之,五官不交也,剛立而斷其可欲,艮也。可欲者切近如此,處之若背之不見,足見其剛斷之決絕;欲未萌而先斷之,阻其浸通之途,乃修身教化之功。

獲,得也。安止於分內,僭妄之欲不得浸染其身,不獲其身也。

「艮其背,不獲其身」,即老子「不見可欲,使民心不亂」、「虛其心,實其腹,弱其志,強其骨」諸教。在背在庭,近取諸身、諸物而言,若不能止於近者,則如何在切近之事上磨礪?

行其庭,行於廣庭之下。不見其人,非不見也,乃不與利祿中人為伍,外物不接也,故雖相遇而直面,也不相交接,如陌路相逢不見其人。君子小人各行其道,君子居上,小人處下,不雜處,不以其道相侵擾,故能各安止其位。

艮其背，止於內，修身也；行其庭，止於外，接物也。艮其背行其庭，行止皆由我，行事能反諸己，不為物遷。修身止於可欲，接物不見利祿中人，謂不染其道，雖有攖接而我心自寧，則无咎。

艮止，非說要息止仁，仁不可一時止息，乃止於不當之欲，修身接物皆如此。

帛書《二三子》記載孔子解讀此卦：「卦曰：『根亓北，不獲亓身；行亓庭，不見亓人。』孔子曰：『根亓北者，言任事也；不獲亓身者，精白□□□也。敬官任事，身□□者鮮矣。亓占曰：能精能白，必為上客；能白能精，必為□。以精白長眾者難得也，故曰行亓庭不見亓人。』」艮其背（根亓北），為能承事任勞。不獲其身（不獲亓身），為廉潔奉公（精白）。「精」言純而不雜，「白」言淨而不染。行其庭不見其人（行亓庭不見亓人），謂任勞而行廉之人為眾人之長，然世所罕見也。孔子大概以「艮」能承養育萬物之重，又不居其功，故能任事奉公，以此為切入點，展開他對卦辭解讀。孔子解讀卦爻，沒有此卦此爻一定必具此義，他皆依據具體事件而有發揮，故《二三子》的解讀只是夫子一時的看法，非說艮卦只能如此解讀。

【補遺】

高亨對經文有疑議，以為當為凶卦，「艮」當訓為「顧」，「獲」當為「護」，「无咎」蓋為衍文：「本卦艮字皆當訓顧，其訓止者，當謂目有所止耳。獲疑借為護，同聲系，古通用，艮其背不獲其身，猶云顧其背不護其身，顧其小者忘其大者，身之將亡，背何能有，故曰艮其背不獲其身，行其庭不見其人。此當為凶象，不宜再言无咎，疑无咎衍文，蓋今文經之所無也。說見大過。」

《彖》曰：艮，止也。時止則止，時行則行，動靜不失其時，其道光明。

【程傳】

艮為止。艮止蓄陽、止蓄陰。**止之道，唯其時；**時止則止，非擅自獨止。**行止動靜不以時則妄也。**天以時行，止不以時，則不順天，悖天為妄。**不失其時，**萬物皆與時而行：春夏時行也，秋冬時止也。**則順理而合義。**合義，合時也。**在物為理，**散之也。天理散諸於物，為物之理。**處物為義。**待之也。人與物交接，處物也。**動靜合義理，不失其時也，乃其道之光明也。**

君子所貴乎時，仲尼行止久速是也。《孟子·公孫丑》：「可以仕則仕，可以止則止，可以久則久，可以速則速，孔子也。」行，行其道，從仕途也。**艮體篤實，有光明之義。**篤實於內，內充實也，必光明於外，生生外物也。

【釋義】

艮止，順天而止。天者，時也。艮止以時，時行則行，時止則止。動靜不失其時，順天也。天者，光明之德也，故順乎天，其道必光明。

艮其止，止其所也。

【程傳】

艮其止，謂止之而止也。止之而止者，謂以止之道止之，止其所也。**止之而能止者，**能安之，則能止，若安民以止；不能安之，則不能止。**由止得其所也。**由止得其所：順由止之道，而得其安處也。所，人所安處：分也、位也、德也。**止而不得其所，**失位則不能安止。**則無可止之理。夫子曰：「於止知其所止」，謂當止之所也。夫有物必有則，**則，物所安止之法則。止，也作「行」義講，「行」在恰當處即為「止」。止者，則也，行止之則也。**父止於慈，**父行慈於子，父之止則，慈也。**子止於孝，**子行孝於父，子之止則，孝也。**君止於仁，**君行仁於下，君之止則，仁也。**臣止於敬，**臣行敬於君，臣之止則，敬也。**萬物庶事莫不各有其所，**所，物行止之主、之位。**得其所則安，**行於其所，不離其位則安。**失其所則悖。**失其所，則悖其素常之道也。

聖人所以能使天下順治，順治：順其止所之道而成善治。**非能為物作則也，**物自有行止之則，聖人不可為物別作之，但順其物則，則物安其所而得治。西人則要為自然立法，為物作則，以此宰割物。西人行之數百年，殖民、販奴、種族屠殺、販賣毒品、發動戰爭、製作新冠，皆以一己之利宰割天下，西人之自由民主非能安止天下，足以禍害天下。**唯止之各於其所而已。**聖人行止於其所，百姓率服，亦各行止於其所，則天下順治也。故云，物自有則，非聖人作之。

【釋義】

艮止者，止於所適之位，行止不出其所，行在分內，居位行職，止其所也。

天健行其上，地厚載其下，萬物居其所而行其道，君行以敬，臣敬以忠，父愛以慈，子敬以孝，夫婦唱隨，朋友信睦，老有所終，壯有所用，幼有所長，鰥寡孤獨廢疾者皆有所養，人各止其所，物各在其位，聖人順而助之，則天下安定。

上下敵應，不相與也。

【程傳】

以卦才言也。上下二體，以敵相應，艮之六爻，陽對陽、陰對陰，相敵不相應。**無相與之義。陰陽相應則情通而相與，**情通，親也；相與，相助也。**乃以其敵，**艮時，爻性同則敵。在他卦有時為同德而應。**故不相與也。不相與，則相為背，**相為背，不相接也。**為艮其背，止之義也。**相背則各止其所，而不相推助也。

【釋義】

上下相敵，初四、二五、三上皆爻性相同，不相應與，無互助共事之義，故云敵應。

【補遺】

艮以止義，「敵」乃各行其是，相逢而各止其所，不相交接。

是以不獲其身，行其庭不見其人，无咎也。

【程傳】

相背故不獲其身，背於可欲，可欲者不得浸染其身，不獲也。**不見其人，**敵則不親、不相與也，故見若陌路，不見其人也。**是以能止，**不見可欲，內止也；不與相通，外止也，故曰能止。**能止則无咎也。**艮時行止，順之也。

【釋義】

不見可欲，不獲其身，陌路相逢不相與，內止於不見，外止於不交，各歸其所，各行其是，各安其分，无咎也。

不獲其身，不正之欲不行其身，仁也。行其庭不見其人，不正之人不相交接，智也。仁以行己，智以知人，內外交修而不失，則无咎。

《象》曰：兼山艮，君子以思不出其位。

【程傳】

上下皆山，故為兼山。內外皆止，合內外之道，兼修也。**此而並彼為兼，**並，合併。彼此合為兼，艮重為艮。**謂重複也，**內外皆止，重複也。內艮止，止於則也，行止之則，所應止者、據者；外艮止，行於則也，行於當止之則、當止之據、當止之所也。**重艮之象也。君子觀艮止之象，而思安所止，不出其位也。位者，所處之分也。萬事各有其所，**所，規則也；不離其所，不離其規則。**得其所則止而安。**得其所而安，謂行不離則乃安。止：行於其所、行於當行之義。**若當行而止，**在分上止，即在分上行。若父慈子孝：父當止於慈，即當行於慈；子當止於孝，即當行於孝。非分之行、非分之至，皆非止之正。**當速而久，**而，卻。**或過或不及，皆出其位也，況踰分非據乎？**踰，逾也；踰分，行出離其分；非據，行不據於正，失其分也。

【釋義】

內外艮止，兼山之象，君子觀之，思止也：內修不逾禮，外行不瀆職，造次必於是，顛沛必於是，學而時習之也——所學在止，所習在止，君子以思不出其位。

初六，艮其趾，无咎，利永貞。

【程傳】

六在最下，趾之象。山之趾也。**趾，動之先也。艮其趾，止於動之初也。**篤本之謂。**事止於初，未至失正，**心有忒而事未著，故不至於失正而難返。**故无咎也。以柔處下，當趾之時也，行則失其正矣，故止乃无咎，陰柔患其不能常也，**陰柔不能安重自固，必循物以附之，故易妄動，而不常也。**不能固也，**不能固其常也，陰以靜伏待命為常者。**故方止之初，戒以利在常永貞固，**永貞其常。防其漸離也。**則不失止之道也。**

【釋義】

艮時，諸爻皆以「止」為義，止有兩義：止其進，行止有則。行或止皆有其則，進而不以則為冒進，為止而止也非艮止義，故兩義可以相通。

柔居剛，處不正也，不甘屈下，欲動而上，艮止之初而不止逾分，故戒之曰：動念出而先止之，形未著而止息之，艮其趾則无咎也。柔弱處初不可進，艮時而進則妄行失正，貞守其卑順，恒而持之，則利也。初以「永貞」告戒，柔者常不恒其德，故以「永貞」戒之。

《象》曰：艮其趾，未失正也。

【程傳】

當止而行，非正也。行不失正，在分內行，即止也；非說無作為為止。**止之於初，故未至失正。事止於始則易，**跡未著。**而未至於失也。**難反而不可改者為失。

【釋義】

妄動於初始而止之，行跡未著，不遠而復，故言未失正。

六二，艮其腓，不拯其隨，其心不快。

【程傳】

六二居中得正，柔居陰位，得正也。**得止之道者也。**艮止之時，柔以剛為進退，六二柔中，故能順巽於陽而得其止正。**上無應援，不獲其君矣。三居下之上，**為二之君。**成止之主，主乎止者也，乃剛而失中，不得止之宜，剛止於上，非能降而下求，二雖有中正之德，不能從也。二之行止，繫乎所主，**繫，依附。二依附於三，故不得自由。**非得自由，故為腓之象。**腓，小腿肚。**股動則腓隨動，止在股而不在腓也。**

三為股，止之主。二既不得以中正之道拯救三之不中，則必勉而隨之。勉盡臣之分。不能拯而唯隨也，三過剛，非為昏主，故二隨之。雖咎不在己，然豈其所欲哉？下匡正上，臣之分也。言不聽，道不行也，故其心不快，不能一作得行其志也。士之處高位，則有拯而無隨；如孔子於魯，有拯而無隨。在下位，則有當拯，有當隨，有拯之不得而後隨。二處下位，不能拯則隨。

【釋義】

腓，脛骨後的肉，即小腿肚。拯，舉也。隨，趾也。不拯其隨，不能舉足也。三個「其」皆指六二。若「不拯其隨」之「其」解讀為「九三」，上下不能一貫。

王弼注：「隨，謂趾也。止其腓，故其趾不拯也。腓體躁而處止，而不得拯其隨，又不能退聽安靜，故其心不快也。」孔穎達云：「腓體或屈或伸，躁動之物，腓動則足隨之，故謂足為隨。拯，舉也，今既施止於腓，腓不得動，則足無由舉，故曰『艮其腓，不拯其隨』也。」

六二為腓，本為好動，然處於艮止之下，不得不止。腓既被所止，則不能舉其趾，幽怨不快，非能反求諸己而退聽其命，以靜安其位。

【補遺】

唐之後學者，大多皆以為「隨」為二或初、二，「不拯其隨」之「其」為九三，九三為「股」，二不能救三之非，故其心不快，此釋與《象》「未退聽」之義不契。且「股」非能主動者，常為被動，由「腓」而帶動「股」動。程子釋明夷六二「夷於左股」:「股在脛足之上，於行之用為不甚切，左又非便用者。」則股不甚切於行，非主動者，而釋艮之六二，則云「股動則腓隨動」，以為「股」為主動者，前後相違，故不取程子之義。

《象》曰：不拯其隨，未退聽也。

【程傳】

所以不拯之而唯隨者，在上者未能下從也。退聽，下從也。

【釋義】

六二躁動不安，不能反求諸己、聽命而行，未退聽也。

九三，艮其限，列其夤，厲薰心。

【程傳】

限，分隔也，分隔腰部上下。謂上下之際。三以剛居剛而不中，為成艮之主，決止之極也。決，言其持堅不改也。已在下體之上，而隔上下之限，皆為止義，故為艮其限，是確乎止而不復能進退者也。確乎止，固執於止而不改，止而不以時也。在人身，如列其夤。夤 yín。當中脊之肉也。膂也，上下之際也。列絕其夤，列，裂也。則上下不相從屬，下不聽命於上。言止於下之堅也。堅，堅其固執而不改。

止道貴乎得宜，行止不能以時，而定於一，其堅強如此，則處世乖戾，與物睽絕，其危甚矣。自絕於世則危。人之固止一隅，而舉世莫與宜者，宜，適宜相處。則艱蹇忿畏，《說文》:「艱，土難治也」，艱自外來也；蹇，足跛難行，蹇自內至也。忿，自內起；畏，因外生。忿對蹇，畏對艱。焚撓其中，內外夾擊，焚之撓之，中心不安也。豈有安裕之理？厲薰心，厲通癘。薰，燒灼也。如處癘疫之中，其心薰灼，不安之甚。謂不安之勢薰爍其中一為中心也。

【釋義】

虞翻:「限，腰帶處也。」艮其限，腰部不動，不能彎屈，故腰不能帶動下肢，上下割裂，若身體不遂。九三處一卦之中，似人之腰部，處艮時，故有艮其限之象。

列，裂也；夤，夾脊肉。列其夤，裂隔夾脊肉，脊背不能伸屈，背部僵硬，手臂不能自如，則接物應酬皆廢絕，與世隔絕而孤危，故程子說「處世乖戾，與物睽絕，其危甚矣」。厲薰心，如處癘疫之危，其心如火之薰灼也。九三處危而上下隔絕，身不由己，厲薰心也。

夤，也作「連」解，腰之連屬不絕者；夾脊肉為繫動上下體，與「連」義不違。

《象》曰：艮其限，危薰心也。

【程傳】

謂其固止不能進退，固止，固執於止而不知權宜。危懼之慮常薰爍其中心也。

【釋義】

隔限於一隅，自絕於世，上下不通，處危厲而其心如薰灼也。

六四，艮其身，无咎。

【程傳】

四，大臣之位，止天下之當止者也。節制天下，道之以正，大臣之任也。以陰柔而不遇剛陽之君，君制則，臣行則。故不能止物，不能約止天下也。不能德澤及物，使物皆止其所。唯自止其身，止其身，使身行止有則。則可无咎。柔弱自保无咎。所以能无咎者，以止於正也。言止其身无咎，則見其不能止物，施於政則有咎矣。陰柔才不足，若以濟天下，則有咎。在上位而僅能善其身，不能施光於下。無取之甚也。艮時但能艮止，則合於止義，故言无咎；在他卦，四處大臣之位，但止獨善一身，則可羞吝也，故程子斥之「無取之甚」。

【釋義】

四處於一卦之中，在上卦之下，下卦之上，居中為心之所，如咸之九四喻心：「憧憧往來，朋從爾思」。

艮其身：止身者心也，心有行止之則，能通達四體，周及其身，行不背則，道不離身，无咎也。

六四陰柔，居艮止之時，不能為物定則、普施天下，故不能艮止天下之不正，但止行於一身而已。

《象》曰：艮其身，止諸躬也。

【程傳】

不能為天下之止，不能率由天下，為百姓行之則也。能止於其身而已，豈足稱大臣之位也？不能以道事君也。

【釋義】

躬者身也，止諸躬，行止則於一身。行止於身，不能擴充之以成物。

六五，艮其輔，言有序，悔亡。

【程傳】

五，君位，艮之主也，理當為艮之主也，實則非也。主天下之止者也，而陰柔之才不足以當此義，故止以在上取輔義一有之字言之。上九為艮主，五為上之輔。口為行之輔也，輔為面頰，故有此說。人之所當慎而止者，惟言行也。言寡憂，行寡悔。五在上，故以輔言。在上者，號令所自出，故以輔言。輔，言之所由出也。艮於一作其輔，則不妄出而有序也。不輕出號令，出則循乎理——有序也。老子所謂治大國如烹小鮮，是不輕出政策號令，號令輕出則政繁，政繁則民疲也。言輕發而無序，居上者，言即令也；不輕出令，故不輕出言也。則有悔。止之於輔，止之於輔：慎其出也。五之所出者令也，故五有艮其輔之象。則悔亡也。有序，中節有次序也。中節，合於中；或，中道之節。輔與頰舌，皆言所由出，而輔在中。艮其輔，謂止於中也。

【釋義】

輔，酺也。《說文》：「酺，頰也。」面頰以說話也。艮其輔，言有止，慎其言也，故爻辭為「言有序。」言說循其理也。居高位而慎其所言：多聞闕疑，慎言其餘，不輕言，不妄語，則悔亡。

六五處兌之半，有輔口之象；三四五為震，輔口而動，有言說象。五處尊位，號令政策所出者，故艮其輔，慎所號令也。

《象》曰：艮其輔，以中正也。

【程傳】

五之所善者中也。艮其輔，謂止於中也。慎言，含中不發也。**言以得中為正，**中，則也；則，序也。言而由中，言有序也。**止之於輔，**節其出也。**使不失中，乃得正也。**

【釋義】

艮其輔，言必中正，不離其則，柔居中也。

上九，敦艮，吉。

【程傳】

九以剛實居上，唯剛實能恒久於終也。**而又成艮之主，在艮之終，止之至堅篤者也。**止此不變，猶行之不改，其義相通。**敦，篤實也。居止之極，**處極則易過極。**故不過而為敦。人之止，難於久終，故節或移於晚，**移者，變也；節或移於晚，晚年放逸，失其節操也。**守或失於終，**老而不能守其正。**事或廢於久，**事久不成，則易於廢弛。**人之所同患也。上九能敦厚於終，**終能如始也。**止道之至善，**止於至善之道，或，其行道止於至善之地。**所以吉也。六爻之德，唯此為吉。**終事順也，故吉。

【釋義】

敦，厚也、多也、聚也，多聚而不變，厚也。敦艮，厚其所止，篤行於則也，終始如一而不失其分，吉也。

上九處艮止之極，止在所極處，不過其極。極者，中則也，剛在極處而不過其中則，唯敦艮者能之。

《象》曰：敦艮之吉，以厚終也。

【程傳】

天下之事，唯終守之為難。終守其道而不變，恒也。唯恒能有德，有德則性自如此，故終始不變。若不能積習成性，順其性以終成，則難以終守也。**能敦於止，**敦於止，不變其止則也。敦，敦篤也，修持以厚。**有終者也。上之吉，以其能厚於終也。**厚，可任重也，坤厚之德。

【釋義】

厚，地之德也，言其持久不衰，能任其重也。厚終，唯敦厚之德至於終而不改其初節，大吉也。

《子夏易》:「動者，利之求也。動失則害至。止者，正之元也，久守則福來，非敦厚之德不能止其終也。」

䷴漸卦第五十三　艮下巽上

【程傳】

漸，《序卦》:「艮者止也，物不可以終止，凡物皆不至至終而止，終只是始之端。**故受之以漸，漸者進也。」**進以序，漸也。**止必有進，**止於此進於彼。**屈伸消息之理也。**屈此伸彼、消此息彼，陰根於陽，陽根於陰，故止必有所進，在此止而在彼進也。**止之所生亦進也，**止其過生，則進也。**所反亦進也，**所反，不止其所生。**漸所以次艮也。進以序為漸。**漸次以進。**今人以緩進為漸進，以序不越次，**以序而進，不逾越於次序。**所以緩也。**緩，循序以進，非以爭而進。

為卦，上巽下艮。山上有木，木之高而因山，木高有漸。**其高有因也。**因，有階也，木高以山為階。**其高有因，乃其進有序也，所以為漸也。**

【釋義】

艮以止進，止者，止其越次而進，進以序也，故繼之者漸也。

漸者，進以序，順以長也。序，次進也；約，規矩也，次進以規矩，進不逾序，漸也。

為卦，艮止巽順，止者以則，順則以長；內止於禮，外順乎義，人之漸道也；猶木生山止，必有所依止，止而進，木之漸道也。艮為矩，巽為長，長有矩為漸。

天地有漸，四時以序；人間有漸，文明以成。上巽下艮，互卦坎離，木資於水則漸生，巽順於明則文明。

漸：女歸吉，利貞。

【程傳】

以卦才兼漸義而言也。女歸之禮，序進也，故有漸義。**乾坤之變為巽艮，**內坤變為艮，外乾變為巽；程子以為卦變皆是有乾坤變成。**巽艮重而為漸。**重，上下合。**在漸體而言，中二爻交也。**二五交也。**由二爻之交，然後男女各得正位。**艮為少男，巽為長女；男下以上，女上以下，則交感生，各得正位也。**初終二爻，雖不當位，亦陽上陰**

下，得尊卑之正。男女各得其正，亦得位也。與歸妹正相對。女之歸，能如是之正，則吉也。

天下之事，進必以漸者，莫如女歸。臣之進於朝，人之進於事，固當有序，不以其序，則陵節犯義，節義，皆以次序而成，如男女之節、君臣之義，不以次序則必亂矣。次序者，漸之義也。凶咎隨之。然以義之輕重，廉恥之道，女之從人，最為大也，夫婦為五倫之始，正始為大。始正則末正，始亂則終棄。故以女歸為義。且男女，萬事之先也。有男女而後有夫婦，有夫婦而後有父子君臣兄弟朋友，五倫正，而事正，事正則有萬事也；事不正，何來有事？猶如無德，何來有人乎？

諸卦多有利貞，而所施或不同，有涉不正之疑而為之戒者，有其事必貞乃得其宜者，有言所以利者以其有貞也。所謂涉不正之疑而為之戒者，損之九二是也，處陰居說，損之九二在陰位，居兌體，故云「處陰居說」。故戒以宜貞也。處陰居兌，易於柔順於外，故戒貞固其剛也。有其事必貞乃得宜者，大畜是也，言所畜利於貞也。有言所以利者以其有貞者，漸是也，言女歸之所以吉，利於如此貞正也，蓋其固有，非設戒也。漸之義宜能亨，而不云亨者，蓋亨者通達之義，非漸進之義也。

【釋義】

女歸以漸，備禮乃動，順成婚媾之序，緩成為吉。來知德：「納采、問名、納吉、納徵、請期、親迎，六禮備而後成婚，是以漸者莫如女歸也。」男女成夫婦之禮，正其行則必漸而緩，不遽進而約以正，漸也。

女漸長，歸男從夫為正；陰陽合，順天也；從夫，順正也；女漸長歸男，以成天地之禮，順天時成吉也。貞其漸正則利。

否變為漸：坤三柔進至四，剛四來居三，柔進而剛來也。剛來，立則也；柔進，順成也。女歸為四，外嫁從夫，柔居正位，巽順為德；男為剛三，居內成家，剛居正位，立剛為則。

四柔居外卦之下，卑順處下，從夫之義也；三剛居內卦之上，剛立為上，成家之道也。

《彖》曰：漸之進也，女歸吉也。

【程傳】

如漸之義而進，乃女歸之吉也，謂正而有漸也。女歸為大耳，他進亦然。

【釋義】

女歸備禮順正，女子漸進為人婦，歸正以漸，吉也。

進得位，往有功也。

【程傳】

漸進之時，而陰陽各得正位，進而有功也。四復由上進而得正位。陰由三上進至四之柔位，得正。三離下而為上，九三自初上進至三。遂得正位，亦為進而得位之。

【釋義】

柔進得位：坤三進四位，得其正；女往嫁於外，臣往進處近君之位，巽順以從，皆往有功也。

進以正，可以正邦也。

【程傳】

以正道而進，修身以正，正其身而立於朝堂。可以正邦國，至於天下也。能正邦國，推至正天下。凡進於事、以正處事。進於德、以正進德。進於位，以正居位。莫不皆當以正也。

【釋義】

三柔進至四位而陰處正，居大臣之位，順巽乎剛中，進以正，為天下範，故曰「可以正邦也」。

其位，剛得中也。

【程傳】

上云「進得位往有功也」，柔進於四，臣進爵位。統言陰陽得位，即上文：「四復由上進而得正位，三離下而為上，遂得正位，亦為進而得位之」。是以進而有功。復云「其位剛得中也」，剛居尊位，君進中德。所謂位者，五以剛陽中正得尊位也。諸爻之得正，二三四五皆得正位；初陰處卑，上剛居上，雖不處正，然剛上柔下，也得其正，故初无咎、上則吉。亦可謂之得位矣，然未若五之得尊位，故特言之。

【釋義】

君不可進以爵位，只能進以德，陽居五為正，剛得中也。

止而巽，動不窮也。

【程傳】

內艮止，外巽順。止為安靜之象，止者，動有則、行有止也。程子所言「安靜」，乃是不為外欲誘惑，即動有則之義。巽為和順之義。外行和順於時勢。人之進也，若以

欲心之動，欲心：逐於物而不根於則，貪則冒進而越次。**則躁而不得其漸，固有困窮。在漸之義，內止靜而外巽順，**靜，安止於則。**故其進動不有**一作至**困窮也。**

【釋義】

內剛以立則，外巽以順時，立則、順時皆為漸次而進；漸次而進，有積於己而漸進，其動順乎正，故不窮也。動，有所作為、做事也；窮，行受阻而不順。動乎於漸，有本有源，故其動無窮。

【補遺】

內止為有其本，外巽乃合乎宜，故其動不窮。君子修身有德，順時而行，動則不窮。

《象》曰：山上有木，漸，君子以居賢德善俗。

【程傳】

山上有木，其高有因，漸之義也。漸，有階可循序而上；山為樹之階，因其階而成樹之高。**君子觀漸之象，以居賢善之德，化美於風俗。人之進於賢德，必有其漸，習而後能安，**習成性而後安。**非可陵節而遽至也。**陵節，越逾次節。遽至，一蹴而成。**在已且然，教化之於人，不以漸，其能入乎？**入，浸入人心而變化之。**移風易俗，非一朝一夕所能成，故善俗必以漸也。**

【釋義】

君子觀木高於山之象，內以漸積其德，外以漸善其俗，由內及外，修己及人，居德以風化世俗，亦必由漸進之道。俗為習染而成，習由漸成，漸之於善，則風俗習為淳樸，漸之於惡，則風俗習為涼薄。居賢德善俗，漸於正也。

初六，鴻漸於干，小子厲。有言，无咎。

【程傳】

漸諸爻皆取鴻象。鴻之為物，至有時而群有序，鴻為候鳥，至有時也。鴻飛成行，群有序也。**不失其時序，乃為漸也。**漸至不逾次。

乾，水湄。水鳥止於水之湄，水至近也，其進可謂漸矣。行而以時，乃所謂漸。漸進不失，漸得其宜矣。六居初，至下也；陰之才，至弱也；而上無應援，以此而進，常情之所憂也。君子則深識遠照，知義理之所安，時事之所宜，處之不疑。小人、幼子唯能見已然之事，從眾人之一有所字**知，非能燭理也，故危懼而有言。**

蓋不知在下所以有進也，用柔所以不躁也，無應所以能漸也，上無應助，只能行己德而漸進也。**於義自无咎也。若漸之初而用剛急進，則失漸之義，不能進，而有咎必矣。**

【釋義】

漸以行有序為義，小子冒進，有違此義，遇厲而至於有言，然柔處漸之初，居艮止之下，當能止躁而反正，終得柔順於眾，故无咎。

鴻為大雁，時至有常，雁行有序，配偶不亂，為有德之禽，合於漸道，故六爻皆取鴻為象。

干，水岸、水涯、水畔、大水之傍。艮為少男，為「小子」，與丈夫相對，《隨》之六三云：「繫丈夫，失小子」，德未成而易於冒進為小子。

漸時，柔居剛處初，必將上行，然小子新銳，上無應援，冒然獨進，必招物議而有言；然而，陰柔居艮止之下，終必能止其妄躁，順眾聽命，與眾偕行，終无咎也。

《象》曰：小子之厲，義无咎也。

【程傳】

雖小子以為危厲，在義理實无咎也。

【釋義】

小子本有妄動之弊，然漸時知進，本无咎也，只當克制其躁妄孤往，與眾偕行。

六二，鴻漸於盤，飲食衎衎，吉。

【程傳】

二居中得正，上應於五，進之安裕者也；自處中正而又得上應，故其進安裕豁如也。**但居漸，故進不速。**暫息以飲食，不速也。**盤，石之安平者，江河之濱所有，象進之安。自干之盤，又漸進也。二與九五之君，以中正之道相應，其進之安固平易莫加焉，故其飲食和樂衎衎然，吉可知也。**

【釋義】

漸時以群處為義，六二飲食衎衎，善於群處，其進必能漸而有序，其義吉也。

盤，通磐，磐石可為安處之地。飲食衎衎：燕享和樂，鴻飲食則呼眾，衎衎和鳴。衎衎，kàn，樂也。王肅：「衎衎，寬饒之貌。」樂則寬饒，兩義相通。燕享，與眾人和樂之事。二柔中以寬，為眾人所歸，故能燕享於眾；自干漸於磐，可以暫安，故能寬裕其心，飲食而樂。

初、二皆以柔漸進無過。二以中德，寬以容眾，正應於五，得君上之助應，履順處易而吉。

《象》曰：飲食衎衎，不素飽也。

【程傳】

爻辭以其進之安平，故取飲食和樂為言。夫子恐後人之未喻，又釋之云：中正君子，遇中正之主，漸進於上，將行其道以及天下。所謂飲食衎衎，謂其得志和樂，不謂空飽飲一無飲字**食而已。**必報以忠信。**素，空也。**

【釋義】

二五君臣正應；臣之道，先事而後得，故言不素飽。不素飽，不素餐也，猶俗語「不白吃」，敬事而後食之，不素飽也。二為柔中而正，故其進必漸而不逾次，為君上所悅。

九三，鴻漸于陸，夫征不復，婦孕不育，凶，利禦寇。

【程傳】

平高曰陸，平原也。三在下卦之上，進至於陸也。陽，上進者也。居漸之時，志將漸進，而上無應援，當守正以俟時，安處平地，若安處平地，俟命以待，克其躁妄之進，不至於有災。躁妄之進者，「征夫不復，婦孕不育」也，躁進則難以賡續，故有不復之災、不育之禍。**則得漸之道。若不能自守，欲有所牽，**不當征而征，不當孕而孕，皆欲有所牽於外者。**志有所就，**就他而不能自守也。**則失漸之道。**漸之道，當己正而後就群類。

四，陰在上而密比，四密比三。**陽所說也。**漸時當群進，陽欲進，而見在上之陰，故悅之，以為合乎漸進之義。三，**陽在下而相親，陰所從也。二爻相比而無應。相比則相親而易合，無應則無適而相求，故為之戒。夫，陽也。夫謂三。三若不守正，而與四合，是知征而不知復。**漸當以陽唱先，陰隨後。陽逐陰而去，則不能復其正。**征，行也。復，反也。不復，謂不反顧義理。**不復正。**婦謂四。若以不正而合，則雖孕而不育，蓋非其道也，如是則凶也。**

三之所利，在於禦寇。御己躁妄之寇。**非理**一作禮**而至者，寇也。守正以閑邪，所謂禦寇也。不能禦寇，則自失而凶矣。**

【釋義】

三艮體而居下之上，臣下欲進而君上無應，是不可進者，當止息於平易之地以俟命。然三以過剛，必不順命而躁進，如征夫之進、無夫之育，皆躁妄所至，越次犯進，孤往離群，不以漸道而致凶災，故致征夫不復而婦孕不育也。

鴻為水生之禽，陸地非其安處，在漸升之時，義無可退，故當俟命以待，不可妄進，鴻漸于陸也。

征夫不復，死之徒也，其道不能漸以進，其行必凶。四為陰，親比於三，三往行遇四，與四交而生子，棄之不顧，不育其子，婦孕不育也。孕，生子也；育，養子也。生當有育，漸次而行，可成生養之道；若生而不養，無養育跟進，則漸生之途斷矣。

「夫征不復，婦孕不育」，可能描述一事：丈夫死於戰場，不能復歸，故其妻生子不能獨承養育之功。生、養斷裂為兩事，不能漸生成序，故凶。

三之寇非自外來，過剛致寇，三能克其過剛之進，制其非分之欲，俟命而往，則利禦寇也。

漸有兩要義：行進有序，自處有序。行進不可逾次，自處需在當位。九三不俟命而行，為行進逾次；生子不養，不盡父責，自處不當位。不復之征夫，不育之孕婦，皆失鴻之群類，在漸時而孤處，義不當也。

【補遺】

鴻漸於干、於盤、於陸，皆漸次升高，然三體艮而處止之上，於漸進之時而止不進，悖於漸義，「夫征不復，婦孕不育」皆為止漸之象，故凶也。不復，則不能續進也；不育，則不能續養也，故皆為止漸。

夫征不復，夫離婦而征；婦孕不育，婦離夫而孕，又皆為孤立離群之象，漸時離群，則違於漸次之義。

《象》曰：夫征不復，離群醜也。婦孕不育，失其道也。利用禦寇，順相保也。

【程傳】

夫征不復，則失漸之正。從欲而失正，離叛其群類，為可醜也。卦之諸爻，皆無不善。若獨失正，是離其群類。婦孕不由其道，所以不育也。所利在禦寇，謂以順道相保。君子之與小人比也，自守以正。豈唯君子自完其己而已乎？君子當正己而正人，非自了漢也。**亦使小人得不陷於非義。是以順道相保，御止其惡，故曰禦寇。**

【釋義】

征夫離家不歸，離其群類，其行可醜。丈夫不復，孕婦生子則不育，失教養之道。克制妄動之寇，順從群類以保其行正也。

六四，鴻漸於木，或得其桷，无咎。

【程傳】

當漸之時，四以陰柔進據剛陽之上，陽剛而上進，豈能安處陰柔之下？故四之處非安地，如鴻之進一作漸於木也。木漸高矣，處木而漸高於陸。而有不安之象。高木非鴻居止之所，故不安。鴻趾連，不能握枝，故不木棲。桷，音 jué。橫平之柯。唯平柯之上，乃能安處。謂四之處本危，或能自得安寧之道，則无咎也。如鴻之於木，本不安，或得平柯而處之，則安也。四居正而巽順，宜无咎者也。必以得失言者，因得失以明其義也。

【釋義】

鴻漸升而棲於木上。鴻乃水邊之禽，腳掌有蹼，不能握固枝條，故木非其安處，若能尋一扁平橫枝，可得安息，則雖勢處高危，自處則无咎。或得，自擇也。桷，方平的椽木，其上可以鋪瓦，喻樹中橫柯，鴻之中正也；因其自擇於中正，順巽於剛中，義无咎也。

四陰柔乘剛，居君之側，乃處危之地，有鴻漸木之象。然柔居正而體巽，巽承於上，柔順於下，故得橫柯而處安也。

《象》曰：或得其桷，順以巽也。

【程傳】

桷者，平安之處。求安之道，唯順與巽，順巽意思近同，區以別之，也有小異：順乃順上之正，巽為遜謙於下，皆是漸德：不逾次而進，不逾次而處。程子區別為：順義卑處，無不可。若其義順正，其處卑巽，何處而不安？如四之順正而巽，順正而不能巽於上，也未能得桷而安。因政事乃與人相接，臣下當巽卑不犯上乃安。乃得桷也。

【釋義】

居高而能卑處，柔進上行，順巽於剛中之君，或得其桷也——處高則危，順正則安。

九五，鴻漸於陵，婦三歲不孕。終莫之勝，吉。

【程傳】

陵，高阜也。鴻之所止，最高處也，象君之位。雖得尊位，然漸之時，其道之行，固亦非遽。與二為正應，而中正之德同，乃隔於三四。三比二，四比五，皆隔其交者也。未能即合，合，二五通好為君臣、為夫婦。故三歲不孕。不孕，謂上下被阻隔而不交。然中正之道，有必亨之理，不正豈能隔害之？王弼云：「進以正邦，三年有成。」**故終莫之能勝，但其合有漸耳**，因隔而成其漸也。**終得其吉也。以不正而敵中正**，邪不勝正。**一時之為耳，久其能勝乎？**

【釋義】

九五剛中，升處至尊，故有鴻漸陵之象。二五正應，二為五之婦，然中間三四，不能遽相應而通好，故有婦三歲不孕之象。然二五乃是中正之應，中正之道終不可為遮掩，三四不能久隔其間，終莫之勝也。莫，莫能也。之勝，勝之，阻其正應也。

漸時皆以漸為義，設三、四間隔二、五，緩其相應，以遂其漸成之義。

《象》曰：終莫之勝吉，得所願也。

【程傳】

君臣以中正相交，其道當行，雖有間其間者，於其間而間之，即乘二五有間，而間隔之。**終豈能勝哉？徐必得其所願**，漸道以徐緩為用。天道以漸：漸生萬物也。**乃漸之吉也。**

【釋義】

雖道阻且長，然正願必遂，貞正其勇，持其恒漸，天所佑福也。

上九，鴻漸于陸，其羽可用為儀，吉。

【程傳】

安定胡公以陸為逵。安定胡公：胡安定，與孫復、石介並稱「宋初三先生」，著有《周易口義》。《伊川年譜》：「皇祐中游太學，海陵胡翼之先生方主教道，得先生文試，大驚，即延見，處以學職。」伊川當於此時受業於胡公。**逵，雲路也，謂虛空之中。**《周易口義》：「漸卦自下而漸於上，自微而至於高大。且陵者未為極高之地，豈有反下之義哉？今考於經文，陸字當為逵字。蓋典籍傳文字體，相類而錄之誤也。逵者雲路也。言鴻之飛，高至於雲路。其羽翎毛，質可以為表儀，亦猶賢人君子，自下位而登公輔之列，功業隆盛，崇高遠大，可以為天下之儀表，故獲吉也。」**《爾雅》：「九達謂之逵。」逵，通達無阻蔽之義也。上九在至高之位，又益上進，是出乎位之外。在他時則為過矣，於漸之時，居巽之極，必有其序。如鴻之離所止而飛於雲空，在人則超逸乎常事之外者也。進至於是，而不失其漸，賢達之高致也，故可用為儀法而吉也。羽，鴻之所用進也。以其進之用，況上九進之道也。**

【釋義】

陸，繁體「陸」，胡安定疑本為「逵」字，為「字體相類，而錄之誤也。」

漸卦自初之乾、二之盤、三之陸、四之木、五之陵，漸次升高，推之，上當高過於陵；上九復為陸，於理則大有違礙；復次，陸本非鴻安止之所，上九「鴻漸于陸，其羽可用為儀」，居非所安，豈可為天下儀？故此，胡公疑「陸」為「逵」字之誤寫。逵，雲路也，雲高過於陵。

九五，乃至尊至高之位，上九升行於其上，固非位之升，乃德之升聞。上處無位之地，行有序之教，鴻漸於逵也。處無位而行有序，有暗室不欺之德，非高致之賢達則不能至於此。

鴻飛空中，相與而進，雁行有序，是其德高而為眾人之儀則。羽，鴻飛以羽毛，升高之道也，喻上九鴻漸之德。上九剛德居柔，處巽之極，巽進於上，必有儀則。

朱熹：「儀，羽旄，旌纛之飾也。」旗為率眾之用，羽為旌旗之飾，故「儀」則可以為眾人之儀則、儀表、表率。

漸有三陽，三內有寇，五下有應繫，唯獨上九處於無位之地，升高於雲際之間，光輝有儀，所行皆自性中出來，不為俗務名利所累，無一絲勉強，羽為天下儀則，自然有此漸德。

《象》曰：其羽可用為儀，吉，不可亂也。

【程傳】

君子之進，自下而上，由微而著，跬步造次，君子積行有素，跬步之進，造次之時，莫不有序。**莫不有序。不失其序，則無所不得其吉，故九雖窮高而不失其吉。可用為儀法者，以其有序而不可亂也。**

【釋義】

序進，漸也。德之積也，性之成也，積蓄在中，行之有素，故不得為亂。不由漸道，遇事必亂，是中心無有此德，不能積習成性。故漸者，序也、禮也、分也、德也、性也，一皆順乎天。

䷵歸妹卦第五十四　兌下震上

【程傳】

歸妹，少女悅順於長男，歸而從之。**《序卦》：「漸者，進也。**循序而進也。**進必有所歸，故受之以歸妹。」進則必有所至，故漸有歸義，**漸進於正，歸也。**歸妹所以繼漸也。歸妹者，女之歸也。**歸，歸屬也，以順正為義。男女相與，必有主宰，天上地下，則男上女下，男為主宰則常固。若女自為主宰，流而為女權思想、個人之自由。**妹，少**

女之稱。兌為少女。

為卦，震上兌下，以少女從長男也。男動而女說，男行正，女悅其正而隨之，順正也。**又以說而動，**此處講男悅女之少而動，與妹「悅而動」不同。**皆男說女，女從男之義。**

卦有男女配合之義者四：配合，成配對而交合。**咸、恒、漸、歸妹也。咸，男女之相感也，**心通為感，感則咸皆一心。**男下女，**少男在長女之下。下，尊就卑。**二氣感應，**上兌為陰卦，下艮為陽卦，陰柔下行，陽剛上行，二氣感應也。**止而說，**艮下兌上，止而悅。男止於義，女悅其義以隨。**男女之情相感之象。**

恒，常也，男上女下，巽順而動，震為長男居上，巽為長女居下，男上女下。男動於外，女順於內。**陰陽皆相**一作得**應，**恒之六爻皆正應。**是男女居室、夫婦唱隨之常道。**男上女下，男女居室之正也，居室正則夫婦唱隨。

漸，女歸之得其正也，男下女而各得正位，艮少男居巽長女之下。**止靜而巽順，**木居山上，柔巽順於剛。止靜，艮止以靜，剛也。**其進有漸，**木漸而居山上，益增其高，其進有漸也。**男女配合得其道也。**

歸妹，女之嫁，歸也，男上女下，女從男也，而有說少之義。悅女之少，不免悅色也。**以說而動，**因悅色而動中心，非所以動於義。**動以說則不得其正矣，**因悅色而動，逐外則不正。**故位皆不當。**見下文注。**初與上雖當陰陽之位，**當，處也。**而陽在下，陰在上，亦不當位也，與漸正相對。**

咸、恒夫婦之道，漸、歸妹女歸之義。咸與歸妹，男女之情也，咸止而說，悅於義，悅止於義。**歸妹動於說，**動於情也：情悅而心動。過去婚配，先以正娶，而後情好以篤其正。今日男女相處，若先考慮三觀而後看情感，也如古代的先正娶後情悅。**皆以說也。恒與漸，夫婦之義也，恒巽而動，**巽先動後：巽順於義，所動皆正。**漸止而巽，**剛止於內而柔順於外，內以正立身，外以謙處世。**皆以巽順也。男女之道，夫婦之義，備於是矣。**男女夫婦之義盡備於咸、恒、漸、歸妹四卦。

歸妹為卦，澤上有雷，雷震而澤動，從之象也。剛唱先，柔隨後，少女從長男，柔巽順於剛，義正也。**物之隨動，莫如水。**水隨物而動，不固其形，易於動而不易於貞固，利弊相因。**男動於上而女從之，嫁歸從男之象。**從者順也。**震長男，兌少女，少女從長男，以說而動，**心悅在先，而後從而歸。**動而相說也。**男動，女悅從也。**人之所說者少女，故云妹為女歸之象。又有長男說少女之義，故為歸妹也。**

【釋義】

歸，往也，女嫁人為歸，女往歸於男，陰順陽也。妹為少女，歸妹，乃少女嫁人。特言「妹」嫁人，以少女悅於色而嫁人，行不由正，故卦辭設教「征凶无攸利」，皆因妹悅色而動，馳悅於外而動，非動於在己之義，故勿征為戒。

循序而往，歸諸於正，漸正而歸，歸而安止於正，則歸妹而歸諸於正。歸妹，卦爻彖象有言正，有言不正，皆為設教之便，易尚變易，不可拘執。

為卦，澤上有雷，雷震於上，澤應於下，澤從雷而動，有相從之象；兌為少女，震為長男，少女依止於長男，悅順而從，也為相從；男主動於上，女順悅於下，剛上柔下，夫唱婦隨，相從而成歸妹。

歸妹：征凶，无攸利。

【程傳】

以說而動，悅而動有二：悅色而動，動於外；悅義而動，動於內。動於外，逐物也；動於內，行己之正。**動而不當，**程子以為「動而不當」，乃悅色而動。**故凶。不當，位不當也。**二至五爻，剛柔位不當；初、上，陰陽上下不當。**征凶，**不正而行，凶也。**動則凶也。**自處非正，反有為皆凶。**如卦之義，不獨女歸，無所往而利也。**凡處不當，皆不利。本不正，末未有吉者。

【釋義】

征，由內而行於外。女主內為正，征外則不正。六三居處不正，比親於四而悅順，猶女不待嫁而往，私奔則凶。又如在下之臣子私黨於近君之大臣，未得君上之令，犯而晉進則凶。

自處不正，行不由義，所行皆不正；行不正，則所利皆私，不能利天下，小人利己，非君子利天下，故曰无攸利，利不由正也。

【補遺】

不征非說靜處不可有為，卦震外兌內，女內男外，悅順於正而動，則征吉也。

《彖》曰：歸妹，天地之大義也。

【程傳】

一陰一陽之謂道。陽生陰成，大道行也。**陰陽交感，男女配合，**配對交合。**天地之常理也。歸妹，女歸於男也，**歸正也。**故云天地之大義也。男在女上，陰從陽動，**陰不可倡先，從陽而後動。**故為女歸之象。**

【釋義】

歸者，歸順於正也。女歸順於男，陰順陽，女子之正處也。

歸妹之正，人倫之始正，人倫正於始，則君臣、父子、兄弟、朋友、長幼無不得其正，人倫正，則天下正；天下正，則百姓安；百姓安，則萬物皆得而正，故曰「歸妹，天地之大義也」。

天地以生生為義，男女和合，生息不已，豈不大哉！

天地不交而萬物不興，歸妹，人之終始也。

【程傳】

天地不交，則萬物何從而生？女之歸男，乃生生相續之道。男女交而後有生息，有生息而後其終不窮。行至於終而不盡於此，不窮也。**前者有終，而後者有始，相續不窮，**相續者孝也。歸妹，孝之始也。**是人之終始也。**人倫終始不窮，歸妹也。

【釋義】

天地不交，萬物不生。興，興起而生，萬物從天地之交而興作，以順天也。人之順天地之交而興作，歸妹也。歸妹，女嫁男以成夫婦，孝之始也。

有歸妹，而後有五倫；五倫相續，因之為社會，推之為人生。人，人倫也。歸妹使得人倫終始相續，生生不息，循環不已，所謂「歸妹，人之終始」。

說以動，所歸妹也。征凶，位不當也。

【程傳】

以二體釋歸妹之義。上體動，下體悅，悅以動。說悅通，程傳中凡「悅」處皆為「說」，無有「悅」字。**男女相感，說而動者，**情動而從，悅以動。**少女之事，故以說而動，**悅色而動。少女不知悅義，故言「少女之事」。**所歸者妹也。**悅色而嫁，歸妹也。**所以征則凶者，**悅色而往，其征必凶，非以德也。**以諸爻皆不當位也。**上下兩爻乃陰陽顛倒，中四爻皆不正。**所處皆不正，何動而不凶？大率以說而動，**悅於色而動，不正也；悅於義而動，正也。**安有不失正者？**

【釋義】

「動以悅」：男行正而女悅隨，動為男，悅為女，男倡先於女，女隨後而順，則悅以正。「說以動」則反是：女情悅而歸於男，說為妹說，動為妹動，女倡先主歸，男順隨從後，非正也，故云「所歸者妹」。所歸妹，所歸者非長女，少女也。少女所以歸，以悅色為動，故云「說以動」，悅先而動隨之也。

說以動，以不正而往歸於男，不當位，征凶。

六三為歸妹主爻，柔居剛、擬剛、乘剛皆不正，處內卦之上，居內而志於外，失其所當處，凶也。

无攸利，柔乘剛也。

【程傳】

不唯位不當也，又有乘剛之過，三五皆乘剛。三乘二、五乘四。**男女有尊卑之序，夫婦有唱隨之禮，此常理也，如恒是也。苟不由常正之道，**苟，若也；由，順也；正則常，常則易知易行。**徇情肆欲，**徇，曲公而從私；肆欲，放其欲而不束。**惟說是動，**唯以悅色而動於心，循乎外者。**則夫婦瀆亂，**不賢賢而悅色則亂。**男牽欲而失其剛，**剛則不屈於欲為正。為欲所屈，牽而從之，失剛也。**婦狃說而忘其順，**《說文》:「狃，狎也。」狃說，狎昵於私情而以色取悅於人。婦道從夫而順，忘其順則不從，狎昵於夫而居其上，如貴妃之於玄宗。**如歸妹之乘剛是也。所以凶，**乘剛而致凶。**無所往而利也。夫陰陽之配合，男女之交媾，理之常也。然從欲而流放，**為順從之從，也為放縱之縱。流而不收，放而不反，流放也。流則必放於邪，而不復歸於正。**不由義理，則淫邪無所不至，傷身敗德，豈人理哉？歸妹之所以**一有征字**凶也。**

【釋義】

柔乘剛，六三下乘兩剛，處則犯柔順之道，行則不由正，故无攸利。「柔乘剛」乃陰柔倡先，不由坤順之義，利不由義，犯上不臣，何利之有？

《象》曰：澤上有雷，歸妹。君子以永終知敝。

【程傳】

雷震於上，澤隨而動，從象上看，是悅正，雷動為正，澤動而從，是悅正為歸妹；然歸妹常以悅不正為說。**陽動於上，陰說而從，**悅有正邪：悅德悅色也，從其德則正，能永固也；從其色則邪，敝而不能終也。**女從男之象也，故為歸妹。君子觀男女配合，生息相續之象，**息，養也。生息，生而養之。**而以永其終，**思永續合好、終始不變。**知有敝也。**知其有弊衰，故永續其事。**永終謂生息嗣續，**孝也。**永久其傳也。**其傳不斷為永，續香火也。

知敝謂知物有敝壞，而為相繼之道也。治其弊敗以續其舊好。老子云「敝而新成」，因其弊而成其德也；唯德能相續以永。**女歸則有生息，**女歸則有夫婦，有夫婦則有父子，生息之道也。**故有永終之義。又夫婦之道，當常永有終，**常永夫妻好合之道，使之有始有終。**必知其有敝壞之理而戒慎之。**歸妹時，慎女先倡也。**敝壞謂離隙。**

歸妹，說以動者也，情悅而動，動而不正。**異乎恒之巽而動、漸之止而巽也。少女之說，情之感動，動則失正，**動於情色則失正。**非夫婦正而可長之道，**夫婦以賢賢為正。**久必敝壞。**動於義可常固，動於情不可久固。**知其必敝，則當思永其終**

也。永修其好而至其終：易色賢賢也。**天下之反目者，皆不能永終者也。不獨夫婦之道，天下之事，莫不有終有敝，莫不有可繼可久之道。觀歸妹，則當思永終之戒也。**

【釋義】

歸妹，悅以動也。女子情悅而動，馳慕於外，故不能永固而終，君子知其必敝壞而不可恒，思以永終其事。「以永終知敝」，先後邏輯似為「知敝永終」，知其必敝壞而思永其事以終。

澤上有雷，雷震動於上，水應順於下。水應雷而動；然水之動，其性不能固也，如妹之情動於中亦不能持守，占者觀其象，思修其敝以篤其好。

【補遺】

君子以永終知敝，「知」字當作「知縣」的「知」解為佳。知，管制也。君子思以永終其道來救治、管控敝壞之因。

初九，歸妹以娣，跛能履，征吉。

【程傳】

女之歸，居下而無正應，應，正配也；不備六禮而娶之，娣也。**娣之象也。剛陽在婦人為賢**一作堅**，貞之德，**女剛則能固，貞之德也。**而處卑順，**初為兌體而自處卑，卑順之象。**娣之賢正者也。**甘居正配，自處卑順，故為賢正者。**處說居下為順義。**初處兌體之下，故言順。**娣之卑下，雖賢，何所能為？**娣不可主內，不可承祖宗、奉祭祀，故言何能為也。**不過自善其身，以承助其君而已。**承言受也，娣但行其君之命，不能主持內務、自主而行，故曰「承助」；若妻則可以獨立主持內務。**如跛之能履，言不能及遠也。**不能任重也。**然在其分為善故，**行其分內則善。**以是而行則吉也。**跛不能健行，但可行其跛道之正也。

【釋義】

《說文》：「娣，女弟也。」「從嫁以適人者」（來知德），即陪房之女，隨嫡配而來，如《紅樓夢》中「平兒」作為陪嫁成了賈璉的小妾。娣作為媵妾，年幼較小，無需明謀正娶，不待六禮周備。初九居下而無正應，無婚配，娣之象。初剛居正位，能健行者，然而處之不中，不中則行不正，「跛能履」之象也。跛，腳有偏疾，行不穩。

初雖以跛，不可行遠，亦不廢行，似若無妻而有妾同行，亦不廢「生息嗣續」之道，故往征則吉。

「征吉」雖微言，然潛含大義：娣有此德，可以扶正承家。征，上行也，娣上行則可為妻。

歸妹以剛爻為吉，剛可貞守，不為「說動」，故在歸妹為吉：如初征吉，二幽人貞，四歸有時。陰爻除五居中為吉，其餘兩爻皆不吉，陰柔易悅於外而動也。

《象》曰：歸妹以娣，以恒也；跛能履吉，相承也。

【程傳】

歸妹之義，以說而動，非夫婦能常之道。情悅而動，非悅義而動；情隨境遷，義則剛立不改，故言「以悅而動」非夫婦能常久之道。**九乃剛陽，有賢**一作堅**貞之德，雖娣之微，乃能以常者也。**初雖為娣，然能貞固其卑順，也如有剛德。**雖在下，不能有所為，**不能獨主內也。**如跛者之能履，然征而吉者，以其能相承助也。能助其君，娣之吉也。**

【釋義】

歸妹以娣：以娣之身份歸屬男也。恒，言持守其卑順也。

《子夏易》:「歸妹相終非情，故以禮歸之。」娶妾雖無需備禮，然若以禮歸之，則可永續其好，故云「以恒也」。初雖不中，然剛居正位，是可恒之象。娶妾似跛，然不廢其行履，持而恒之，吉也。

吉相承者：娣妾之身本不可以承祖奉祭，然若有此恒德，可以扶升為正，則可吉而相承也。娣雖卑微，能傳後，也謂吉相承之道。爻辭「征吉」，此德可升為正配也，即象傳「相承」之義。

九二，眇能視，利幽人之貞。

【程傳】

九二陽剛而得中，剛中，能貞守者。**女之賢正**一作貞**者也。上有正應，而反陰柔之質，動於說者也。乃女賢而配不良，**二正應於五，五陰柔而承剛為不正，故言「配不良」。**故二雖賢，不能自遂以成其內助之功，**九二雖剛中，然處妾之位，不可倡先，不可自遂其功，當從正室而輔贊之。**適可以善其身而小施之，**適，只也。善其身，幽人之貞也。小施，小有施為，以幽人之故。**如眇者之能視而已，言不能及遠也。**

男女之際，際，交際也。**當以正禮。五雖不正，二自守其幽靜貞正，**幽，畜藏也；靜，待候也。貞，固守也。正，分位也。**乃所利也。二有剛正之德，幽靜之人也。二之才如是，而言利貞者，利，言宜於如是之貞，非不足而為之戒也。**

【釋義】

《說文》:「眇，一目小也」，即一眼能視。尚秉和:「二三半離，故曰眇。」半離，一陰一陽，半明也，故象眇。

歸妹以六三為正妻，初跛、二眇，俱非正室，妾也。跛不廢其履而吉，眇不廢其視而利，初以剛居正、二以陽處中，皆能順成其事。二五正應，在他卦為吉，然婚配以剛應柔，則嫁非其人，如柏舟之蕩，飄無歸所，耿耿不寐，如有隱憂；薄言往愬，逢彼之怒，居家不寧如此，甚於不嫁者。

幽人：剛居柔地而處中，斂其光，幽人之象。幽人之貞，嫁之非匹，不能救人之失，唯有獨守其志、幽人自貞而已。剛居柔中，能貞之象，非戒之也。

《象》曰：利幽人之貞，未變常也。

【程傳】

守其幽貞，未失夫婦常正之道也。世人以媟狎為常故，媟，音 xiè，輕慢也。**以貞靜為變常，不知乃常久之道也。**不知貞靜乃反為常久之道。

【釋義】

二五雖匹配不良，然二能幽人自貞，自潔其好，順守婦道，是未變常也。

六三，歸妹以須，反歸以娣。

【程傳】

三居下之上，本非賤者，以失德而無正應，居剛乘剛皆為失德；三上皆陰柔，不得應。**故為欲有歸而未得其歸。**欲有歸於正而不得歸正。**須，待也。**不正而待，待而不得。**待者，未有所適也。**適，歸也。**六居三，不當位，**柔居剛，不正也。**德不正也。柔而尚剛，**尚剛者，尚動以先也，柔不能先而當為後。**行不順也。**柔隨後則行順。**為說之主，**兌之主爻，主媚取於人者。**以說求歸，**以色歸人也。欲嫁悅情之郎，自作主而倡先也。**動非禮也。**非循禮而動。**上無應，**上為陰爻，無應於三。**無受之者也。無所適，故須也。**居處不正而欲適正，不得而須待也。**女子之處如是，人誰取之？**取，娶也。**不可以為人配矣。**不可為正室也。**當反歸而求為娣媵則可也，以不正而失其所也。**失其正歸也。

【釋義】

六三為歸妹主爻，當為正妻；然三不中不正，柔居剛而乘剛，躁動不安，陰柔倡先，以媚悅人，動不循禮，為德之卑賤者，故往則無人應娶，失其歸所，唯有以妾待嫁於人，反歸以娣也。

《象》曰：歸妹以須，未當也。

【程傳】

未當者，其處、其德、其求歸之道皆不當，乘剛非處也，不正非德也，悅媚於人，非求歸之道也，三者皆不當。**故無取之者，**無有娶她之人。**所以須也。**須，待也。

【釋義】

不能嫁人為妻，唯有以妾待從於人：柔行剛，行不當；陰乘陽，處不正；婦主動，德不正。

九四，歸妹愆期，遲歸有時。

【程傳】

九以陽居四，四上體，外卦為上體。**地之高也。**喻四之尊貴也。**陽剛在女子為正德，**女子有剛德，不屈媚於人，能從禮行正也。**賢明者也。無正應，**初四不應。在初為往嫁，在四為來歸。**未得其歸也。過時未歸，**過當嫁之齡而未嫁。**故云愆期。女子居貴高之地，有賢明之資，人情所願娶，故其愆期乃為有時，**過其時則必有歸。**蓋自有待，非不售也，待得佳配而後行也。九居四，雖不當位，而處柔乃婦人之道**一有也字。**以無應，故為愆期之義，而聖人推理，**《象》辭如此。**以女賢而愆期，**音 qiān。**蓋有待也。**天佑德，有德終不困窮。

【釋義】

四剛居震體之下，明體之上，是女之貞賢者。然居高貴之位，下無良匹，行健而遇坎，為愆期之象。三四五為坎，四在坎中，遇險愆期也。程子以為不應於初，故有待，以應《象》傳之說。

歸妹時，貞德女子不輕從人，必待良配而嫁。明賢柔伏，非韞櫝不售，遲歸有時也；猶賢君子隱臥於野，不輕沽售，當俟明主備禮而行，諸葛之待玄德也。

《象》曰：愆期之志，有待而行也。

【程傳】

所以愆期者，由己而不由彼。由己：非不能歸，有待賢人也。**賢女，人所願娶，所以愆期，乃其志欲有所待，待得佳配而後行也。**

【釋義】

陳夢雷：「三四皆失位，而三反四遲者，澤善淫而雷動有時也。」三處兌澤之上，水性易濫肆而趨下，故三失德，自降為妾，如澤水之流而每況愈下。四居震體之下，雷性趨上且震動有時，故四為賢女有待良配也。

六五，帝乙歸妹，其君之袂，不如其娣之袂良。月幾望，吉。

【程傳】

六五居尊位，妹之貴高者也。下應於二，為下嫁之象。王姬下嫁，自古而然。至帝乙而後正婚姻之禮，正婚姻之禮，使婚姻之禮得正也——女雖位尊，嫁則從夫。明男女之分，雖至貴之女，不得失柔巽之道、柔則女依男，巽則婦從夫。有貴驕之志。不得有貴驕之志。故《易》中陰尊而謙降者，陰尊，位高也；謙降，順下也。則曰「帝乙歸妹」，泰六五是也。貴女之歸，唯謙降以從禮，謙降，謙以順也，降以卑也。女嫁則從夫，為從禮。乃尊高之德也，不事容飾以說於人也。不事容飾，從義之正也。容飾，修飾容觀。娣媵者，以容飾為事者也。容飾為事：以色悅人，非從義也。衣袂所以為容飾也。六五尊貴之女，尚禮而不尚飾，故其袂不及其娣之袂良也。良，美好也。月望，陰之盈也，盈則敵陽矣。敵，勢相當，故不順。幾望，近望而未望。未至於盈也。盈則柔擬剛而不順。五之貴高，貴而處高。常不至於盈極，則不亢其夫，亢，敵也。乃為吉也。女之處尊貴之道也。

【釋義】

帝乙，紂王之父。《乾鑿度》：「美帝乙之嫁妹：順天地之道，以立嫁娶之義，則妃匹正；妃匹正，則王化全。」故程子云，帝乙為王姬下嫁制定禮儀：「明男女之分，雖至貴之女，不得失柔巽之道，有貴驕之志」。帝女雖位尊，嫁人而能卑順於夫，順天之則，從陽之剛，不失柔巽之道。

君，帝乙之女也。帝女下嫁給諸侯國君，尊稱為君夫人或邦君夫人。袂，衣袖也，此處特指衣袖上的文飾。其娣，陪嫁之女。「其君之袂，不如其娣之袂良」，帝女之袂尚其禮，其陪嫁娣之袂尚其文飾，故其文飾不如其娣之良也。帝嫁女於臣，尊高以卑，以謙順顯其尊高，不以文飾章其華貴。

月幾望，帝王之女如月之幾望，然未至於盈滿，以其能謙順，故吉。

《象》曰：帝乙歸妹，不如其娣之袂良也；其位在中，以貴行也。

【程傳】

以帝乙歸妹之道言。其袂不如其娣之袂良，尚禮而不尚飾也。五以柔中，在尊高之位，以尊貴而行中道也。柔順降屈，降尊而屈就於卑。尚禮而不尚飾，乃中道也。

【釋義】

帝乙歸妹，貴以履禮，不貴以飾，居中則不逾禮，故言「其位在中，以貴行也」。行，履禮也。

上六，女承筐無實，士刲羊無血，无攸利。

【程傳】

上六，女歸之終而無應，女歸之無終者也。不能終其婚姻，非指不能歸。《本義》云「約婚而不終者」，不可取。婦者，所以承先祖，續香火、養育下代。奉祭祀。女嫁夫後，為夫家一員，故得以奉祭祀、為夫之助祭。不能奉祭祀，則不可以為婦矣。筐篚之實，筐篚之實：備祭品也。竹器方曰筐，圓曰篚，皆祭祀之用。婦職所供也。古者房中之菹歜一作醢之類，俎，俗字為俎，盛祭品之物；菹，通葅，醃菜、酸菜；歜，當為醢，肉醬之類。俎菹歜，皆為祭祀之用。后夫人職之。后夫人：諸侯夫人，或稱邦君夫人、君夫人。職，主管也。諸侯之祭，親割牲，殺牲取血。卿大夫皆然，割取血以祭。禮云血祭，暗指血脈相傳。盛氣也。女當承事筐篚而無實，無實則無以祭，謂不能奉祭祀也。夫婦共承宗廟，婦不能奉祭祀，乃夫不能承祭祀也，故刲羊而無血，刲，音 kuī，刺、殺。亦無以祭也，謂不可以承祭祀也。婦不能奉祭祀，則當離絕矣一無矣字，離棄而絕相好。是夫婦之無終者也，何所往而利哉？

【釋義】

祭祀之時，夫婦當協同完成。然上六，女不能承筐奉祭，男不能刲羊承祭，各失其職分，婚姻不終而散。承筐，承祭祀之品；刲羊，殺犧以供神。無實、無血，皆指男女皆不行其職。

《象》曰：上六無實，承虛筐也。

【程傳】

筐無實，是空筐也。空筐可以祭乎？言不可以奉祭祀也。女不可以承祭祀，則離絕而已，是女歸之無終者也。

【釋義】

《象》傳只言「無實」，「無血」已在其中；卦為歸妹，故只及虛筐無實。上六無實，乃棄其職守而去，妹雖暫歸而不能繼以終。

陰柔居上，處無位之地，不能承祭祀，無實也。

䷶豐卦第五十五　離下震上

【程傳】

豐，《序卦》：「得其所歸者必大，下離上震，麗附於正，得其所正歸者必大。又內光明而正動於外，所動皆明，所動皆正，故必大也。**故受之以豐。」物所歸聚，必成其大，故歸妹之後，受之以豐也。豐，盛大之義。**明德通行於天下，則盛大。**為卦，震上離下。**震上，外行正也；離下，內明德也。**震，動也。**居高以正動。**離，明也。**處卑以內明。**以明而動，**明德而動。**動而能明，**動而能復於明德之正。**皆致豐之道；明足以照，**內明則足以照。**動足以亨，**震動以正，足以亨通。**然後能致豐大也。**

【釋義】

《說文》:「豐，豆之豐滿者也。從豆，象形。」鄭玄:「豐之言倎，充滿意也。」倎通腆，善也，厚也。下麗上震，皆有善厚之義，離震相須，中女順長男，以成其正之大，豐也。

物歸於正必大，大曰豐。為卦，離下震上，動以明，由明以動，行不離道，推其光明之德以革變天下，必暢通而亨豐。內明外震，聖人制作，光明所照，天下皆震奮而從。

卦象為電閃雷鳴，凡所照處，必行雷霆之勢，滌蕩其滯塞，使其暢通無阻；在人世，必有大制作大革新，否則何來盛大而豐？震，有變革之義；離，為光明之德；變革而順由光明之德，聖人平治天下之象。

【補遺】

《說文》:「寷，大屋也。從宀豐聲。《易》曰：寷其屋。」寷乃豐之異體字，有大屋之義。《周易全解》以為豐卦可能與文王遷都於豐邑有關。《周本紀》:「伐崇侯虎，而作豐邑。自岐下而徙都豐。明年，西伯崩，太子發立，是為武王。」《詩》:「文王受命，有此武功，既伐于崇，作邑于豐，文王烝哉。」

豐：亨，王假之，勿憂，宜日中。

【程傳】

豐為盛大，其義自亨。明德而正動，其義自亨。**極天下之光大者，為王者能至之。**王者，貫天地人為一。**假，至也。**剛進至於五位，非指臣僭越而居位，只是剛健之行，必至於尊位而王天下。虞翻:「假，至也。」王弼:「大者王之所尚，故至之也。」王假之，王致其亨盛之道，即行其道也。至，有推至的意思。**天位之尊，四海之富，群生之眾，王道之大，極豐之道，其唯王者乎！豐之時，人民之繁庶，事物之殷盛，治之豈易周？**周者，周備而無所遺也。**為可憂慮。**治而不周，德澤不遍，則可憂。日中則昃，盛德則衰，亦為可憂。**宜如日中之盛明廣照，無所不及，然後無憂也。**故必至於至尊之位而後能行其盛明廣照也。

【釋義】

下離上震，雷震以時，明以時動，積久必至於豐。王行此道，致萬民於繁庶豐亨，持守其「明以動」，常保其日中之盛而不失，則可勿憂也。日中，言光明之盛、澤被之極、不偏於正。

震必上行，九四行至五，剛處尊位，方至豐亨，假之也。假，至也。剛至於五則可稱為「王」，至而持守，則可勿憂。

四上則五下，則三四五為離，上卦為坎，坎為加憂，離為坎之反，故卦辭為「勿憂」。取虞翻之義。

【補遺】

假，也可作「借助」解。王假之，王借助於亨盛之道，意思也通。馬融：「假，大也。」王假之，王尚大其豐亨之道。

《彖》曰：豐，大也，明以動故豐。

【程傳】

豐者，盛大之義。離明而震動，動以行仁，明以麗正。**明動相資，**明動相資，不息其明也。明而不動，修己不能及物，自了漢之術；明而動，修己及物也；君子修身，非即己而止，將以明照天下。**而成豐大也。**

【釋義】

順明而行，不息其王者之德，久之必成其大業。明德而正動，必至豐盛。

王假之，尚大也；

【程傳】

王者有四海之廣，兆民之眾，極天下之大也，此說有差忒，秦皇、漢武富有四海之廣，兆民之眾，但不能稱之為「王」，不行其明德之故也。**故豐大之道，唯王者能致之。**王假之也。**所有既大，**所有者，王有天下也。**其保之、治之之道亦當大也，**必行日中之王道。保之，保天下之民也。**故王者之所尚至大也。**王者所尚之道，當至大如日中。

【釋義】

明以動，王者之行則也，其則常懷不離，王也。王行此則而至於豐，尊尚其明德也。大，明德也，猶大人之大；唯明德能成其大亨之盛。

勿憂，宜日中，宜照天下也。

【程傳】

所有既廣，所治既眾，當憂慮其不能周及，宜如日中之盛明，居至高而明至盛。普照天下，普照，仁德遍照。無所不至，則可勿憂矣。如是，然後能保其豐大。保有豐大，豈小才小知之所能也？知通智。

【釋義】

明盛至中，必昃而衰，王者當憂患之，若能持守其中，不使偏昃，使之常照於天下百姓，無所不照，無所不覆，鰥寡孤獨皆被其仁澤，廣大其寬仁之心，則勿憂也。

王弼云：「以勿憂之德，故宜照天下也。」以君子坦蕩之德臨照天下，意思也非常之好。

日中則昃，月盈則食，天地盈虛，與時消息，而況於人乎？況於鬼神乎？

【程傳】

既言豐盛之至，復言其難常，日中則昃，盛大難常也。以為誡也。日中盛極，則當昃昳；昳，dié，日過午。月既盈滿，則有虧缺。天地之盈虛，尚與時消息，況人與鬼神乎？盈虛謂盛衰，消息謂進退。消退息進也。天地之運，亦隨時進退也。隨時即順天。鬼神謂造化之跡，於萬物盛衰，可見其消息也。於豐盛之時而為此誡，欲其守中，不至過盛。處豐之道，保其日中之道也。豈易也哉？

【釋義】

夫子既言不必優恤，又以「日中則昃」為誡，凡事必有預也：事前定則不困，道前定則不窮。能預，則與時消息而應變不窮。

《象》曰：雷電皆至，豐，君子以折獄致刑。

【程傳】

雷電皆至，電以公，雷以行：公而不行，不能折獄；行而不公，則冤訟聚矣。明震並行也。二體相合，故云皆至。明動相資，成豐之象。離，明也，照察之象。震，動也，威斷之象。折獄者必照其情實，折獄，斷獄也。唯明克允；唯有公明，然後可信允於人。致刑者以威於奸惡，唯斷乃成。奸惡盤根錯節，往往勢大，若上無威懾，則不可斷成。故除惡，有明無威則不成。所謂「威」者，明所應附也。故君子觀雷電明動之象，以折獄致刑也。斷訟獄，施刑罰。《噬嗑》言先王飭法，飭法，以公明之道整頓刑罰。《丰》言君子折獄，以明在上而麗於威震，王者之事，故為制刑立法；以明在下而麗於威震，君子之用，故為折獄致刑。明在上則可制法，明君之用也；明在下則可行法，明臣之行也。《旅》明在上而云君子者，《旅》取慎用刑與不留獄，君子皆當然也。君子當如是也。

【釋義】

電以明照而公，雷以威斷而成，明以下照，威以上行，雷電並至，公明行於天下也。君子觀此明震之象，公明以威行：行正則明，明照必行，以除奸惡，以保孤弱不告者。

初九，遇其配主，雖旬，无咎，往有尚。

【程傳】

雷電皆至，成豐之象；明動相資，資，助也。致豐之道。非明無以照，非動無以行，相須猶形影，須，待也。相資猶表裏。初九明之初，初處明體之下。九四動之初，四居震體之始。宜相須以成其用，故雖旬而相應。位則相應，用則相資，故初謂四為配主，已所配也。配雖匹稱，然就之者也。如配天以配君子，故初於四云配者，四於初云夷也。自下應上，為配，自上應下，為夷。夷者，平也，言四之才德非高於初，與初相平夷也。雖旬无咎：旬，均也。天下之相應者，常非均敵。均敵，才德相當。如陰之應陽，柔之從剛，下之附上，敵安肯相從？敵，旬也。唯《丰》之初、四，其用則相資，其應則相成，故雖均是陽剛，相從而無過咎也。蓋非明則動無所之，無明則惑，故動無所之。之，去也。非動則明無所用，明而不動，不能成物也，故言明無所用。相資而成用。同舟則胡、越一心，共難則仇怨協力，事勢使然也。往而相從，剛居下則必炎上，初四相旬，初往而從四，四亦來而應初。則能成其豐，故云有尚，有可嘉尚也。其行可嘉尚也。在他卦則不相下而離隙矣。離隙則上下有間。

【釋義】

配主，九四也。初、四非正應，在豐時為正配，取「雷電皆至，明動相資」之義。六五陰柔，不能行剛斷之事，九四代攝之，然四非正主，故稱之「配主」。配主，言才德可以匹配為主，如周公之才德可配為王。

旬，王弼、程子、朱熹皆以為「均」；「均」者，不相上下，相匹配也。初、四才德匹配，故言「旬」。「雖旬无咎」：在他卦，下上相應，當以下從上為順；然豐時，雷電相配，非相從也，當為勢均力敵以相配合，方不至釀成災禍。斷獄時，明過於斷，則不能成獄；斷過於明，則成冤訟，故明斷相配而行，明、斷勢均則能明折獄、公致刑。

往，上行而匹配於四；有尚者，嘉之也。初之電上行而匹配於四之雷，雷電相匹，則能成其「明以動」之功，故嘉之。尚，蘇軾作配義，初往行而匹配於四，意思也可。

鄭玄以為「配」當作「妃」:「遇其妃主，嘉耦曰妃。」又云:「初修禮，上朝四，四以匹敵恩厚待之，雖留十日，不為咎。」惠士奇以為此爻為朝聘之禮，客在主國逗留，常以旬日為限，過則有咎。胡瑗「旬者，十日也。」《象》傳云「過旬災也」，有咎與災禍，「旬」與「過旬」其義大不同。

【補遺】

鄭玄之義似更自然。

《象》曰：雖旬无咎，過旬災也。

【程傳】

聖人因時而處宜，隨事而順理。聖人順之而已，不有自己。**夫勢均則不相下者，常理也。然有雖敵而相資者，則相求也，初、四是也，所以雖旬而无咎也。**相資之故。**與人同而力均者，在乎降己以相求，**謙己尊人，則和而合也。**協力**一作心**以從事。若懷先己之私，有加上之意，**強盛而加諸於人之上。**則患當至矣，故曰過旬災也。均而先己，**非謙處也。**是過旬也。一求勝，則不能同矣。**不能同德。

【釋義】

雷電相匹，雖旬无咎也；不相匹配，則過旬災也。

六二，豐其蔀，日中見斗，往得疑疾，有孚發若，吉。

【程傳】

明動相資，乃能成豐。明照而有為，則成豐。二為明之主，又得中正，可謂明者也，而五在正應之地，陰柔不正，非能動者。二五雖皆陰，而在明動相資之時，居相應之地，五才不足，既其應之才不足資，則獨明不能成豐，既不能成豐，則喪其明功，故為豐其蔀。

日中見斗：二，至明之才，以所應不足與而不能成其豐，喪其明功，無明功則為昏暗，故云見斗。斗，昏見者也。蔀，周匝之義，用障蔽之物掩晦於明者也。**斗屬陰而主運乎**一作平**象。**斗，北斗。主運於象：主運於天象，猶言主導於天象。看天象之運行，主要看北斗，因北斗為眾星共之。**五以陰柔而當君位，日中盛明之時，**

乃見斗，猶豐大之時，乃一作而**遇柔弱之主。斗以昏見，**日昏暗則可見北斗。**言見斗，則是明喪而暗矣。**日喪其明。

二雖至明中正之才，二虛中而處明體，至明中正也。**所遇乃柔暗不正之君，**六居五，則不正；陰居明之上，則柔暗。**既不能下求於己，若往求之，則反得疑猜忌疾，**疑猜其志，忌疾其才。**闇主如是也。**

然則如之何而可？夫君子之事上也，不得其心，則盡其至誠，以感發其志意而已。行己而已，非曲媚於上也。**苟誠意能動，**能動君上之心也。**則雖昏蒙可開也，**昏言不明，當條理之；蒙言遮蔽，當揭發之。**雖柔弱可輔也，雖不正可正也。**可感應之，則順而從之。**古人之事庸君常主，而克行其道者，**克，能也。**己之誠意**一無意**上達，而君見信之篤耳。管仲之相桓公，孔明之輔後主是也。若能以誠信發其志意，**以誠信之心行其志意。**則得行其道，乃為吉也。**

【釋義】

蔀，遮蔽。本為木棚上遮蔽陽光之草席，以喻遮蔽之大。斗，北斗星。日中見斗：正午之際，日被遮蔽，能見北斗星光，昏暗之甚也。豐其蔀，當如虞翻所云：「日蔽雲中，稱蔀。」豐其蔀，遮蔽大也。曰：可為二，離在下也；也可為五，日在上也。

豐時而被遮蔽，不得見其上下亨通，故「往得疑疾」。往者，二往上配六五，如初之見配主。豐時只言配，不言應：敵言相配，順言相應。得疑疾，二上配之道不通。疑，癡也，癡呆。《說文》：「癡，不慧也。字俗作癡。」癡疾，癡呆之病。二蔽於明，日中只見斗光，若人之智被遮蔽而為癡呆，糊塗而行，必被人視為癡呆，故往得疑疾。

孚，孚信；發，去其蔽也。有孚發若：言若能誠信而往，也將為人所信，若雲散而日明，若智去其塞而聰明。

《象》曰：有孚發若，信以發志也。

【程傳】

有孚發若，謂以己之孚信，感發上之心志也。篤厚信之本，則能感發於人。**苟能發，則其吉可知，雖柔暗，有可發之道也。**篤厚孚信，可發之道也。

【釋義】

去其蔽而見孚信之明，誠信可以通達其志。發，通達也。信以發志：以誠信通達其志，使人信之。

九三，豐其沛，日中見沬，折其右肱，无咎。

【程傳】

沛字，古本有作旆字者。旆通旆。王弼以為幡幔，則是旆也。幡幔，圍蔽於內者。豐其沛，其暗更甚於蔀也。蔀遮於外，旆遮於內。三，明體，而反暗於四者，所應陰暗故也。因上六也。豐時爻同則匹配而吉，爻不同則不吉。三與上，一剛一柔，在豐時不匹配，故反暗於四。三居明體之上，陽剛得正，本能明者也。豐之道，必明動相資而成。同爻相配敵也，如雷與電。三應於上，上陰柔，又無位而處震之終，既終則止矣，不能動者也。他卦至終則吉，震至終則止矣。三無上之應，則不能成豐。沬，星之微小無名數者。見沬，暗之甚也。午而能見微弱之星，暗甚也。豐之時而遇上六，日中而見沬者也。

右肱，肘至肩。人之所用，乃折矣，其無能為可知。九三明昏，上六折肱，不能明動相資，無能為也。賢智之才，遇明君則能有為於天下。上無可賴之主，則不能有為，如人之折其右肱也。程子以為，日中見沬乃指上六。人之為有所失，則有所歸咎，曰由是故致是。若欲動而無右肱，欲為而上無所賴，則不能而已，更復何言？無所歸咎也。上六折右肱，不能資九三之行，於九三則為无咎。

【釋義】

沛，作旆，幡幔也，喻蔽甚於蔀。虞翻：「日在雲下稱沛。沛，不明也。」《九家易》：「大暗謂之沛。」蔀遮於外，旆遮於內。《九家易》：「沬，斗杓後小星也。」虞翻：「沬，小星也。」其光遠不及北斗之明，日中之時，陰暗之甚，能見沬星之光，又過於「日中見斗。」

三、上在他卦為正應，然豐時，雷電勢均，只言相敵而配，不言正應。上陰柔，才德與三不敵，不相匹配也，如人之折斷右肱，無能為也。

【補遺】

日中見沬，明昏也，為九三；折其右肱，動折也，為上六。九三處明體之極而明昏，上六處震體之極而動折。明雖昏，尚可用，故无咎。

《象》曰：豐其沛，不可大事也；折其右肱，終不可用也。

【程傳】

三應於上，上應而無位，上六無位。陰柔無勢力，而處既終，終則變，變豐盛之道也。其可共濟大事乎？既無所賴，如右肱之折，終不可用矣。

【釋義】

豐其沛，遮其明也；不能明照，只能成小事，不能成大事，故言「不可大事也」。右肱，乃人所發力處，折斷之，豈可為用？

九四，豐其蔀，日中見斗，遇其夷主，吉。

【程傳】

四雖陽剛，為動之主，又得大臣之位，然以不中正，居不中處不正。遇陰暗柔弱之主，豈能致豐大也？故為豐其蔀。蔀，周圍掩蔽之物。周圍則不大，圍一周則勢必不能大。掩蔽則不明。日中見斗，當盛明之時，反昏暗也。夷主，其等夷也，等，猶階、等級也。等夷，等級相類，猶同一個等級。相應故謂之主。初、四皆陽而居初，初居離之初，四居震之初。是其德同，又居相應之地，故為夷主。初為四之夷主。居大臣之位，而得在下之賢，同德相輔，其助豈小也哉？故吉也。如四之才，得在下之賢為之助，則能致豐大乎？曰：在下者上有當位為之與，當位，此處指居尊上之位。與，同行者，助也。在上者下有賢才為之助，豈無益乎？故吉也。然致天下之豐，有君而後能也。五陰柔居尊而震體，無虛中巽順下賢之象，二五不相應，且五居震體，則動而上行，無故下賢之象。下雖多賢，亦將何為？蓋非陽剛中正，不能致天下之豐也。

【釋義】

「豐其蔀，日中見斗」，日，六五也；見斗，日昏暗不明，故能白日見北斗。夷，等夷也，勢相當之謂。初稱四為「配主」，四稱初為「夷主」。四為配主，以處上而尊為言；初為夷主，以居下而卑為言。

豐其蔀，日中見斗，本為明不見而不順；然四能遇夷主而助之，則吉。

《象》曰：豐其蔀，位不當也。

【程傳】

位不當，謂以不中正居高位，所一作非以闇而不能致豐一有乎字。以昏暗之道，豈能致豐？

【釋義】

四之不明，由處不當位，剛居柔也。

日中見斗，幽不明也，

【程傳】

謂幽暗不能光明，君陰柔而臣不中正故也。

【釋義】

日中見斗，日幽暗而不明也。

遇其夷主，吉行也。

【程傳】

陽剛相遇，吉之行也。下就於初，故云行；下求則為吉也。

【釋義】

豐時，兩剛相遇而匹配，猶雷之配遇電，則大吉。

六五，來章，有慶譽，吉。

【程傳】

五以陰柔之才，為豐之主，固不能成其豐大。若能來致在下章美之才而用之，來致之道：謙順於下。章，有德者內美必彰顯於外。則有福慶，復得美譽，謙順來賢而有美譽。所謂吉也。六二，文明中正，處離中、柔居正位，文明中正也。章美之才也。為五者，誠能致之在位而委任之，致之在位，使賢者致仕在位也。可以致豐大之慶、名譽之美，故吉也。章美之才，主二而言。然初與三四，皆陽剛之才，五能用賢，則彙征矣。拔茅茹，君子彙征也；能用六二，則同類並進而上也。二雖陰，有文明中正之德，大賢之在下者也。五與二雖非陰陽正應，非正應，正配也。程子不言正配，從素常也。在明動相資之時，有相為用之義。五若能來章，則有慶譽而吉也。然六五無虛已下賢之義，以意推測：大概程子以為五居不正，又柔處震動之中，躁不安也。聖人設此義以為教耳。

【釋義】

來，來就我也，如「有朋自遠方來」。才德在身，章也，謂有才德之賢君子，指二；二處離體之中，附麗於兩明，有文明章美之德。來章，謂六五能使二之章美之才來就我也。二五皆陰柔，豐時而敵相配也。五處震之中，動而能致有章之君子來就歸我，則可慶也，於五則有來賢之美譽，故吉。

《象》曰：六五之吉，有慶也。

【程傳】

其所謂吉者，可以有慶福及於天下也。六五處尊位，不能施德於下，不為吉也。人君雖柔暗，若能用賢才，則可以為天下之福，唯患不能耳。

【釋義】

六五能來章美之才，故有慶也。

上六，豐其屋，蔀其家，窺其戶，闃其無人，三歲不覿，凶。

【程傳】

六以陰柔之質，而居豐之極，處動之終，其滿、假、躁動甚矣。滿，滿盈自大，豐其物也；假，不實，闃其無人也。**處豐大之時，宜乎謙屈，**謙以處盈，屈以處才。謙以讓賢，屈以含章。**而處極高；**然而，其處極高，不能謙屈也。而，然而，下兩個「而」皆如此。**致豐大之功，在乎剛健，**剛健之才，匹其大豐之功也。**而體陰柔；**然其體陰柔則不能剛健也。**當豐大之任，在乎得時，**震以時行。**而不當位。**欲得時而位不當也。**如上六者，處無一當，**居處極高，體柔而不居時，處無一當也。**其凶可知。豐其屋，處太高也。蔀其家，居不明也。**自遮其明，又絕去下賢之明。**以陰柔居豐大，**德不匹也，而居其功。**而在無位之地，乃高亢昏暗，**居高惕厲，處高之道也；然上六亢行無畏懼，因其德昏暗也。**自絕於人，人誰與之？故窺其戶，　其無人也。**無有德之人，僅為肉行之屍。**至於三歲之久而不知變，其凶宜矣。**臨難而不知變，凶也。**不覿，**音 dí。**謂尚不見人，**不見向德而行。**蓋不變也。六居卦終，有變之義，而不能遷，**遷：遷改其習以就德也。**是其才不能也。**

【釋義】

屋，所以居者；豐其屋，高大其居，陰柔之才居大豐之功，不匹之甚，無謙德也。蔀其家，遮蔽其家，處不明也，不與有德者為伍也；為道遠人，自肥而不及於物，無德之甚也。闃，空也；闃其無人，不見其人，人皆避而遠之。

有「豐其屋，蔀其家」之因，必有「窺其戶，闃其無人」之果。三歲不覿凶：三歲而不改其德，宜其凶也。上六自為尊大，足成自蔽，久之必凶。

《象》曰：豐其屋，天際翔也。窺其戶，闃其無人，自藏也。

【程傳】

六處豐大之極，在上而自高，有德者，自卑而人尊尚之；無德者，自高而人卑賤之。**若飛翔於天際，**行於虛空，不接於物，下無民也。**謂其高大之甚。窺其戶而無人者，雖居豐大之極，而實無位之地，以其昏暗自高大，故皆棄絕之，自藏蔽而弗與親也。**無德則自絕於眾也，故弗人與之親。

【釋義】

天際翔：權臣當位之時，豐大其屋宇，勢力薰天，若行於虛空之中，卑藐群下，不接於物，自謂高大，實為昏暗失德之甚。窺其戶，闃其無人：權臣獲罪之後，偌大門庭闃無一人，昔日繁華光景不復見，不欲藏之而污德自藏矣，謂失眾也。

自藏，德污不光顯，若晦隱一般。

䷷旅卦第五十六　艮下離上

【程傳】

旅，旅本為軍隊編制，古以五百人為旅，後也指羈旅、行旅。**《序卦》：「豐大也，窮大者必失其居，**窮大：推大至於極；物極必反，窮大必失其豐大之正。失其正、失其所安，失居也。**故受之以旅。**旅者，失其居而行於外。」**豐盛至於窮極，**豐極必出離其位，變豐之道也。**則必失其所安，**盛極則奢，奢則僭越而不安其位，變豐也。**旅所以次豐也。**

為卦，離上艮下。內止而外明，內慎重而外明察，處旅之道也。**山止而不遷，火行而不居，違去而不處之象，**違者，背也；去者，離也。不處，不共道也。山止火動，道相違背，行相去遠也。**故為旅也。又麗乎外，**離上而依附於外，不內止也。**亦旅之象。**

【釋義】

不安處而行於外，旅也。

為卦，離上艮下，艮止於下，火行於上，內止外行，外行內不行，上下不協，處無所安，旅也。山為艮止而靜安，火灼山上而山上之物皆不得安，物離其所，不得不旅也。艮內火外，行走於外，素行不變，旅有則，旅於可安之道。離，麗附而柔順於外，故不當與物爭而生牴牾，則旅外無憂，亦旅安之道。

旅三陽三陰，似卿大夫行於外而其徒旅隨於後。旅之三陽，兩陽處外，皆非居正，處不得位，行於外而不得安之象；一陽居三，艮止於內，是旅有內則之象。且旅外三爻皆不得正，失位於外之象。

互卦巽兌，旅行在外，當巽讓而和處，可保平安。

旅：小亨，旅貞吉。

【程傳】

以卦才言也，如卦之才，可以小亨，得旅之貞正而吉也。

【釋義】

兩柔得中而小亨，柔為小道，得中為亨，是為小道之亨。兩剛困處於三四，上下為陰柔所掩，剛道不行，上九又不在其位，君子困蹇於途，順安自保則可，不得亨行其道。

旅之六爻，僅初、四相應，二爻各處其初，是初始方有亨；二四、三六皆不應，行於初之上皆不亨通。旅自否變來，六三行至五，變否為旅，變乾為離，旅時離附於正，安處自保，是為小亨。

【補遺】

內卦，兩陰在下而盛，得勢，陽體艮在休止位，不得進；外卦，陰居中，兩陽皆不得正位，陽附著陰；故上下陰皆為主，然柔又不能成大事，其亨便小。旅，陽不得安處為旅，四上皆不能正處，三雖居正，然體艮不得伸其道。

《彖》曰：旅小亨，柔得中乎外，而順乎剛，止而麗乎明，是以小亨，旅貞吉也。

【程傳】

六上居五，上卦本為巽，六自四上行至於五，成離。程子以為所有卦變皆是乾坤兩卦所變，上卦變自上卦，下卦變自下卦，故「六上居五」非是六自三位上行至五。**柔得中乎外也。**乎，於也。**麗乎上下之剛，順乎剛也。下艮止，上離麗，**離，火也；麗，附也；火必附物而生，故離麗也。**止而麗於明也。柔順而得在外之中，**六五也。五陰柔順於二剛，處外卦之中。**所止能麗於明，**艮止於明德。**是以小亨，得旅之貞正而吉也。旅困之時，**旅固為困，處不得位也。**非陽剛中正，有助於下，不能致大亨也。**剛居五位，又有應於下，則能致大亨。**所謂得在外之中，中非一揆，**揆，度也。旅之中道其度非一，旅時而順乎變，適中而變其度。**旅有旅之中也。**時旅而中，境遇不同，中道之度也不一，故程子說「中非一揆」。**止麗於明，**明則知時變。止麗乎明，原則當隨時而變宜，順乎明也。**則不失時宜，然後得處旅之道。**

【釋義】

旅自否來：六自三上行至外卦之中，居五位，柔得中乎外。

姚信：「此本否卦。三五交易，去其本體，故曰客旅。」「去其本體，故曰客旅」意思甚好。本體，謂乾坤兩卦；三五交易，三上變乾為離，五下變坤為艮，變本體而成客體，為旅也。

六五之柔麗附兩剛而順之，順乎剛也。下艮止而麗附於上離明，止而麗乎明也。蜀才云：「九五降三，降不失正，止而麗乎明。」五剛來居三位，不失其正，也為止麗附乎明。

五能貞固其中，柔能麗附於兩明，艮能貞固其附明，貞吉也。

旅於外，當以柔順接於物，又不失其中，故不與外物忤懟且自有堅守，是柔得中乎外之道也。內有艮止，外有明德，行止有則而外處不惑，處旅而能亨，皆由此道。

旅，小亨而亨其身，不能伸道而亨及物，處困而自保之道也。

旅之時義大矣哉！

【程傳】

天下之事，當隨時各適其宜，而旅為難處，旅時，身不由己，難處於適宜之地，故於旅時處中不失其宜為難。**故稱其時義之大。**

【釋義】

旅行於外，志剛而居非其位，失其所處，又需時處中道，行有則，不忤懟於物，難乎又難，旅之時義大哉！

旅在外，必隨時應變，困不失中，旅時之大也。

《象》曰：山上有火，旅，君子以明慎用刑，而不留獄。

【程傳】

火之在高，明無不照。明處卑，照私也；明處高，照公也。照私，則不能周遍；照公，則無所不照。**君子觀明照之象，則以明慎用刑，**刑罰當則明。**明不可恃，**明以照物，非是自家炫耀。**故戒於慎明，而止亦慎象。**慎，慎其出入，如艮止慎出也。**觀火行不處之象，**不處，不常居也。火非滯留於一木，此薪燼又移至於彼薪，不處也。**則不留獄。獄者不得已而設，民有罪而入，豈可留滯淹久也？**

【釋義】

山上有火，山安仁、火明照，明以安也：火明照山上眾物，物各安其所，各行其道，明以安眾也。君子觀此象，明其刑典，慎其判獄，速清沉冤之訟獄，使民早歸其所而安，以成其安眾之明。

初六，旅瑣瑣，斯其所取災。

【程傳】

六以陰柔在旅之時，處於卑下，是柔弱之人，處旅困而在卑賤，所存污下者也。存：存養之德也。存污下，初之德污下。**志卑之人，既處旅困，鄙猥瑣細，無所不至，**不能自立而無應援，故無所不至。**乃其所以致悔辱，取災咎也。**不自重而致悔辱。**瑣瑣，猥細之狀。**鄭玄：「瑣瑣猶小小也，爻互體艮，艮小石，小小之象。」**當旅困**

之時，才質如是，上雖有援，無能為也。四，陽性而離體，亦非就下者也，離體為火，火炎上，故不能就下應於初。**又在旅，與他卦為大臣之位者異矣。**四處旅時而行於外，旅者行外之道也，故不復來內應於初，與他卦自不同。

【釋義】

王肅：「瑣，細小貌。」旅瑣瑣，謂行無素常，逐於末小之事，內不能有所主，憧憧往來心無寧所。故高亨謂「瑣借為惢。惢惢，多疑也。」意相通。斯，指代瑣瑣。其，推測語氣。取，自招之也。志卑之人，柔居剛而自處不正，體艮而不寧，瑣瑣以逐於細小，在旅而行無主腦，所以招禍也。

初以柔弱之質，瑣瑣而行於卑污，柔不守分，自招禍患，雖有上應，然處遠而無助於近難，不能免禍矣。旅在外，不依附於遠，當附於近，故初四雖正應，無所助也。

初始於旅，柔弱而失其正位，瑣瑣慌亂，不知所向，憧憧不寧也。行旅於外而心不寧，遇事則不能斷，災禍所以生。

《象》曰：旅瑣瑣，志窮災也。

【程傳】

志意窮迫，志窮則無定於內，意迫則行躁而易失。**益自取災也。**初行瑣瑣，自取其災。**災眚，對言則有分，**對言，災與眚相對而言。災自外，眚自內。**獨言則謂災患耳。**獨言，災眚合起來說，就是災患耳。

【釋義】

柔弱之質行於外，未能預備於先，故不能圖大以遠而瑣瑣為也；柔居剛又易妄動，志窮則心無主定，遇大事則無以應與，災妄生也。

六二，旅即次，懷其資，得童僕貞。

【程傳】

二有柔順中正之德，柔，旅以柔進為宜，以順勢為佳；中正，柔而不失其主也。**柔順則眾與之，**得眾之助。**中正則處不失當，**自處不失。**故能保其所有，**懷其資也。**童僕亦盡其忠信。雖不若五有文明之德，上下之助，亦處旅之善者也。次舍，旅所安也。財貨，旅所資也。童僕，旅所賴也。得就次舍，**就，靠近，猶居也。**懷畜其資財，又得童僕之貞良，**童僕之貞良在於忠順。**旅之善也。柔弱在下者童也，**童管起居之便，主內者。**強壯處外者僕也。**僕主行旅之安，主外者。**二，柔順中正，故得內外之心。**內得童忠，外得僕貞，得內外之心也。**在旅所親比者，童僕也。不云吉者，**

旅寓之際，得免於災厲，則已善矣。

【釋義】

旅即次，時順而能處安也；懷資，有旅資而裕也；得童僕貞，行有人助也。

處艮止之中，有安次之象。艮為門闕，處門之中，也有安止象。即，立即。次，捨次、安息也。旅即次，旅而能立馬就乎安平，若不由柔中之道，豈能如此？

六二旅即次而自處中正，速就於正，行己不失也；柔得中而能容眾，故得童僕之助；又能懷其資保其所有，旅安也。

《象》曰：得童僕貞，終無尤也。

【程傳】

羇旅之人所賴者童僕也，旅困於途，所賴者近也，童僕最為親近，故必以童僕為賴。**既得童僕之忠貞，終無尤悔矣。**

【釋義】

旅在外，人皆不處其安所，行皆不由常道，人心惟危不測，在旅尤是，故得童僕貞難之又難。六二能得童僕，終無憂也。

九三，旅焚其次，喪其童僕貞，厲。

【程傳】

處旅之道，以柔順謙下為先。柔順不失上，謙恭不失下。**三，剛而不中，又居下體之上，與艮之上，有自高之象。**不中則自處不正，處不正而居高，則有自高之象。**在旅而過剛自高，**過剛，不善處下；自高，易犯於上。**致困災之道也。**旅以謙順為德，自高而剛，失旅德也。**自高則不順於上，**卑遜以處而為人尊高之，非能自高也。**故上不與而焚其次，**與，助也。**失所安也。**旅以平安為重，失所安，厲也。**上離為焚象，過剛則暴下，**過剛則只欲上進，而不謙順於下。**故下離而喪其童僕之貞信，謂失其心也。如此則**一作者**危厲之道也。**

【釋義】

次，旅之居舍；焚其次，不得安所。三處艮之上，艮為止次，自當捨次而止，然處旅之時，重剛必躁進，又逼近離火，則不得止而反進，艮體解而失次也，近於離火，故有焚次之象。

焚其次非三自焚之，三不巽順，失信於上，為上所焚。童僕乃旅之所賴，三自尊高，重剛則暴，臨下不寬，喪其童僕。貞，猶忠也，童僕以忠上為貞。

處旅當以遜悅為道，三自尊高而不巽，剛躁而不寬，處旅之中，不能順上謙下，故上焚其次，不得安處，下失其僕，行則孤往，不厲而何？

六二柔居中而得次，得童僕之貞，九三剛不中而失次，又失童僕之貞，無他，在於遜悅之道行與不行也。

或以為九三乃旅中急行之貌：自焚其次，誓不返歸；遣散童僕，以速其行程也。

《象》曰：旅焚其次，亦以傷矣；以旅與下，其義喪也。

【程傳】

旅焚失其次舍，亦以困傷矣。虞翻：「三動體剝，故傷也。」三動以剝離艮體，故為傷。**以旅之時，而與下之道如此，**與下之道，與下（童僕）相處之道。**義當喪也。在旅而以過剛自高待下，**過剛自高待下，必有凌辱。過剛則不寬，自高則傲物。**必喪其忠貞，謂失其心也。在旅而失其童僕之心，為可危也。**

【釋義】

旅焚其次，失其所安，困傷矣。以剛暴待下，失童僕之助，與鳥獸群，喪失人倫之義。以旅與下：待下如待行路之人。以，用也；旅，行路之人；與，相與、交接也；下，童僕也。

九四，旅於處，得其資斧，我心不快。

【程傳】

四，陽剛，雖不居中，而處柔在上體之下，下則能卑順謙容。**有用柔能下之象，**能柔，得上之助；能下，得眾。**得旅之宜也。**旅以得人助為宜。**以剛明之才，為五所與，為初所應，**旅時以比近為義，初處遠，不得為助，所謂「東海之水，難濟涸轍之鮒」，遠則不可助也。**在旅之善者也。然四非正位，故雖得其處止，不若二之就次舍也。**次舍，暫居之所。二柔居中正，故旅有次所之象。**有剛明之才，為上下所與，乃旅而得貨財之資，**程子把「資斧」合解為貨財，也無不可。**器用之利也。雖在旅為善，然上無陽剛之與，**與，陽剛比親而助之。**下唯陰柔之應，故不能伸其才、行其志，**程子所以言「不能行其志」，因爻辭為「心不快」，非情緒之不快，心言志也。**其心不快也。云我者，據四而言。**

【釋義】

四剛居柔而不正，旅於處也。「處」非久住之地，與「次」不同：「次」為安處之所，「處」僅暫時歇腳。四離體，火乃不居之物，四唯暫「處」以歇。

六二「懷其資」,「資」為行旅之用,四剛居柔,又巽體,故能得資助。斧可劈路、安營、防身。《周易集解》:「九四失位,而居艮上。艮為山。山非平坦之地也。四體兌巽。巽為木,兌為金,木貫於金,即資斧斫除荊棘之象者也。」則「資斧」皆作斧,即《子夏易》:「資斧者,將營作所使之具也。」今人只作貨貝解,資為貨物,斧為錢貝。

初、四正應,旅時,相助者以從近、親比為便,初、四遠隔,初不能從四而助之,四孤處於野,近無童僕之助,心有壯志而無所伸,士之志道者,非以資斧為念,又豈能快哉?

《象》曰:旅於處,未得位也;得其資斧,心未快也。

【程傳】

四以近君為當位,在旅,君不可旅。**五不取君義,故四為未得位也。**近君而無君可近,不得位也。**曰:然則以九居四不正為有咎矣。曰:以剛居柔,旅之宜也。九以剛明之才,欲得時而行其志,故雖得資斧,於旅為善,其心志未快也。**

【釋義】

剛居柔,居處不正,未得位也;然旅時而能柔居之,恭順所在國之主,故得其資斧。四剛處近君之側,本當得位,然處旅而不得其位,故其志非為資斧,欲行其道而不得,心不快也。

【補遺】

孔子旅於齊,可得季、孟之間的待遇,可謂厚得資斧,然終不能為景公所用,夫子豈為資斧乎?歎志之未伸也,豈能快哉?夫子觀旅之九四,一時感發,自況如此。

六五,射雉,一矢亡,終以譽命。

【程傳】

六五有文明柔順之德,離為文明;以柔居中,附麗二剛,柔順之德也。**處得中道,而上下與之,**與,助也。上下,上下二剛也。**處旅之至善者也。人之處旅,能合文明之道,可謂善矣。**旅為失位,失位而常德不離,善也。**羇旅之人,動而或失,則困辱隨之,動而無失,然後為善。**一矢亡,凡動皆中。**離為雉,文明之物。射雉,謂取則於文明之道而必合。**則,文明之道(則)。射而一矢即中,合文明之道也。**如射雉,一矢而亡之,**一矢射殺雉。**發無不中,**行必中矩,一語一默皆合於文明。**則終能致譽命也。譽,令聞也。**令,美也。**命,**王之賜也。六五道合文明,故也為天之賜也。**福祿也。**

五居文明之位，有文明之德，故動必中文明之道也。居處其位，行文明之德，行配其位也。**五，君位，人君無旅，**五，在他卦為君位，在旅時為處外也，人君處外則失其位。**旅則失位，**人君當處中正。**故不取君義。**

【釋義】

行於旅途之中，人皆失其所安，六五於困途之中，行不失文明之德，造次顛沛必於是，故終得譽命。程子說，人君無旅，故五不取君義。六柔居剛位而處中，麗附於兩剛，旅時不失上下之助，柔而不懦，處剛而不躁，故射雉而能一矢而亡其命。

一矢中雉，不需二發，則六五行止舉措無不合乎於禮，素行有積，行不失序。矢，六五之行止，以矢況之，言其中直；雉喻文明，射中雉，行合乎文明。一矢亡，一矢中殺雉，一言一動無不合於文明之德。

一矢亡，傳統多解讀射雉而矢亡失。虞翻：「五變乾體，矢動雉飛，雉象不見，故一矢亡矣。」王弼：「射雉以一矢，而覆亡之，明雖有雉，終不可得矣。」朱熹：「亡字，正如秦無亡矢遺鏃之亡。」又云：「亡字，正如秦無亡矢遺鏃之亡，不是如伊川之說，《易》中凡言終吉者，皆是初不甚好也。」

然若六五射不中雉，又亡失其矢，豈能中文明之德？中而得雉，方是得文明之德。《周易折衷》：「五在旅卦，不取君義，《程傳》之說是也。古者士大夫出疆則以贄行，而士執雉以相見，射雉而得，是進身而有階之象也。信於友則有譽，獲乎上則有命。」

六五爻辭分兩截：「射雉一矢亡」為一截，「終以譽命」為一截。「射雉一矢亡」，況六五之德：柔中而剛，舉動皆合於文明；以其德故，而「終以譽命」，因果顯然——以其德基，而終得譽命，蓋君子旅於邦國之外，以其德獲譽命。

《象》曰：終以譽命，上逮也。

【程傳】

有文明柔順之德，則上下與之。與，助也，上助則以賜賞譽命。**逮，與也。**高亨以為「賜」，意思近同，「上與」也是「上賜與」也。**能順承於上而上與之，為上所逮也。**能臣順於上，則得上助。**言**一作在**上而得乎下，為下所上**一無上字**逮也。在旅而上下與之，**柔麗附於兩剛，四五與之也。**所以致譽命也。旅者，困而未得所安之時也。終以譽命，終當致譽命也。已譽命，則非旅也。困而親寡則為旅，不必在外也。**

【釋義】

逮，及也。上逮下，則以譽命賜之。上，為上九。上逮，上逮於五也。

上九，鳥焚其巢，旅人先笑，後號咷，喪牛於易，凶。

【程傳】

鳥，飛騰處高者也。上九，剛不中而處最高，又離體，剛居離體之上，躁之又躁，不安之甚。**其亢可知，**亢則不知卑順也。**故取鳥象。在旅之時，謙降柔和，**謙降，巽也；柔和，兌也。互卦巽兌。**乃可自保，而過剛自高，失其所宜安矣。巢，鳥所安止。焚其巢，失其所安，無所止也。在離上為焚象。陽剛自處於至高，始快其意，故先笑；既而失安莫與，**莫與，莫人相助。**故號咷。輕易以喪其順德，**輕慢而忽怠。旅以順為義。**所以凶也。牛，順物。喪牛於易，謂忽易以失其順也。離火性上，為躁易之象。上承鳥焚其巢，故更加旅人字。不云旅人，則是鳥笑哭也。**

【釋義】

巢者，鳥飛來而所營之居；對樹，鳥、巢皆為客居之物。樹，不可移者，為本地之物，喻主人之所也。以客居之態架巢於於主人居所之上——樹之上，客淩於主，宜被主人所焚而失其巢也。鳥架巢於樹，猶旅人淩居主人之上。九居離體最上，離為鳥為火，火焚其上，焚巢也。

上九客居當地，以客淩駕於主，狂傲自大，目中無人，以高處於人之上而先笑也。鳥焚其巢，失其安所，不為土居者所接納，後號咷也。牛者，順物，客旅於外當以謙順為本，故舉牛為說。易者，輕忽也。處高者易於自大，故輕忽旅外謙順之道。旅者在外，居不得其所，皆為弱者，弱者必以謙順乎外為本，不順於外，喪其牛順之德，處高危之旅地，必有凶災。

旅之三剛，爻辭皆不好。三厲，四不快，上凶。九居旅之終，旅終當以安止為歸，上九以客地為家，故有巢居之象，然上九以客壓主，「以旅在上」，為當地人所憤怒，而焚其巢，終旅而不得歸也。

高亨以為上九爻辭乃是王亥牧牛而旅於易，行淫享樂，被易國君綿臣所殺，又舉大壯「牛喪於易」也為王亥事，事頗合於上九「以旅在上」之理。

《象》曰：以旅在上，其義焚也；喪牛於易，終莫之聞也。

【程傳】

以旅在上，而以尊高自處，不隨主便，以客壓主。**豈能保其居？其義當有焚巢**

之事。方以極剛自高，旅之於外當交接以巽兌，剛極則不能遜悅，自高則不能謙退。**為得志而笑，不知喪其順德於躁易，**在輕躁慢易之舉中喪失其順遜之德。**是終莫之聞，謂終不自聞知也。使自覺知，則不至於極而號咷矣。**極猶窮也，處窮極而號咷，悲乎哉！**陽剛不中而處極，固有高亢躁動之象，而火復炎上，則又甚焉。**體離而處上，更增其躁動也。

【釋義】

以旅在上：以客人身份而居處主人之上，不謙居客位，傲驕如此，必逢人之怒而焚其客居之所。其義者，「以旅在上」也。焚者，言客旅之人「以旅在上」姿態傲驕主人，必遭人怒而焚毀也，全然不為人所接受，故以「焚」言。夫子云：「居處恭，執事敬，與人忠，雖之夷狄，不可棄也。」上九「以旅在上」，豈能居處恭乎？豈能待人敬乎？其客處之義必遭人焚棄。

上九素行如此，故喪其謙恭之德，終不能反己而悟，居傲處世如此，人也莫告之，告之也不醒，故終莫之聞也。

☴巽卦第五十七　巽下巽上

【程傳】

巽，甲骨文作[illegible]，乃下跪之象，後引申為謙遜順從，巽者，遜順也。**《序卦》：「旅而無所容，**旅非人之常處，人不能常安於旅中，故云無所容。**故受之以巽，**旅中，唯巽能入。**巽者入也。」**柔卑以處下，所以入。**羈旅親寡，**親近者寡也。**非巽順何所取容？**巽順以求暫安。**苟能巽順，雖旅困之中，何往而不能入？**旅人入他鄉，必巽順他鄉之道；巽以謙下入，順以從人安。**巽所以次旅也。**

為卦，一陰在二陽之下，陰為主爻。**巽順於陽，**陰巽順於陽，陰以柔進，剛以立則，巽而有則，君子之巽也；巽而無則，小人之巧媚也。**所以為巽也。**

【釋義】

木巽則柔入於地，人巽則謙入於群，事巽則知權變應時，不巽則不可入，夫子「溫良恭儉讓」，巽入之道也。

巽者，陰柔處下，巽順於陽，卑以入，權以變也。卑者，晦藏不自顯，順巽於人，順巽乎事。旅者當入鄉隨俗，隨俗，尊高於他人，不顯突於己，卑入以從人、從俗。

為卦，上下皆巽，巽而又巽，非為巽而巽：內巽以謙誠，實有此謙誠在內；外巽以遜讓，自中出而非虛飾；二五皆剛，剛以立則，巽入而不改其則，非為巽而巽。巽時，唯剛處中而能行其則，剛巽乎中正，方能申其志、成其事。互體兌離，悅順於明德，行以巽恭也。

【補遺】

巽乃柔入剛，以剛為主宰，以柔為介入，柔而不廢剛則，非柔以為則，非一味柔順巽讓而心無所主。巽乃尊高而卑，非為卑而卑。有子以禮為和之則，非為和而和，與巽道一致。

巽：小亨，利有攸往，利見大人。

【程傳】

卦之才可以小亨，巽以柔入為義，柔乃為巽象，柔入剛中，以柔入而行其剛為亨，柔為小，故行剛也不甚大，是以小亨。**利有攸往，**巽以入為道，故巽必往也。往則入也，遂成其巽。巽道成，豈不有利？**利見大人也。**入他鄉，當見其主人。能被主人所見，則入主流社會而有利。或者，以巽故而顯其大人之德。**巽與兌皆剛，中正巽說**一作兌**，**兌、巽有皆有巽悅之義。**義亦相類，而兌則亨，巽乃小亨者，兌陽之為也，**陽在下，為主爻。**巽陰之為也；**巽乃柔入內，而促剛以動，故柔為主動者，故小亨。**兌柔在外，用柔也；**兌之陰柔在三、上，初二四五皆為陽，柔在外為用，非性之也，故云「用柔也」。**巽柔在內，性柔也。**巽之陰柔在初四，下於兩陽，故言在內。木本巽入於地，其性如此，故云「性柔也」。**巽之亨，所以小也。**柔在內而為其性也。

【釋義】

巽，柔入剛、客入主，故必行客禮而巽入。客居他鄉，陰柔處卑，巽順以行，不能尊高其道，豈能大亨而順乎？以卦才言，二五皆剛，巽本是行剛，但剛入以柔，剛不以柔行，則不得巽入而行其道，以柔入為小亨。

巽時，不能直行剛中，當曲行大道，似風巽入縫隙，不能暢達剛中之志，故亨小也。王弼云：「全以巽為德，是以小亨也。上下皆巽，不違其令，命乃行也。」風行以令，順令為巽。然以下順上之令，所以小亨也。

利有攸往者：柔巽入而謙，剛處中而和，故能行其志而往。士大夫失意於本地，客旅他鄉，不有當地大人接引，何能入其政壇？故利見大人。大人居二五之位，非僅在位，也為有明德之大人。利見大人，也可作顯大人之德則有利，巽雖以謙順為入群之道，但終要行其剛中。

【補遺】

程子以為，巽以性柔，為小亨；兌以用柔，則大亨。不甚妥當。內為本，外為末，本為亨小，末為亨大，道理不當如此說。巽乃柔入，剛方能用之，剛待柔而後為用，不能直用其剛，剛性不能直達，曲直為用，才為小亨。如乾卦直見乾剛，未見要巽而後才能為用，所以大亨。

《象》曰：重巽以申命。

【程傳】

重巽者，上下皆巽也。繼之者善也。**上巽道以出命，**巽道，順由道也；命，天命也，在己而不可遏者；出命：行其天命。夫子「文不在茲乎」，孟子「天降大任於斯人也」，皆所謂「命」，奉而行之，出命也。**下奉命而順從，**命，君長之命也。**上下皆順，**上以天命，下以王命，順天命、順王命也。**重巽之象也。又重為重複之義。君子體重巽之義，**內行其天命，外行其王命，君子體重巽也。**以申復其命令。申，重複也，丁寧之謂也。**

【釋義】

巽為風，風有命令之象，風吹草偃，上下皆巽，命令逐層傳達，故言重巽以申命。陸績：「巽為命令。重命令者，欲丁寧也。」

若命以內外言，則內為天命，外為王命。奉天以行命，道之在己，文不在茲，不可不行，在上之命也。奉王以行命，令之在王，臣奉君命，不可不行，在王之命也。道不行於天下，奉天命，不行君上之命；道行於天下，奉天命，亦行王命。

行天命，不由己也，如舜之決江河；行王命，可行可不行：君命召不俟駕行矣，可行也；衛靈公問陳，可以不行也。

【補遺】

巽為柔入，接物以柔，做事以柔。重巽，巽接下屬，巽奉君上，接物以柔。

巽時，做事要知權變，盡順巽於事，譬如土中發掘文物，層層剔除，極順於物，不能行剛。若出門如見大賓，使民如承大祭，百姓小事也看得如天大，方可巽入於事，做得周全。

剛巽乎中正而志行，柔皆順乎剛，是以小亨。

【程傳】

以卦才言也。陽剛居巽，而得中正，巽順於中正之道也。陰巽順剛中。陰所以巽，乃為行剛中無阻，故要卑巽以成剛中之志。**陽性上，其志在以中正之道上行也，**申命也。**又上下之柔皆巽順於剛，其才如是，雖內柔，可以小亨也。**柔在初、剛在中，故有亨而小。

【釋義】

二五剛中而居巽體，巽順於中正之道。巽時，剛中而行，不亢不犯，則可行其志。巽卦兩柔皆居上下卦之下，柔順於兩剛，卑伏於下，剛上柔下，剛柔位正，是以有亨。

【補遺】

巽柔以入，剛中以行，柔入得進去，方能行得以剛中。《中庸》言：「君子無入而不自得焉」，入人群當以巽，如夫子以「溫良恭儉讓」。自得以剛中：君子入其邦，當行其剛中之道，不行其道，如君子何？

待人接物要柔順，遇事要權變審時，勿固勿必，必柔順於物。行道則要剛中，剛在其中而不過，「溫良恭儉讓」自有剛中之道。

若說巽入便是一味子順柔了，《象》傳則不會提「重巽以申命」，命以剛出，天命是剛，鐵肩擔的，需得剛方行它；只是在巽時，要巽之又巽，與上下交接以巽待人，還要審時度勢，權變以應，不能直來直去，方能申命抒志。

利有攸往，利見大人。

【程傳】

巽順之道，無往不能入，凡遜卑於下，似風柔順，皆巽以接物，則無往不能入。**故利有攸往。**不往也不能成其巽入之道，巽必是往能成事。**巽順雖善道，必知所從，**陰順陽，柔順剛，必知所從，有主於剛也。**能巽順於陽剛中正之大人，**巽順剛中，不唯人是從，唯德是從。**則為利，**從義之利，正利也。**故利見大人也。如五二之陽剛中正，**在位之明德者。**大人也。巽順不於大人，**巽德，不巽人也。**未必不為過也。**不當如此疑不定：定有過也。

【釋義】

巽必入也，入必往也：如樹木之生，根入於地，枝葉伸入天，入便是往。往者，往從大人也，利也在其中。

巽從旅過來，兩卦之「往」皆是客入，「往」見居住地之「大人」，如孔、孟周遊列國，往見諸國王方得客居之安，然巽以二五皆剛中方安，故孔孟終不得安也。

《象》曰：隨風巽，君子以申命行事。

【程傳】

兩風相重一作從**，隨風也。**士君子隨大人也。**隨，相繼之義。**由大人之道而繼行也。**君子觀重巽相繼以順之象，而以申命令，行政事。隨與重，上下皆順也。上順下而出之，**審民情而出命也。**下順上而從之，**尊君上而從命也。**上下皆順，**上體下以出命，下尊上以從命。**重巽之義也。**君敬臣以禮，臣忠君以事，重巽也。**命令政事，**上有命，令下遵從，命令也；命以巽出，令以巽從，重巽也。**順理則合民心，**上順天理，下合民心，也為上下重巽。**而民順從矣。**

【釋義】

隨風者，兩風相因而隨也，士君子之風繼隨大人之風，明德相繼也。君子之德風，小人之德草，順隨大人之風，則由道而巽入。君子觀「隨風巽」之象，上尊天命，下奉王命，以行其分內之事。

風行草偃，則易從，君子反覆申明其命，務使百姓曉然洞明，而易於遵從。

上命必巽順於民意，而後令方能如風之行，民順而從之，則能行事而成；若命不合民意，民必抗命，非君子申命所以能行事也。

初六，進退，利武人之貞。

【程傳】

六以陰柔居卑，**巽而不中，**居巽體，巽也；巽而不中，過謙卑而中無主。主為主忠信之主，主宰之謂。**處最下而承剛，**柔居剛下為承剛。**過於卑巽者也。陰柔之人，卑巽太過，則志意恐畏而不安，**恐於內則畏於外；內恐外畏，則中心不安。**或進或退，不知所從。**心無主宰也。**其所利在武人之貞。若能用武人剛貞之志，**柔卑而能用剛。**則為宜也。勉為剛貞，**剛果也。**則無過卑恐畏之失矣。**初柔質，必有恐畏，無過於恐畏斯可矣。

【釋義】

巽以順進為聽命，初進退遲疑，非能順命而進者，故利武人之貞。

俞琰曰：「巽，申命行事之卦也。令出則務在必行，豈宜或進或退。初六卑巽而不中，柔懦而不武，故或進或退而不能自決也。若以武人處之，則貞固足以幹事矣，故曰利武人之貞。」

進退，瑣瑣無主之貌；進無主而欲退，退無主而欲進，瑣瑣不知所為。

初以陰柔之質，巽卑其下，於巽時，自當巽入而進；然初又居重剛之下，犯剛而進則畏縮不敢，故進退維谷，疑而不定。初質柔居巽底，於巽時而過於巽柔，巽懼不進，不能成其巽入之功；當誨之以武人之勇，挺立其巽入之志，貞固之，則利。

【補遺】

巽乃以「進入」為義，初以陰柔處卑而居不正，體巽而過於巽，巽進巽退，逡巡不果，非巽進之義。

《象》曰：進退，志疑也。利武人之貞，志治也。

【程傳】

進退不知所安者，其志疑懼也。志定而確，則中心不疑。外有疑而內不定，必生畏懼。**利用武人之剛貞，**初體質柔，非武人也，故言利用武人。**以立其志，則其志治也。治，謂修立也。**修巽進之義，以立剛猛之志。

【釋義】

處巽則當進，申令則必行，然遇剛又畏退，中無主宰，進退不定，順巽於外而無主於內，志疑也。疑者，不能定於內也。當治之以武人之勇，以氣率志，則可進而志得伸。治，修治也，以武人之勇修治其過怯之弊。

九二，巽在床下，用史巫紛若，吉无咎。

【程傳】

二居巽時，以陽處陰而在下，處陰位。**過於巽者也。**處陰為巽，在下又巽，過於巽。**床，人之所安，巽在床下，是過於巽，過所安矣。人之過於卑巽，非恐怯，**恐怯無主，不正也。**則諂說，**悅人在口，心不正也。**皆非正也。二實剛中，**剛為實；居下卦之中，為剛中。剛實，則誠也。以此誠心用史巫，則能誠敬於鬼神。**雖巽體而居柔，**二居巽體又在柔位。**為過於巽，非有邪心也。恭巽之過，雖非正禮，可以遠恥辱、絕怨咎，**怨在人，咎在己。**亦吉道也。史巫者，通誠意於神明者也。**以明二非有邪心，只是過於巽怯。**紛若，多也。**謂多方請示鬼神，疑懼而謹慎之至，慮以周也。**苟至誠安于謙巽，**巽在床下，乃至誠所在。**能使通其誠意者多，則吉而无咎，謂其誠足以動人也。人不察其誠意，則以過巽為諂矣。**

【釋義】

床，人之安所，巽入床下而察之，畏慎周慮如此，巽順之至也。巽順之至，則中心生疑，必求禱於史巫，以決其疑。史巫紛然而作，雖或雜多，然能去心中之疑，通中心之誠，誠有此去疑之心，其敬畏卑遜乃非諂畏，九二剛居中，誠實在中之象，故巽入床下，則吉无咎。

馮椅：「周官史掌卜筮，巫掌祓禳。卜筮所以占其吉凶，祓禳所以除其災害。」用史，以占通神問凶吉；用巫，以術去魅消災禍。用史巫，皆以去疑懼之心。紛若，盛多也。用史巫紛然而多，卑順敬畏之甚也，故多請史巫而詳察之，無使遺漏。二卑順雖過，然處巽之時，本自卑遜，能巽順於鬼神，敬而聽之，本為巽順，不當為過咎。

孔子於《要》篇論史巫，自云與之同途殊歸：「易，我後其祝卜矣！我觀其德義耳也。幽贊而達乎微，明數而達乎德，又仁守者而義行之耳。贊而不達於數，則其為之巫。數而不達於德，則其為之史。史巫之筮，鄉之來也，始之而非也。後世之士疑丘者，或以易乎？吾求其德而已，吾與史巫同塗而殊歸者也。君子德行焉求福，故祭祀而寡也；仁義焉求吉，故卜筮而希也，祝巫卜筮其後乎？」

【補遺】

巽在床下，在巽時能巽入如此，必吉无咎。《周易折衷》：「床下者，陰邪所伏也。入於床下，則察之深矣。」

《象》曰：紛若之吉，得中也。

【程傳】

二以居柔在下，為過巽之象，而能使通其誠意者眾多紛然，由得中也。由，順也；九二順由謙卑而得剛在中之德。**陽居中，為中實之象。中既誠實，則**一無則字**人自當信之。以誠意，則非諂畏也，所以吉而无咎。**

【釋義】

用史巫去疑懼，疑懼去則心定而得中。

巽入床下，史巫紛若，本是中心敬誠如此，故言「得中」。

九三，頻巽，吝。

【程傳】

三以陽處剛，重剛而亢。**不得其中，**得中，則順巽由內而篤誠也。**又在下體之上，**剛，向上之物，居下體之上，是上而不能下、高而不能卑，故不能為巽。**以剛亢之資而居巽順之時，非能巽者，勉而為之，**自外效法，不由乎中，故屢失於中。**故屢失也。居巽之時，處下而上臨之以巽，**上，四也；四居外卦之下，為三之君長，君長臨下以巽，則下者不敢不傚之以巽。**又四以柔巽相親，所乘者剛，而上復有重剛，**五六又為重剛，三不敢不巽。**雖欲不巽，得乎？故頻失而頻巽，**居下之上，不願巽；處重剛之下，不敢不巽，願與行違，頻失頻巽也。**是可吝也。**

【釋義】

頻巽過中，則不誠，不誠而巽，可羞吝也。

三居兩巽交際處，處離體之下，附麗於上巽；居兌體之中，悅順於下巽；附而巽、悅而巽，皆循於外而不由己，故有頻巽屢失之象。且九三過剛，居下之上，固非能巽者，然居巽時又不得不巽，又居上者以巽臨三，故三也不敢不巽，亦為巽而不由衷，勉而為之，頻復其巽而不誠，不改其過，可吝羞也。

【補遺】

頻也作頻蹙解，皺眉憂愁狀。《子夏易》：「處卦之高，巽於下柔，求其巽而不獲，匪其中而莫正，以至於頻蹙憂嗟也。剛不能執志，而窮於巽，可惜也已。」求巽入於四而不得，故憂愁頻蹙。王弼云：「頻，頻蹙，不樂而窮，不得已之謂也。以其剛正而為四所乘，志窮而巽，是以吝也。」三剛為四柔所乘，志不得伸，故頻蹙也。意思也通。

《象》曰：頻巽之吝，志窮也。

【程傳】

三之才資，本非能巽，重剛又居下之上，非能巽者。**而上臨之以巽，**上巽，下當巽順而巽。**承重剛而履剛，**頻巽三因：效上、承剛、乘剛。**勢不得行其志，**行志在內，三逐外頻巽，則不得行志也。**故頻失而頻巽，**效巽於外，頻失頻巽也。**是其志窮困，**本欲剛進而迫於巽順而謙退，志不得伸也。**可吝之甚也。**

【釋義】

倨傲而偽飾其行，不得伸其志，志窮可羞也。

六四，悔亡，田獲三品。

【程傳】

陰柔無援，與初無應。**而承乘皆剛，**承五剛，乘三剛，承乘皆剛也。**宜有悔也。**柔居剛中而無主，宜有悔也。**而四以陰居陰，得巽之正，**初居巽體而不正，四居巽體而正。**在上體之下，居上而能下也。**居上而能下，得巽順之義也。**居上之下，巽於上也。以巽臨下，巽於下也。善處如此，故得悔亡。**

所以得悔亡，以如田之獲三品也。

田獲三品，及於上下也。上及鬼神，下及徒御。也指上為九五，下為九三。**田獵之獲分三品：一為乾豆，**乾，乾肉；豆，祭祀之具。乾豆：乾肉置豆中，供祭祀之用。**一供**

賓客與充庖，一頒徒御。供徒行者、御車者享用。四能巽於上下之陽，如田之獲三品，謂遍及上下也。四之地本有悔，以處之至善，巽於上下也。故悔亡而復有功。

天下之事，苟善處，則悔或可以為功也。

【釋義】

三居兩巽之間而頻巽羞吝，四則不同：以柔居正位，處兩巽之間，柔居上巽之初，能巽順於上；又以巽臨下，能巽順於下，上下皆巽，而得巽之正。四雖承乘皆剛，而能順巽上下，則悔自消亡。

三品，解釋有二：《穀梁傳》：「春獵曰田，夏曰苗，秋曰搜，冬曰狩。田獲三品：一為乾豆，二為賓客，三為充君之庖。」田獵獲的野物為三種用處：製成乾豆——乾肉，盛於豆中，祭祀之用。賓客，田獵之物招待賓客。多餘者供君主廚房之用。翟玄：「田獲三品，下三爻也，謂初巽為雞，二兌為羊，三離為雉也。」初居巽體之下為雞，二居兌體之下為羊（二三四為兌），三居離體之下為雉（三四五為離），下三爻皆巽入於四，為四所獲，故言「田獲三品」。不知孰是，姑並列之。

《象》曰：田獲三品，有功也。

【程傳】

巽於上下，如田之獲三品而遍及上下，遍及上下：乾豆，奉享鬼神，上也；充庖，頒給徒御，下也。成巽之功也。三品之獲皆遜讓而出，成巽之功。

【釋義】

田獲三品，不供於己，而供於他人，遜讓也，成其遜讓，則巽道遂，故有功。功者，巽成遂也。

九五，貞吉，悔亡，无不利，无初有終，先庚三日，後庚三日，吉。

【程傳】

五居尊位，為巽之主，命令之所出也。處得中正，盡巽之善，然巽者柔順之道，所利在貞，貞守其固有，不順隨而失守，利在貞也。巽時一味子順巽於外，易失守於內。非五之不足，在巽當戒也。既貞則吉而悔亡，無所不利。貞，正中也。處巽出令，皆以中正為吉。柔巽而不貞，柔巽，順外也；不貞，無主也，故不能貞固於內。則有悔，安能無所不利也？命令之出，有所變更也。無初，始未善也。初悔，無初也。有終，更之使善也。遷善也。若已善，則何用命也？何用更也？

先庚三日，後庚三日，吉：出命更改之道當如是也。甲者，事之端也。庚

者，變更之始也。十干戊巳為中，天干：甲、乙、丙、丁、戊、己、庚、辛、壬、癸。戊、巳處其中。**過中則變，**己日後為庚日，過中則變也。**故謂之庚。事之改更，當原始要終，**猶慎始慎終；原、要，皆為推求之義。**如先甲後甲之義，如是則吉也。解在蠱卦。**

【釋義】

剛居尊位，處巽體，易生不巽而有悔；然貞固中正，則悔可亡。程子云：「非五之不足，在巽當戒也。」

悔亡，剛中而行，則无不利。

初始有悔生，無初也；更而固其正，有終也。

庚，更變也，事更於庚日。庚為天干第七，過庚日則過中也。過中則變，故庚以更變為義。先庚三日，事變前第三日，丁日也；後庚三日，事變後第三日，癸日也。丁者，丁寧也，事變之前，反覆丁寧百姓，務使百姓易知易從，慎始也；癸，揆度，事變之後，反覆推究原委，務使事成無悔，慎終也。先庚後庚，慎始慎終，巽以成，故吉。

《象》曰：九五之吉，位中正也。

【程傳】

九五之吉，以處中正也。得中正之道則吉，而其悔亡也。正中，謂不過無不及一作無過不及，剛而能巽，巽不失剛，處尊能順，順不失尊，皆中正也。**正得其中也。處柔巽與出命令，唯得中為善，失中則悔也。**

【釋義】

巽順不失中正，不失其守也，順而有主，巽順以成也；更變不失中正，更有則也，先庚後庚相續不斷，遂成其更也。

上九，巽在床下，喪其資斧，貞凶。

【程傳】

床，人所安也。在床下，過所安之義也。九居巽之極，過於巽者一無者字**也。**過巽則失本。**資，所有也。斧，以斷也。**程子分開言之，斷以己意，猶孔子分開言乾之四德。**陽剛本有斷，以過巽而失其剛斷，**王弼云：「斧能斬決，以喻威斷也，巽過則不能行威命。命之不行，是喪其所用之斧。」**失其所有，喪資斧也。**資斧，剛德也。**居上而過巽，**剛居極而過巽，不中不正，巽而不誠，非真能巽也。**至於自失，**無真我，何以巽？**在正道為凶也。**

【釋義】

巽以柔入而剛立，謙讓而不失操守，以成其巽；剛立，操守也。柔巽入於人，謙以讓之，然有剛立之操守，謙而不自失，方為巽。

上九巽極於床下，過謙則失其操守；無操守而曲媚於人，鮮也仁；貞固其巧媚，不思改遷，凶也。資斧，喻道之在身；喪其資斧，失操守也。

【補遺】

九二、上九皆巽在床下，二剛處中以吉，上則剛居極，不中不正，非中心為巽，故不可巽入而凶。

《象》曰：巽在床下，上窮也；喪其資斧，正乎？凶也。

【程傳】

巽在床下，過於巽也。處卦之上，巽至於窮極也。居上而過極於巽，至於自失，得為正乎？乃凶道也。巽本善行，故疑之曰得為正乎？復斷之曰乃凶也。

【釋義】

剛道巽極而窮，巽在床下，無安居之所。喪其資斧，失其操守，無所往而利，道窮而凶也。

䷹兌卦第五十八　兌下兌上

【程傳】

兌，《序卦》：「巽者入也，柔巽順於剛而入於兩剛之下，巽入也。**入而後說之，**卑巽而入，故能悅。**故受之以兌，兌者說也。」物相入則相說，相說則相入。**相入於心，相悅以誠。**兌所以次巽也。**

【釋義】

兌，悅也，從口悅則諂媚，從心悅則和而正。

一卦四剛兩柔，一柔居上，兩剛處下，若主於柔而悅，悅於外，則不吉；主於剛而悅，悅於內，則吉。概以剛悅人，能自立而不枉道以從；以柔悅人，則枉道屈己而從人。故悅之道，在正己而後悅人，則順正。

兌以兩陽居下，陽剛謙居其下，含章不顯，謙謙君子，溫潤如玉，悅正之象。

二至五互體離巽，內有文明之德而能巽讓，兌悅之正也。

兌：亨，利貞。

【程傳】

兌，說也。說，致亨之道也。不與物懟，自有亨通。**能說於物，物莫不說而與之，**悅相與也；相與而悅，亨在其中。與，助也。**足以致亨。**物無懟則能助，則能致亨。**然為說之道，利於貞正。**二五之剛皆中實。剛中實，外悅於人而內能自立也。**非道求說，**非其道而求悅於人，為悅而悅，失己而殉物也。**則為邪諂而有悔咎**一作吝，邪，不正；諂，巧言令色。自處不正則有悔咎。**故戒利貞也。**貞正則利。

【釋義】

兌者澤也，水澤萬物，無私利而悅利於他；內悅以誠，剛正於內；外悅以順，柔處於外，正其道而與物無懟，其道自亨也。然若為悅而悅，則陷於諂媚，故戒之利貞，悅正則利。

《彖》曰：兌，說也。剛中而柔外，說以利貞，是以順乎天而應乎人。說以先民，民忘其勞；說以犯難，民忘其死。說之大，民勸矣哉！

【程傳】

兌之義，說也。外悅於人，內悅於己。行己有恥，則內悅於己；和處不懟，外悅於人。**一陰居二陽之上，**內以剛實，外以和處，悅之正也；若剛順從於陰，逐外而取悅於人，悅之非正也。**陰說於陽，而為陽所說也。**陰說於陽，柔順剛也；為陽所悅，柔而能為陽尊之。陰陽互悅也，柔以剛，剛以柔，悅順之正也。**陽剛居中，**二五剛居中。剛則不改，居中則不偏，不改其無私也。**中心誠實之象；**信實在內也。**柔爻在外，**外巽順也。**接物和柔之象；**和則不懟，柔則能謙順於人。**故為說而能貞也。**貞，自立不改，以剛在中也。**利貞，說之道宜正也。**正己而後悅人，利貞也。**卦有剛中之德，**二五剛中。**能貞者也。**

說而能貞，和悅於人而不失己之道。**是以上順天理，**天行己而健，獨而不改，不求悅萬物，而萬物悅，「悅而能貞」合乎天理也。**下應人心，**順民安居之欲求。**說道之至正至善者也。**剛立而能順天由民。**若夫違道以干百姓之譽者，**干，求也。違道，不能自立也。干百姓之譽，求百姓讚譽己，非能道民於正。**苟說之道，**苟悅：苟取一時之悅，非中心悅而悅以利也。**違道不順天，**悅道以中心信實也，違之則中心不信實。**干譽非應人，**求其譽己而不順民心。**苟取一時之說耳，非君子之正道。**

君子之道，其說於民，如天地之施，天不求媚萬物而施仁於萬物，萬物自悅。**感於其心而說服無斁；**斁 yì 厭足也。說服無斁：悅服百姓而無止境。君子仁愛百姓不倦也。**故以之先民，**之：如天之悅萬物。先民，愛民以先也。**則民心說隨而忘其勞；**君子率以愛民不倦，百姓悅隨而勞其力，甘其心而勞其身，故不以勞為苦。**率之以犯難，**率民以正以犯險難。**則民心說服於義而不恤其死。**

說道之大，民莫不知勸。勸謂信之，民信之而後能勸民以正。**而勉力順從。人君**一作「君人」**之道，以人心說服為本，故聖人贊其大。**

【釋義】

兌之為卦，二五剛中，三上柔外：剛中，則行己有恥，獨立而不改，誠實在內；柔外，則接物和順，與物無懟，巽以順人。剛中而能悅和於人，順乎天而應於人。

天之道，不為堯存，不為桀亡，但行其剛中而已：天行其剛中而不改，萬物得以潤澤而生息繁茂，此天之所以悅萬物者。君子行剛中之道於上，和順於百姓在下，先之勞之，則百姓悅順而應，竭其力而忘其勞；犯難而進，則民忘其死而從之。

治道無他，居上者處己以正，上順於天，下和於民，率民以先；能行此三者，天下可運於掌，兌之道也。

《象》曰：麗澤兌，君子以朋友講習。

【程傳】

麗澤，麗，附也；兩兌相附而互為潤澤，麗澤也。**二澤相附麗也。**上下皆兌。**兩澤相麗，交相浸潤，互有滋益之象。**德相滋潤而有進益也。**故君子觀其象，而以朋友講習，**德以聚朋友，講習以切磋。講，言說以明其理；習，踐習以篤其行。**朋友講習，互相益也。**澤相浸潤。**先儒謂天下之可說，莫如朋友講習。**交互切磋，以進德為大。**朋友講習，**講以切磋，習以磨礪。**固可說之大者，然當明相益之象。**

【釋義】

麗澤兌：兩澤附麗而成兌，澤相潤而悅，德相近而親。君子觀此象，德以聚朋，講習以進德，切磋以進藝。

學者口誦聖人之學，慎思之明辨之，師友切磋之，明其理之當然，講學而德藝進也。然後，時習聖人之道，履之於身，篤行之，漸習以成性，習踐而德潤身也。講此道，習此道，琢之磨之，方成「麗澤兌」。

初九，和兌吉。

【程傳】

初雖陽爻，剛能自立，不以尊卑貧富為移。處悅之始而能立剛，正始悅之道，則吉也。

居說體而在最下，悅順於下也。**無所繫應，**心無外繫，安處於內。初四皆剛，故不應。**是能卑下和順以為說，**心無慕上，處賤而能悅，貧而樂道，故能安止於卑微，和順以為悅。**而無所偏私者也。**剛立、無應、卑處而樂，皆為無偏私。**以和為說而無所偏私，**處下不犯上，立己而不倚，和樂而不偏私也。**說之正也。陽剛則不卑，**剛能自立，雖處下而不繫上，故處卑不卑，身困而道不窮也。**居下則能巽，**巽者，謙順也；居下能巽順於命，則坦然而不怨天尤人。**處說則能和，**自悅而能和處於眾。**無應則不偏，**悅時有應乃有私黨也。**處說如是，所以吉也。**

【釋義】

剛居正位，處兌之下，上無應繫，近無比親，正己而不求於人，故初之和悅，乃樂正順天，和悅在己也，如夫子之蔬食曲肱、顏子之簞食瓢飲，順己由內，行其不已者，樂在其中，身困窮而道寬裕，故能接物以和，居易以安，吉也。

《象》曰：和兌之吉，行未疑也。

【程傳】

有求而和，君子行謙道自能和悅於人，夫子之溫良恭儉讓也，君子非為和處而求於人。有求而和，求和於外，和不以禮，鄉愿之和也。**則涉於邪諂。初隨時順處**一作「處順」，曲肱以順天，居陋巷而樂道。**心無所繫，無所為也，**居下而不求悅於上，直道而為，率性而行，無所為也。**以和而已，**內自寬豁如天地，外自和處而容眾。君子之和，非刻求之，處其所當處，自有溫恭可親之象。**是以吉也。《象》又以其處說在下而非中正，**初不中，但正處。非中正，程子以中帶正，故一併言之。**故云行未疑也。其行未有可疑，**疑，只是不惑，凡有內定者，處外則不惑。程子所解非是。**謂未見其有失也，若得中正，則無是言也。**初不在中正之位，故有此言。**說以中正為本，爻直陳其義，《象》則推而盡之。**

【釋義】

和處而悅，悅主於和，剛立而和，處卑而順，不求媚外，有定分在己者，故能吉。行未疑：行己有主，則無疑惑於外。疑者，內無主宰，不能直內而行，外必有疑惑。

初居卑而非中，其和悅之象，自外人觀之，以為非自性中來，故疑其行不誠而自為修飾。《象》以「行未疑」，告觀者初九乃性中自帶和兌，非假安排。若深思而為之，內不篤誠，則外必有所疑。

九二，孚兌，吉，悔亡。

【程傳】

二承比陰柔，三為陰柔，為兌之主，二居下承之，比近而親之，承比陰柔也。**陰柔，小人也，**小人指六三，居高而不正，悅媚於外，故為小人。君子志於道，小人逐於利；道在己，不依他；利在外，故逐外。**說之則當有悔。**承比六三而悅之則有悔。**二，剛中之德，孚信內充，**剛中：孚信內充也。**雖比小人，**比鄰於三也。**自守不失。**內實而剛中，足以自守，不因比近而移其志。**君子和而不同，**不同：不順隨他人之道而失己。**說而不失剛中，**悅於外而不失於內。**故吉而悔亡。非二之剛中，則有悔矣，以自守而亡也。**

【釋義】

九二剛居中，內充實也，推其實於外，則有孚信於內而使眾悅服之象。人篤實而行，終必能使人信而悅之，孚兌也。悅人以孚信，不失其正，故吉；反之則隨於人而不吉。

九二剛居柔，比近於六三，三乃柔居剛，二三皆居處不正，故二易為陰柔所浸染，則有悔；然能篤實其中，剛立不遷，則悔亡。《子夏易》云：「失位與三，豈无悔也。」失位乃剛居柔，與三乃切近於陰柔，則有悔。

《象》曰：孚兌之吉，信志也。

【程傳】

心之所存為志。志，士之心所存養也。**二，剛實居中，孚信存於中也。**存於中，剛居二也。**志存誠信，**猶心存於誠信。**豈至說小人而自失乎？**至，至於。豈至於悅服於小人之微善而自失其剛中之正乎？**是以吉也。**

【釋義】

信，伸也，從人從言，所言皆出於身體力行，篤實無虛，行諸己而言於外，為信。志者，士之心也，士以道為心，志於道也。信志，伸其志於外，志行也。篤厚而行，則能悅信於人，其志必行而亨，信志也。

六三，來兌，凶。

【程傳】

六三，**陰柔不中正之人，**柔處剛為不正，居下之上為不中。處不中正，則行不中正。**說不以道者也。**悅自中心出，為悅之正道；枉己而求悅於人，不以道也。**來兌，**來，下來；來兌，來求悅也。**就之以求說也。**就，靠近；之，初、二兩剛；求，循外失道也。**比於在**

下之陽，比，靠近；重言「在下」二字，居上者求下悅己，非道也。**枉已非道，**非中心出，枉己也；悅不自中，非道也。**就以求說，**就以求說，失己而就於人，來兌也。**所以凶也。**悅而喪失根本，故凶。**之內為來。**之，往也；內，下兩陽。往內，稱之為「來」。**上下俱陽，**四、二爻皆剛。**而獨之內者，以同體而陰性下也，**三與二剛皆同兌體，又以陰性往下，故來內。**失道下行也。**失道而後有下行之舉；陰下行未為失道，求悅為失道。

【釋義】

六三柔居剛，處不正也；上承剛，下乘剛，行不正也；以行處不正而求悅於人，來悅失則，凶之徒也。

來，來內，三來內從二剛；三居下卦之上，陰柔居澤體，有水澤下浸來內之象。三來而悅順兩剛，枉屈己道而遷就於人，居高就求悅於卑者，所謂巧言令色者，內不正而外求悅，是三取凶之道。

《象》曰：來兌之凶，位不當也。

【程傳】

自處不中正，柔居剛，不正；不在二位，不中。**無與而妄求說，**初二與三本非同道，故曰無與於三。三非其道強求悅順於二剛，妄也。**所以凶也。**

【釋義】

柔居剛而自處不正，承乘皆剛，且居上而卑求悅於下，處之不正也。處、位皆不正，凶必也。

九四，商兌未寧，介疾有喜。

【程傳】

四上承中正之五，而下比柔邪之三，雖剛陽而處非正。四處於正邪之間，剛居柔而不正，故不能毅然從正、斷然去邪，商兌未寧也。**三，陰柔，陽所說也，故不能決而商度。**決：決疑也，此處當指決去六三。商度，商度於三、五也。**未寧，謂擬議所從而未決，**從剛、親柔未決也。**未能有定也。**

兩間謂之介，分限也。處介而不能定，則有疑。**地之界則加田，**田加於介上，乃分田之界。**義乃同也。故人有節守謂之介。**分限於善惡也。**若介然守正，**介然，行己有則也。**而疾遠邪惡，**以邪惡為癘疾而遠之。癘疾，瘟疫也。以惡為癘疾，則疾之已甚。**則有喜也。從五正也，說三邪也。**悅順三，邪也。**四，近君之位，若剛介守正，**剛介：剛則能立。立者，言其不順人而喪己也。**疾遠邪惡，**疾邪惡而遠之，阻六三佞臣上進之路。**將得君以行道，福慶及物為有喜也。**九四為大臣，進賢去邪為其職守，不能去邪，則不能福慶於物，則失其職守也。

若四者，得失未有定，剛居柔，不能斷然絕去柔佞之悅。**繫所從耳。**繫，私繫也；所從，六三也；六三悅從九四，四悅繫之，乃為有私心。

【釋義】

四剛居柔不正，處兩兌之間：剛居柔，則不能決斷；處兩兌之間，兩邊皆有言說而不能定，故有商兌之象。

既是商兌，則必有未寧之狀；四內行不正，則外決不斷，剛德為柔所浸，商兌未寧也。商兌者何事？近君子之剛中與？絕小人之疾侵與？君子者，九五也；小人者，六三也。

《說文》:「介，畫也。」《雍也》:「汝自畫」。畫者，劃隔分界之謂。介者，乃劃然而絕去之。介疾，絕去邪疾，猶劃界以隔絕邪疾，絕其疾而去之，介疾也。

程子以「介」為分限，處其中而不能有決，則有「介疾」，意思雖也甚好，然細考「介疾有喜」四字，介疾當是去疾，否則何以有喜？

四若能剛立不疑，絕斷三之陰疾而去之，阻其晉進之途，勿使立於朝堂，浸染君上，則能盡大臣之職，福慶天下而有喜也。

《象》曰：九四之喜，有慶也。

【程傳】

所謂喜者，若守正而君說之，則得行其剛陽之道，而福慶及物也。物，泛言人與物。程子於四之位，必說「及物」，處大臣之位當有澤天下之任，獨獨善其身，不足當其位也。

【釋義】

九四若能介然獨立，又能阻隔陰柔小人之晉升，使無染於君子之庭，是有慶於天下。

九五，孚於剝，有厲。

【程傳】

九五得尊位而處中正，盡說道之善矣，盡，窮盡；說道，悅道、兌之道也。以剛中之德使天下人悅順，盡說道之善也。**而聖人復設有厲之戒，**盡善則有過善之弊，故設戒以預也。有厲者，有近於癘疫而惕懼之，則終吉。**蓋堯、舜之盛，未嘗無戒也，戒所當戒而已。**

雖聖賢在上，天下未嘗無小人，然不敢肆其惡也，見聖賢偃然而革其面。聖人亦說其能勉而革面也。心不順，面革而順，故曰勉，言自外從也。彼小人者，未嘗不知聖賢之可說也。如四凶處堯朝，四凶，為四凶之族：渾敦、窮奇、檮杌、饕餮。堯征服後，流放四族至邊夷，以禦魑魅。隱惡而順命是也。四凶隱其惡，順堯之命，所謂革其面、不能革其心者。聖人非不知其終惡也，革面順善，非心順於善，惡暫隱而不發，必將有時而作。取其畏罪而強仁耳。強為之仁，非自中心出，外襲之也。五若誠心信小人之假善為實善，而不知其包藏，包藏禍心，隱其惡也。則危道也。有厲也。

小人者，備之不至則害於善，備，防也；不至，不周也。備之不至：防範不周全也。聖人為戒之意深矣。剝者，消陽之名。取剝卦陰消陽。陰，消陽者也，蓋指上六，故孚於剝則危也。孚於剝：孚信被剝蝕也。以五在說之時，在悅之時則主於悅，悅不由中，則易為外物所悅而移其志。而密比於上六，故為之戒。雖舜之聖，且畏巧言令色，安得不戒也？說之感人，此處「說」，非以實誠悅人，以口悅、色悅以取人，故為小人剝削君子之孚信。易入而可懼也如此。入，自外浸入，取澤浸入之象，浸潤之譖、膚受之愬。

【釋義】

孚，信也，五密近於上，親比而孚信於上六。剝者，剝蝕、剝削也，陰消陽之剛德為剝。上六為悅之主，與五同體而悅，下無應繫，專悅順於五，也為五所孚信，五之孚信於是乎剝也。

上六能肆其邪魅之道、妄說之辭，以剝削九五之剛，以亂天下之正，君上之剛德漸被剝削，則下民離散而不信，孚於剝則於五有厲。有厲，有危厲也。厲通癘，癘，瘟疫也。有厲，也可解讀為，當有近危厲之心而惕懼也。

孚於剝，戒君子不可近小人也。

《象》曰：孚於剝，位正當也。

【程傳】

戒孚於剝者，戒，設戒，非說九五必孚於剝，但當其位，故有此戒耳。以五所處之位正當戒也。戒之：勿悅陰柔而失其剛中也。密比陰柔，密比，況其相處無間之狀，故易染而化也。有相說之道，故戒在信之也。信之：伸剛中之道，勿為陰柔剝削。

【釋義】

同處悅體，易於同悅而不防閒也；密近於上六，易為上六所染惑，故聖人設戒「孚於剝」，乃九五正當其位，而有此親悅陰柔之弊。

上六，引兌。

【程傳】

他卦至極則變，兌為說極則愈說。上六成說之主，居說之極，說不知已者也。說不知已，悅而不知自止也。故說既極矣，又引而長之。然而不至悔咎，何也？曰：方言其說不知已，未見其所說善惡也；善惡未形也。又下乘九五之中正，無所施其邪說。六三則承、乘皆非正，是以有凶。

【釋義】

引，牽也，為外物所牽引，引而去之，非自主也。孟子云：「物交物，則引之而已矣。」上六居無位之地，為五之牽引，不由己而悅，引兌也，不自主而從正，未見善惡，故不言吉凶。

上六能被剛中之德牽引而悅，雖不由自主，然能悅附於剛正，不至於凶。

《象》曰：上六引兌，未光也。

【程傳】

說既極矣，又引而長之，極則過也，故不可引而長之。雖說之之心不已，而事理已過，處極則過中。中，事之理也。上六處極，故程子云事理已過。實無所說。悅不順乎理，悅無實也。事之盛，則有光輝。既極而強引之長，其無意味甚矣，無意味，無意義，言無理也。豈有光也？內美則有光，盛而過理，則無內美也，豈能光照於外。未，非必之辭，《象》中多用。非必能有光輝，謂不能光也。

【釋義】

上六悅附於九五，乃悅順於剛中之德，附順於善也；然有善而未能出諸於己，故言德未光也。光者，自內輝光於外。上六之順正，由外順之，猶月亮順太陽而有光，非月亮自有光，故不言光。

䷺渙卦第五十九　坎下巽上

【程傳】

渙，《說文》：「渙，流散也。」《序卦》：「兌者說也，說通悅，下皆放此。說而後散之，人愉悅之時，莊謹則有鬆弛，故易於人交接，渙也。故受之以渙。」說則舒散也。人心悅，四肢舒散，情慾放而不收。人之氣，憂則結聚，氣鬱聚而結，則不暢。說則舒散，故說有散義，渙所以繼兌也。為卦，巽上坎下，風行於水上，水遇風則渙散，所以為渙也。

【釋義】

渙，離散也。

兌為悅，大凡人處順境，習於安樂，身心易於舒散，不戒懼而收斂，必至於渙。為卦，內坎外巽，坎水不固，巽風易散，內不固而外易散，則內外皆渙。坎艱巽順，內艱加憂則難凝聚人心，外巽順隨則競奉事於外，國離難、民渙散之象。

渙之六爻，初四、二五皆不對應，唯三上對應，三上為外，內不應助而交固於外，也是渙散象。

渙：亨，王假有廟，利涉大川，利貞。

【程傳】

渙，離散也。人之離散，由乎中；中者，心也。人心放失，渙散也。**人心離，則散矣。治乎散，亦本於中；能收合人心，則散可聚也，故卦之義，皆主於中。利貞，合渙散之道，在乎正固也。**正固其中。

【釋義】

渙而致亨，必有其途徑，二五剛居中正，純粹精誠，信孚有加，君臣上下以如此之心，同志共力，所以致亨通之道也。

渙者，自中心而離散也。古代能凝聚上下之中心者，祖神也。祭祀同一祖神，認可同一宗祖，使上下皆有一致之信仰，則可以凝聚渙散之心。若祖神不享，百姓皆不尊信，則信仰崩塌，天下人心必皆渙散。故王者當重修祖廟，以至誠來格祖神，凝聚民心，齊同信仰，百慮而能一致。

假，至也，王行至於祖廟，以祭祖先，王假有廟也。祭祀祖神，必以中正至誠以動上下。治渙散之民心，也當以正中至誠之心，君臣協力，民心方可凝聚，故治渙在於一心，一心中正至誠則可凝聚上下。

王敬順神明而至於有廟，推此敬誠之心於天下，必能收束民心。

巽木坎水，舟楫之象，故利涉大川，唯至誠，則可聚民力為我所用，得以行大事過大川也。渙散之時，貞守中正，則利。

《彖》曰：渙亨，剛來而不窮，柔得位乎外，而上同。

【程傳】

渙之能亨者，以卦才如是也。渙之成渙，由九來居二，來，來內也。剛四來居二位。**六上居四也。**六上居四，則六當從二位上行。**剛陽之來，**九居二也。**則不窮極**

於下而處得其中；程子以為剛來居二，不居初，乃不窮極於下也。**柔之往，**陰柔往外居四。**則得正位於外而上同於五之中。**四為柔之正位，也為外。**巽順於五，**四五皆巽體，巽以順上為義，四又柔居正位，故四能比親於五而巽順之也。**乃上同也。**同則志堅。**四、五，君臣之位，當渙而比，**四五君臣，處渙之時，而能比親。**其義相通，**四比親五，順巽剛中之義，義相通也。**同五乃從中也。**四從中之義。**當渙之時而守其中，**守中不散，治渙也。**則不至於離散，故能亨也。**

【釋義】

虞翻：「否四之二成坎震，天地交，故亨也。」否四爻之剛來居二，變否而為渙。否者，三剛窮居於上，不能生生而無能為。剛來內居二，則不窮極於外，而復生於內。陽以生為德，陽爻必來居內而成其生生，故四來內居於二，遂成剛健之不窮也。四剛居二，則六二往居四位，四為外卦、為陰柔之位，故曰「柔得位乎外」。上同者，四處巽體，巽順於九五，上同於五而輔剛也。

剛下柔上，陰陽交通而亨，且能各居其正：剛居四為不正，來居二則中正；六二往居四為正，順乎陽之正而又自正也。

渙所以為亨，陰陽上下交通，各得其正，君臣同志治渙。

王假有廟，王乃在中也。

【程傳】

王假有廟之義，在萃卦詳矣。萃為萃聚人心，渙時復萃聚人心，其義相近，故皆有「王假有廟」。**天下離散之時，王者收合人心，**收，對「放」而言；求其放心，收心也。**至於有廟，**至為精誠中正，唯在「有廟」能如此；王若能平素之時精誠如祭天、祭祖，則時在其中也。**乃在其中也。在中，謂求得其中，**求，持守也。**攝其心之謂也。**攝，收聚也；事事上攝其心，事事敬慎，則天下可治。**中者，心之象。剛來而不窮，**三剛皆居上，則窮於上。程子以為「不窮」，乃是剛非處於初，處於初為窮。**柔得位而上同，卦才之義，皆主於中也。王者拯渙之道，在得其中而已。**剛居五位，又得賢臣居二。**孟子曰：「得其民有道，得其心，**得百姓衷心順從。**斯得民矣。」享帝立廟，**享帝，祭祀上帝。**民心所歸從也。**精誠專一以得民心。**歸人心之道，無大於此，故云至於有廟，拯渙之道極於此也。**

【釋義】

九五剛中居尊，以精誠齊同天下，王假有廟也。王所以可以齊同萬民，中心至誠不散，其行唯公唯正，在中也。

在中，持守其中，造次顛沛必於是而不散，方可言「在中」。渙時，人心渙散，乃自上而下逐層渙散之。故治渙之道，必自本源而治之，至尊者當貞固其中正誠信，自上而下，百辟其刑之，百姓順從之，如此方可萃聚人心。

【補遺】

惟在中，則可有廟；不在中，不可有廟也。有廟，乃是精誠可以通神之謂。推此精誠不妄之心於天下，則王假有民也。王假有民，則渙治而民心聚。渙、聚之別，只在王之一心。

利涉大川，乘木有功也。

【程傳】

治渙之道，當濟於險難，共艱難則能聚民心。**而卦有乘木濟川之象。上巽，木也；下坎，水，大川也。**木順巽於水則濟，君順巽於民則治。**利涉險以濟渙也。**濟險必以齊眾，故云涉險以濟渙。**木在水上，乘木之象，乘木所以涉川也。涉則有濟渙之功，卦有是義，有是象也。**

【釋義】

巽坎，有乘木有功之象。

王假有廟，則可以行大事涉險難，利涉大川也。木，可浮於水上，君為木，民為水；乘木，順勢也，順民心之勢。能順隨民心，則涉川必能濟而有功。

《象》曰：風行水上，渙，先王以享於帝，立廟。

【程傳】

風行水上，有渙散之象。先王觀是象，救天下之渙散，民心無所主則渙散，享帝立廟，所以立民心之主。**至於享帝立廟也。**享帝，敬事天，順天也；立廟，敬事祖，述往也。順天述往，所以正人倫；正人倫，所以聚民心。**收合人心，**祭祀以敬誠，敬誠所以收合人心者。**無如宗廟。**分開言：宗天祖廟；合起來，天、祖皆為宗。**祭祀之報，出於其心，故享帝立廟，人心之所歸也。繫人心，合離散之道，無大於此。**無大於享帝立廟。

【釋義】

風行水上，激起水波，風吹水而散渙：苛政風行於上，則民心渙散於下，如水之四濺而溢出軌則。先王觀此象，享帝立廟，至誠以致上帝、祖神，推此精誠仁愛之心於天下，以治人心之渙散也。

初六，用拯馬壯，吉。

【程傳】

六居卦之初，渙之始也。始渙而拯之，拯之速也。又得馬壯，力之猛也。所以吉也。拯之又猛又速，故吉。六爻獨初不云渙者，離散之勢，辨之宜早，救治於幾也。方始而拯之，則不至於渙也，為教深矣。

馬，人之所託也。託於壯馬，故能拯渙。速奔以就於剛中之正。馬謂二也。二有剛中之才，初陰柔順，兩皆無應，一四、二五皆不應，故能親比。無應則親比相求。陰陽無應則親比，應先於比。初之柔順，而託於剛中之才，以拯其渙，如得壯馬以致遠，必有濟矣，故吉也。

渙拯於始，為力則易，時之順也。

【釋義】

初居渙之始，尚不至於離散而不可聚，拯渙以壯馬。

馬為陽剛健行之物，忠順於人，人需上馬以就安，二在初上為馬。馬壯，健順之極，拯救以速也。渙者，不順上而離散於下也。故拯渙以健順之馬，以速從正順上為吉。初、二親比，拯初以壯馬，速順於中正，以治其渙。

《象》曰：初六之吉，順也。

【程傳】

初之所以吉者，以其能順從剛中之才也。順從九二，下順上，柔順剛。始渙而用拯，篤正根本，又速也。能順乎時也。始渙之時，尚不至於披離不可收拾，故拯之以速，順時而行也。

【釋義】

渙始之時，民心易聚，故拯之以馬壯之速，使之速順巽於剛中，則吉。順者，比順於九二之剛中也。

九二，渙奔其機，悔亡。

【程傳】

諸爻皆云渙，謂渙之時也。三至上，不可釋為「渙之時」，與程子所解不同。在渙離之時，而處險中，其有悔可知。故言「奔」，惶急可知。若能奔就所安，就，就近也，五非就近之所，二非奔向五。則得悔亡也。近而就安，則悔亡，不得近處則不得悔亡。

機者，俯憑以為安者也。初為機，附而可下就。俯，就下也。奔，急往也。二與初雖非正應，而當渙離之時，兩皆無與，無應助：初無四之助，二無五之助。以陰陽相比相求，陰陽比近則相求。則相賴者也。故二目初為機，初謂二為馬，機可附而將息，馬可乘坐而安，親相合也。二急就於初以為安，則能亡其悔矣。

初雖坎體，而不在險中也。或疑初之柔微，何足賴？蓋渙之時，合力為一作而勝。先儒皆以五為機，非也。機乃在下之物，不可為五。方渙離之時，二陽豈能同也？渙離之時，同性則離。若能同，則成濟渙之功當大一有吉字，豈止悔亡而已？機，謂俯就也。案几低矮，必俯而能就之，如二在初上，可俯就也。

【釋義】

渙，處渙之時。奔，急往也。其，二也。機幾通，案几也，伏之可暫息。初二皆無應，故能親比為助，初為二之機，二為初之馬；初二親比，得聚以為安，渙散之時，唯聚合能治渙。九二奔赴初，伏几暫息。悔，二處險中，行必有悔。渙時，二處於坎中，獨力不可離險，故當與初親比，共治渙難，則悔亡。

《象》曰：渙奔其機，得願也。

【程傳】

渙散之時，以合為安。合則聚也，治渙以聚為治。二居險中，急就於初，求安也。聚力也。賴之如機而亡其悔，乃得所願也。

【釋義】

渙時，得安處為願：二俯就於初，伏几而安，亡其渙悔，得所願也。

六三，渙其躬，无悔。

【程傳】

三在渙時，獨有應與，初二皆無應與，唯三與上應與。無渙散之悔也。然以陰柔之質，不中正之才，上居無位之地，上九居無位之地。豈能拯時之渙而及人也？止於其身，自救身之渙，不能推及於他人，故言「止於其身」。可以无悔而已。上加渙字，在渙之時，躬無渙之悔也。身無渙之悔。

【釋義】

躬者，身也。人之所患者，私其躬也。渙其躬，渙散其私有，不私其身。渙時，能不私其躬，渙散其私有以濟時之渙，以平治天下為務。三上正應，六三上順於陽剛，從正而順行，乃渙時當渙之務，則无悔也。

來知德云：「渙其躬者，奮不顧身，求援於上也。」傾其所有，乃至於身家性命皆可拋卻，意思也好。

王申子曰：「自此以上四爻，皆因渙以拯渙者，謂渙其所當渙，則不當渙者聚矣。」

《象》曰：渙其躬，志在外也。

【程傳】

志應於上，在外也。與上相應，故其身得免於渙而无悔。身渙者，在行無主也；士不依仁由義，身渙也。三陰居陽位，不中不正則無主，然與上正應，順巽乎於陽剛，身無渙也。**悔亡者，本有而得亡；无悔者，本無也。**

【釋義】

渙其躬，不私我身，以拯天下之渙，行其公而志在外也。

王弼云：「渙之為義，內險而外安者也。散躬志外，不固所守，與剛合志。故得无咎。」「散躬」為「不固所守」，大略為六三不從己之素守，以從上九之道。六三居不中，處不正，當渙之時，固當捨棄之以從正。

六四，渙其群，元吉。渙有丘，匪夷所思。

【程傳】

渙，四五二爻義相須，須通需，相助也。**故通言之，《象》故曰上同也。**四之德同五。**四，巽順而正，**處巽，巽順也；柔居陰，正位也。**居大臣之位；五，剛中而正，居君位。君臣合力，剛柔相濟，以拯天下之渙者也。方渙散之時，用剛則不能使其懷附，用柔則不足為之依歸。**柔以寬受，剛以立則。渙時，仁義無施，百姓離散，故聚之以柔。然而，渙散之時，綱紀崩塌，人心無所依，故又當立之以剛。**四以巽順之正道，**居正體巽，故能巽順。**輔剛中正之君，君臣同功，所以能濟渙也。**剛柔際也。**天下渙散，而能使之群聚，可謂大善之吉也。**

渙有丘，渙時而能居眾如丘。丘，不獨為「聚」義，也當以「道義」言之，丘山為仁。**匪夷所思，**四質柔而能丘聚天下之公，匪夷所思也。**讚美之辭也。丘，聚之大也。方渙散而能致其大聚，其功甚大，其事甚難，其用至妙。夷，平常也。非平常之見所能思及也。非大賢智，孰能如是？**

【釋義】

群，渙時乃指朋黨，以私欲而蟻聚之群，蠅營為利，不渙之，則天下不能元吉，故言「渙其群元吉。」

丘者，山之小者，仁者樂山，丘聚而成仁，故丘有匯聚天下賢君子之義，君子匯聚成丘，乃聚天下之公義也。

群為私，丘為公。故丘乃為群之大者，以公義相聚而成丘，丘聚以公義也。渙有丘，渙散其朋黨之群，以成聚公義之丘，有丘也；居渙時，能遂成如此大功，凝聚天下公義，匪夷所思也。

胡瑗：「天下之渙，起於眾心乖離，人自為群。六四上承九五，當濟渙之任而居陰得正，下無私應，是大臣秉大公之道，使天下之黨盡散，則天下之心不至於乖散而兼得以萃聚，故得盡善元大之吉也。」

《象》曰：渙其群，元吉，光大也。

【程傳】

稱元吉者，謂其功德光大也。元吉光大不在五而在四者，二爻之義通言也。言四即言五也。**於四言其施用，於五言其成功，君臣之分也。**臣任其勞，故言施用；君居其功，故言成功；所謂君臣之分也。

【釋義】

離散其朋黨私群，以成聚其公義之大丘；大公之在天下，聚以成丘，渙得以治，四之德光大也。

九五，渙汗其大號，渙王居，无咎。

【程傳】

五與四君臣合德，以剛中正、巽順之道，剛中正為君，巽順為臣。**治渙得其道矣。**君剛中，臣巽順，治渙之道。**唯在浹洽於人心，**如水浸潤，無不妥帖。**則順從也。當使號令洽於人心，如人身之汗浹於四體，則信服而從矣。如是，則可以濟天下之渙，居王位為稱而无咎。**才德符其所稱，稱其王位也。

大號，大政令也，大改革、革命之制作，頒佈天下便是大號。**謂新民之大命，救渙之大政。**作制度新天下，新民也。**再云渙者，上謂渙之時，下謂處渙如是則无咎也。**王居正位，處渙之道也。**在四已言元吉，五唯言稱其位也。**渙時，王居其正，稱其位也。**渙之四五通言者，渙以離散為害，拯之使合也。非君臣同功合力，其能濟乎？爻義相須，時之宜也。**

【釋義】

渙汗：散汗、出汗，大病得治而汗水出，除舊布新之義。渙汗其大號，因其大號令而天下渙汗一新。大號，王之政令，新制度之謂。所謂「大」者，剛居尊位，王以仁義，號令天下，故曰大。王之政令出，則天下渙離之病得治，人心復聚集，如病人之渙汗出病，元氣復聚，革命而天下一新，渙汗其大號也。

渙王居：渙澤天下，渙散天下之弊病，則王能居正也。散王居之私有，示公心於天下，以蓄聚天下忠上之心，蓄其大，散其小，以成其公，王渙居也，故无咎。

【補遺】

渙汗其大號：或以為令出而不反，如汗出而不復，新令天下，除去舊政，渙汗天下也。巽風象號令，居五為大，大號也。大號者，號天下百姓革去舊命，以成新朝。渙王居，或以為王遷都，乃革舊王之命而遷新都。此殷周之事乎？從朝歌改都為鎬京，渙汗天下，必渙汗王居也。上下議論雖小有異，然大義皆同，革命而已。

《象》曰：王居无咎，正位也。

【程傳】

王居，「居」非尸坐不為，居位行事也。夫子答子路問政，曰「先之勞之」，即是「居」事，勞先以為天下率，王不勞先，孰能正天下乎？**謂正位人君之尊位也。**正位，動詞。以正處於人君之尊位，勞先也，如大禹「菲飲食，而致孝乎鬼神；惡衣服，而致美乎黻冕；卑宮室，而盡力乎溝洫」，皆是率先為天下範，方是正位人君之尊位。**能如五之為，則居尊位為稱而无咎也。**稱，稱其九五之尊。

【釋義】

王居剛中至正，治天下之渙，以其能正其位之故，而无咎也。王者，仁德通三才之謂。正者，居其位行其職之謂，如在縣長之位行縣長當行之事。

上九，渙其血，去逖出，无咎。

【程傳】

渙之諸爻皆無繫應，一四、二五皆無應與，有渙離象。**亦渙離之相。惟上應於三，**三陰而上陽，有應。**三居險限之極，上若下從於彼，則不能出於渙也。**出渙則離於渙，下從三，則入內也。**險有傷害畏懼之象，故云血惕。**逖通惕。三為險境，上繫於三，則有險，故有逖出之意。絕然斷去，則有血，故當審慎安撫，悄然而去。**然九以陽剛處渙之外，**在外卦之外，處渙之外也。陽剛，言能決去不顧，剛斷也。唯陽剛有如此出渙之勇。**有出渙之象，又居巽之極，為能巽順於事理，**能敬順事理，不忤懟。**故云若能使其血去，**血去，即離六三而去。六三處內險，不可不絕去。**其惕出，**絕去六三，當惕出，不可草率。**則无咎也。其者，所有也。渙之時，以能合為功，獨九居渙之極，有繫而臨險，故以能出渙遠為善也。**上九處渙之上，已至渙解之時，不可合力去渙，決去即可。

【釋義】

上九惕出去渙，慎而無傷。渙時有應繫則有助於出渙。上九去渙絕然皆不同下五爻，下五爻皆希有應繫，好合力出渙。上九有應繫，卻割斷應繫，隻身悄然遠遁，逍遙去了。

渙，渙散、渙離。血，傷害、險境也。上三相應，三在險中，血指六三所在之處，上九應繫於三，故有血光之災，當渙離也。渙其血，渙離其險境，遠離傷害，絕去六三之應繫。

逖，通惕。去逖出，言「渙其血」的方式，當惕出而不復。不復者，不顧也，不顧六三之應繫。然上九脫離傷害之時，當警惕不回顧，無牽繫纏繞，故无咎。去，離也。出，上出於渙。逖，也解作「遠」，去逖出，離開，遠出，義也可。

【補遺】

坤之上六「龍戰於野，其血玄黃」，有交戰則有「血」，渙散其血，有出離交戰是非之地，故又云「去逖出，无咎」，謹慎出離是非地則无咎。上九本剛斷，又處上卦之上，自有決斷之義，且居巽之上，有極順之義，順則不牴牾而抗，絕去險境而不顧，然又能低調和處此事，不造生事端，无咎也。逖出，便是他謹慎處。「去」乃離渙，逖出是離渙的方式，夫子「臨事而懼，好謀而成」便是這個意思。

《象》曰：渙其血，遠害也。

【程傳】

若如《象》文為渙其血，乃與屯其膏同也，義則不然。蓋血字下脫去字，程子以為當為：「渙其血去」。**血去惕出，謂能遠害則无咎也。**

【釋義】

渙散其血繫之險，遠離其害即可，不必合作共力了。

䷻節卦第六十　兌下坎上

【程傳】

節，《說文》：「節，竹約也。」生長有節，不越其度，有竹節之象。俗語資本野蠻生長，生長無度，肆欲侵奪，必當節約之。**《序卦》：「渙者離也，**離其節則渙。**物不可以終離，**

物不可終離其節度，離其節度則肆欲妄為。**故受之以節。」物既離散，**離散其節。**則當節止之，**復歸於節也，終始之道，過則反之。節者，反諸於正也。約束不正，使歸於正，節之用。**節所以次渙也。為卦，澤上有水。**水在澤中為節，水溢出澤中則濫。**澤之容有限，**用度有節。**澤上置水，滿則不容，**滿則過節。**為有節之象，故為節。**

【釋義】

節，約止也，約束之而止其逾度。約止人慾，使歸於正，節之道也。節非佛氏之絕欲，也非老氏之寡欲，佛、老皆無節義。節乃為導欲，導欲於正，行欲於度中，勿使過度離正，乃為節之用。人慾無節則渙離，渙離則無所歸，節之乃能制其渙，使欲得其分、歸其位，欲在分內，思不出位，物歸其所，節也。

為卦，澤上有水，水歸於澤為正，若止其所而不溢，乃為節之象。內兌為悅，外坎為欲，悅順於欲則易僭越，故當節度之。又，互卦震艮，有動則有止，動在止中，動於當止之處，動不逾矩，行止有則。止非剎止不行，乃是止其行於外，止水行於澤外，水可動於澤中，澤中水動，度中有行，內有節之象。止其過動，節其滿溢，動止互為節度，互為其根，也為節之象。

國人以節止為文明，克己復禮為士之節操。節者，止也，禮者，節之度也，行止於禮，非禮不動，節之道也。禮者，中道也，故節以中為道。二五皆剛行其中，節於中也；節必以剛，唯剛能制其欲，柔則易順而濫矣。然剛也不可過中，剛過中則不可節，故剛在二五之中，剛制其欲而行在度中，不遏其欲，亦不肆其欲，中以道其欲，節也。

天地以節行，則四時行焉，百物生焉，萬物各得其所，生生不息，皆以節。人以節行，則人倫正焉，君臣、父子、夫婦、兄弟、長幼各行其分，老者有安，少者有懷，朋友有信，百姓安其居樂其業，也以節。

節：亨，苦節不可貞。

【程傳】

事既有節，不過也無不及，節也。**則能致亨通，**過則不能持久，不及則不能暢通，故節自有亨通。**故節有亨義。節貴適中，**天地以中乃長久，節之用也。**過則苦矣。節至於苦，豈能常也？**過苦則傷於簡易，不能易知易從，不能範眾，不能常也。**不可固守以為常，不可貞也。**

【釋義】

下兌上坎，坎為苦，簞食瓢飲，苦中作樂，有苦節之象。

天地之道在於寬而能節，寬則廣大有容，節則行止有度，有容有度則亨行於中道。

節以中為度，過或不及，皆非節道之中。苦節過於中，過於中則不能寬容有度，行之於己則為苦行困勉，不能從容廣大；施之於人則傷於刻薄，人所不堪。故節之為苦，非簡非易，不似天地，何可常也？

男女有節則成夫婦，上下有節則成長幼，臣節於忠、君節於禮則成君臣，故節乃行其當然之常道。過其常則為苦節，行之於夫婦則難為終，行之於君臣則易亂，行之於上下則易生慢忽，難以貞固也。

貞，可作持守解，也可作正解。不可貞，不可持守；不可貞，不能正人。義皆相通，不能持守，則不能正人。

孔穎達：「節者，制度之名，節止之義。制事有節，其道乃亨，故曰節亨。節須得中，為節過苦，傷於刻薄，物所不堪，不可復正，故曰苦節不可貞也。」制度以約其中，過中則為苦節，傷制度也，制度傷則不可常。

《彖》曰：節亨，剛柔分而剛得中。

【程傳】

節之道，自有亨義，自，固有之。**事有節則能亨也。**事有節則有序也，有序則亨順而通。如路上車行有序則亨通。**又卦之才，剛柔分處，**「分」有兩義：三陽三陰各半，三陰隔限三陽。**剛得中而不過，亦所以為節，所以能亨也。**剛在兌中，不過悅；剛在坎中，不過欲。

【釋義】

節者，行其道於中而不偏，故節之為亨，乃道之亨——道亨行其中。道能亨行其中，在事則順，在物則成，在人則志行，自有亨通也。

為卦，陰陽各三爻，陰陽平衡，剛柔分也。陽居初、二，為生生之位，內行健也。居二五而得中，剛能節其中，為節之主。剛能節，然剛過則為苦節，剛中則節有度，節時而能主於中正，故能亨。陰三爻：柔居三，下附初二之剛，悅順而從；柔居四，順從於五剛；柔居上，無位而不能有作為，故三陰皆能輔助三陽，陰輔陽，順而亨。

苦節不可貞，其道窮也。

【程傳】

節至於極而苦，過極則失中，失中則悖道，悖道則窮塞不通，不能通行於眾，何能貞守？**則不可堅固常守，其道已窮極也。**

【釋義】

節而至於傷刻，行之於己則有窒塞，行之於人則人弗從，故苦節不可貞。道者，人進出之門戶，孰能行不由戶，何莫由斯道也？故道不寬，則人不能安裕處中，其窮必也。

欲不可肆，節之以從道。然節者，道（導）欲也，道欲於正，乃節之本也，非以為刻薄寡欲為尚。君刻臣薄，則君臣之禮廢，君臣之道窮也；父刻子薄，則父子之恩廢，父子之道窮也。

說以行險，當位以節，中正以通。

【程傳】

以卦才言也。內兌外坎，說以行險也。兌悅坎險，說以行險，不為險阻困擾其心，寬以處之，樂以順之，所以能出險也。**人於所說則不知已，**悅於外則失於中，失於中則不知節而不知已也。**遇艱險則思止。**止於外則反於內。**方說而止，**才悅便知止義，悅在止則也。**為節之義。**中節而悅。**當位以節，五居尊，**剛中在上，天下易從。**當位也；在澤上，**不在澤上則溢滿也。**有節也。**剛則不欲，中則不過，處於澤上，有節象。**當位而以節，**當位，不失其剛中也；節時在位，剛中行其節。**主節者也。處得中正，節而能通也。**剛則健行，中則寬通。**中正則通，過則苦矣。**苦節，以剛不在中。

【釋義】

說，中心悅順而有寬裕舒泰之意。說以行險，以寬裕舒泰之心行於險難之地，從容而不迫於險難，不為險難所牽引而改其節度，故節之在中而不偏，中心有定而不出位，行險以悅，不繫於險也，故能樂順天道，行險而不制於險。

二五處中，陽剛當位以節。上下之剛皆處中，剛能制欲，剛中則不為苦節，故能行其中道之節。剛行中正，上下志通並進，則陰柔順從，故能亨通。

天地節而四時成，節以制度，不傷財，不害民。

【程傳】

推言節之道。推人道之節而至於天地之節。**天地有節故能成四時，**天地之節，太極也；太極為陰陽之中道，陰陽不過其中，不過太極也，即不過其天地之節。**無節則失序也。**節而行道於中，則物歸其所而不失其序。**聖人立制度以為節，**制作禮法以節約天下之行。**故能不傷財害民。**用財有度，不傷財；使民有時，不害民。**人慾之無窮也，苟非節以制度，**制度之大者，禮也；小者，法也。**則侈肆，至於傷財害民矣。**

【釋義】

天地節行其中，春不過夏，夏不過秋，節在其中而四時順成。政府節以制度，官廉潔而府藏充，則不傷財；時使薄斂，則不害民。

《象》曰：澤上有水，節，君子以制數度，議德行。

【程傳】

澤之容水有限，過則盈溢，是有節，節在澤中，不過澤中，是有節也。**故為節也。君子觀節之象，以制立數度，**制立二字有分別：制，作數度；立，行數度。來知德：「古者之製器用宮室衣服，莫不有多寡之數，隆殺之度，使賤不踰貴，下不侵上，是之謂制數度。」器用有數度，以別上下尊卑。**凡物之大小、輕重、高下、文質，皆有數度，**均衡量。**所以為節也。數，多寡。度，法制。**用度多寡以合乎法制。**議德行者，存諸中為德，發於外為行。人之德行當義則中節。**當義，合乎義也。**議，謂商度求中節也。**制禮使行不過中。

【釋義】

澤上有水，水行於澤中，不溢於外而行，節中之象。且澤容有度，竭則枯，盈則溢，不盈不枯而處得其中，也為節象。君子觀節中之象，作制度，使君臣、父子行止有儀則，尊卑、上下器用皆不過度，節度人文也。

初九，不出戶庭，无咎。

【程傳】

戶庭，戶外之庭；內室休息之所，因獨門故為戶。**門庭，**堂內接物之所，因門有兩扇為門。**門內之庭。初以陽在下，上復有應，非能節者也；**不能節止於戶庭之內，欲出戶庭也。**又當節之初，故戒之謹守，至於不出戶庭，則无咎也。**子云：「亂之所生也，則言語以為階。君不密則失臣，臣不密則失身，幾事不密則害成，是以君子慎密而不出也。」節之初，當慎言語以免禍，不出戶庭也。**初能固守，終或渝之。**渝，變也。**不謹於初，**不節於初始。**安能有卒？**有卒：行之有終。**故於節之初，為戒甚嚴也。**

【釋義】

不出戶庭，行不出節，剛居初，德未光大，潛龍宜伏藏，則无咎。

古代門、戶有別：獨扇為戶，兩扇為門。門之繁體為門，從二戶相對，顯係兩扇。

《說文》：「室，實也。」段玉裁注：「古者前堂後室。釋名曰：「室，實也，人物實滿其中也。」《說文繫傳》：「室，堂之內，人所安止也。」按照古代建築，一個大家庭的住所常分前、後進，前進為堂，為接物之所，堂門較大，常為兩扇，稱之為「門」。後進為室，是休息之所，室門較小，常為一扇，稱之為「戶」。

戶庭乃指後進、後室的休息之所，包括後室前的院子。不出戶庭，不出後室及其院內，不出休息區域。門庭，則是前進、前堂，包括前堂前的院子，是接人待物之所。九二「不出門庭」，乃為不出前堂及前堂前的院子，即不出宅區外，範圍較初爻要大。子曰「由也升堂矣，未入於室也。」登堂、入室所以有別也在此。

程子只含混說「戶外之庭」、「門內之庭」，在他為不言而喻，今天人時隔太久，不甚明白，故特詳加說明。

初九剛處陽位，在悅體之下，易於悅樂而肆放，不知歸束，故於處節悅之始，當戒之以節度，不出戶庭，慎言行於初始，則无咎。剛處悅體之初，悅為欲，陽為動，動於欲也，故戒以不出戶庭。

戶庭，初之安止之位，約束也；束其動欲在內，節其言行，使之在戶庭內，有節欲之象。初四正應，四為坎體之下，艮體之中，能靜息初之進動，為初之戶庭也。

王弼以為初為制度之始，需慎密不失，以防姦偽，王弼從象傳「制數度議德行」出此義，意思也好。

《象》曰：不出戶庭，知通塞也。

【程傳】

爻辭於節之初，戒之謹守，蓄養其陽剛之氣，待時而動。**故云不出戶庭則无咎也。《象》恐人之泥於言也，**泥，執守不化。**故復明之云：雖當謹守，不出戶庭，又必知時之通塞也。通則行，塞則止，**時通則行，時塞則止，順時而動，知通塞也。**義當出則出矣。尾生之信，**《莊子．盜跖》：「尾生與女子期於梁下。女子不來，水至不去。尾生抱柱而死。」謹守小節，不知變通。尾生，傳為孔門弟子微生高，孔子批其不直。**水至不去，不知通塞也。故君子貞而不諒。**貞，大節也；諒，小節也；守其貞不必諒，通經權也。**《繫辭》所解，獨以言者，在人所節，唯言與行。**慎言謹行。節只是慎出，非不出，初之不出戶庭，也只是畜德以慎出，非以終不出為尚。**節於言則行可知，言在當先也。**未行之前，當節其言，勿使之在行之前而發。

【釋義】

不出戶庭，在節初當知其通塞之道，非謂終始皆不出戶庭，時止時行，皆在節中，非靜伏為節也。初之通，道通於一身；初之塞，道不行於眾也，能知此，則不出戶庭，以蓄養其潛德。

戶庭內，為休息安身之地。初不出戶庭，喻其行節只及己一身，修、齊、治、平四階梯，剛只到「修」，尚不能齊整一家，其德不能為一家之首，故有不出戶庭之象。若九二修、齊已成，當出門庭，以治、平天下。

九二，不出門庭，凶。

【程傳】

二雖剛中之質，然處陰居說而承柔。處陰，剛處柔也；居說，兌體也；承柔，承三之柔也；三者皆過於陰柔，若行此陰柔而不出，悖逆剛節之道，則凶。**處陰，不正也；**位不正。**居說，**悅體也。**失剛也；**悅循於外，剛立於內。**承柔，近邪也。**承順於六三，近邪也。**節之道，當以剛中正。**剛不失其中正，節之道。**二失其剛中之德，與九五剛中正異矣。不出門庭，不之於外也，**之，行也。**謂不從於五也。**二居內，五處外，故言二不出門庭，乃不往求於五。**二、五非陰陽正應，故不相從。若以剛中之道相合，則可以成節之功。唯其失德失時，**體兌承三，失德也；不上進合於五，失時也。**是以凶也。不合於五，乃不正之節也。以剛中正為節，如懲忿窒欲，**懲窒，皆抑制之義。**損過抑有餘**一作益不及**是也。**減損有過，抑制有餘。**不正之節，如嗇節於用，**節而嗇，不裕也。**懦節於行是也。**節而懦，不剛也。

【釋義】

二為見龍，不在田則凶，故言不出門庭凶，二之節道在顯德，不顯則悖其時節。

初以戶庭，二以門庭：戶以閉之，不能齊家只能修己，以不出戶為无咎；門以出之，可以治國平天下，以不出門為凶；辭雖小異，義則大別。

初以戶庭言節時必有約束，欲齊家當修身也；二則約束已成，當行其約束於外，平治天下也。蓋節之為用，非遏制不行，乃是道欲以行，道之以行其節，行止皆約之以禮，行在節中，節見諸於行，則吉。二剛居柔、處兌體、又承柔而不應於五，故告之以「不出門庭凶」。故二約束於己已修身，約束於家，已齊家，故當出門庭以推其約束於國於天下。

出門庭乃喻可以走出家門，其道足以平治天下，若此時不出門庭，獨善一身不仕為無義，非君子之道，時至而不行其道，悖逆君子之道，為凶。

節以剛中遂成。初以剛不中，節未成，修身未遂，故不能推行於人，不可以出戶庭，其象只宅居室內不出，豈能影響他人？二以剛中，節已成，修身齊家皆甚好，可以出門庭，故要推出去，惠及更廣大之人群，不出門庭便是悖義了。

初為潛龍，二為見龍，二爻即關及一人之德業成遂與否，也關及時運通塞否。

《象》曰：不出門庭凶，失時極也。

【程傳】

不能上從九五剛中正之道，成節之功，乃繫於私昵之陰柔，悅繫於三。**是失時之至極，所以凶也。失時，失其所宜也。**

【釋義】

極，中也，此處義同於「節」。不出門庭，失時中也。

錢志立：「澤所以鍾水也，水始至則增其防以瀦之，初九是也。水漸盛則啟其竇以泄之，九二是也。二與初同道，則失其節矣。」澤所以儲水（鍾水），水始至，則蓄之，不出戶庭也；水漸盛，則泄之，當出門庭也，於是損益，不失時中。二德業修成，當推出去，不推則事時極。

六三，不節若，則嗟若，无咎。

【程傳】

六三不中正，承剛而臨險，處上下卦之間，下乘剛，上臨坎。**固宜有咎。然柔順而和說，若能自節而順於義，則可以無過。不然，則凶咎必至，可傷嗟也。故不節若則嗟若，己所自致，無所歸咎也。**

【釋義】

柔不中正，乘二陽之剛，居悅體之上，是循外欲動而不能節於內，動則險難在前，彷徨無主，無可如何，嗟若也。然若能嗟歎自悔，反己補過，則可免於无咎。

三互體震艮，始動悅於不中正，終能艮止於順正，故先則嗟歎，後則无咎。

嗟，不節而至於嗟，或悔而自嗟，義皆可，《象》傳用前者。

《象》曰：不節之嗟，又誰咎也？

【程傳】

節則可以免過，節則可復歸於道，可免過也。**而不能自節，以致可嗟，將誰咎乎？**

【釋義】

節之在己，不節則非可咎於人。

誰咎，无咎於人。自至於失節而哀嗟，不能歸咎於人。君子過則改之，時不行則卷之，豈有怨天尤人之理？

六四，安節，亨。

【程傳】

四順承九五剛中正之道，是以中正為節也。順君道為己之節，以不有己為己，坤德也。**以陰居陰，安於正也。當位為有節之象。下應於初。四，坎體，水也。水上溢為無節，**水上溢則違其性，違其性則無節。**就下有節也。**水性就下，順其節而行。**如四之義，非強節之，安於節者也，故能致亨。**性安如此，亨自內來。**節以安為善。強守而不安，則不能常，豈能亨也？**

【釋義】

安節，安處於節，不思而得，不勉而中節，其道亨也。四處坎底，有淵深靜謐之象，故以安節為喻。

陰柔得正而順於剛中，安節也。安者，非義襲於外而居之，自內之性分固如此，不勉而成，樂其內成，恬然自處，無有一絲外慕之心。

六四自性中便有節象：柔居正，能坤順；居互體艮下，不犯上而進也；與初剛正應，有就下之節；居坎之下，水流於下，安行而無波瀾，流深而靜也。四者皆能安於節，其性如此。

《象》曰：安節之亨，承上道也。

【程傳】

四能安節之義非一，《象》獨舉其重者。居近君之位，以承上為重。**上承九五剛中正之道以為節，足以亨矣。餘善亦不出於中正也。**餘善：如處正位、艮止、就下等善，皆非中正。

【釋義】

四有安節之性，其道之大者，乃承順於九五之剛中。

九五，甘節吉，往有尚。

【程傳】

九五剛中正之道，居尊位，為節之主，剛中為吉主。**所謂當位以節，中正以**

通者也。唯中正可通上下：上敬順於天而天命之，下敬順於民而民信之。**在己則安，行天下則說，**天下人悅順也。**從節之甘美者也，其吉可知。以此而行，其功大矣，故往則有可嘉尚也。**

【釋義】

甘，猶樂也；甘節，不苦而樂節也，樂節而安，故有吉象。節以通為行，禮以履為行，五行其節，履剛行中，居尊位而當光大其節以安天下為務，故往有尚。五居坎中，剛有動象，水流有節，尚往也。

節之外卦為坎，與井卦同，井之九五「井冽，寒泉食」，寒泉有甘甜之象，節之九五為甘節。李光地：「水之止者苦，積澤為鹵是也。其流者甘，山下出泉是也。五為坎，主水之源也。在井為冽，取其不泥也。在節為甘，取其不苦也。」

《象》曰：**甘節之吉，居位中也。**

【程傳】

既居尊位，又得中道，所以吉而有功。節以中為貴，得中則正矣，正不能盡中也。

【釋義】

中者，節也。居節之時，當以行中節為美也。

上六，苦節，貞凶，悔亡。

【程傳】

上六居節之極，節之苦者也。節以中道為尚，居極則不中，不中則苦。**居險之極，亦為若義。固守則凶，悔則凶亡。悔，損過從中之謂也。**節以中為道，故損過必反中。**節之悔亡，與他卦之悔亡，辭同而義異也。**

【釋義】

窮居節之上，過中而乘剛，無應於下，不順於剛中，不能安於內而節自中出，為節而強節之，自外襲之，勉力而為，為節之苦者。苦者，性非安於此，故不宜貞固持守，貞固則逆其性而凶。然柔居正位，能自悔而反，則悔亡。

陸振奇：「觀下卦通塞二字，上卦甘苦二字，可以知節道矣。通處味甘，塞處味苦。塞極必潰，故三受焉。甘失反苦，故上受焉。」三與上皆居極而反。性不通於節，自外節之則苦，若水塞則味苦，反之則甘。

《象》曰：苦節貞凶，其道窮也。

【程傳】

節既苦而貞固守之則凶，道不行於己而固執之，則苦。**蓋節之道至於窮極矣。**

【釋義】

苦節貞凶，道不行於己，自外而強節之，節非自內也，自處險極，又下無應，道窮於己而無所助，節道窮也。

䷼中孚卦第六十一　兌下巽上

【程傳】

中孚，《說文》：「孚，卵孚也，從爪從子。一曰信也。」中心有信，誠有此信，為中孚。**《序卦》：「節而信之，**上節而下信：居上者廉節奉公，居下者順信而從。**故受之以中孚。」**節在中也，故所節誠而不妄。**節者為之制節，**制節，制度以節也。君臣上下之禮，皆以制度節其僭妄之欲。**使不得過越也。**不得用度越僭其度。**信而後能行，**於修身，孚信於中而後能行諸於外；於治國，民信之而後能行其政教。民不信而強行之，枉民也。信者，從人從口，身行之而言從之，言從身出，故，能使人信從。程子所說的「信」，乃中心確信無疑，篤信於內而後能行之己。**上能信守之，**上能篤實行其節。信，此處為篤實；信守之，自家篤實堅守，非為取悅於外人。**下則信從之，**上篤實真做，下便篤實真信。若只是官場文章，只能一時取信，終不能欺於下民。**節而信之也，**居上者節其欲，政風清廉，則百姓安居而信之。**中孚所以次節也。**中孚者，自衷心而行其節也，故其行節非為巧媚，乃誠實出之。

為卦，澤上有風。風行澤上，而感於水中，為中孚之象。中孚之行必有所感，如風行於水上，水必感而順動也。**感謂感而動也。**感者，心相通也，相通則順動而勸也。**內外皆實而中虛，**二五實、三四虛。**為中孚之象。又二五皆陽，**實在中，中實。**中實，亦為孚義。在二體則中實，**二五剛中。**在全體則中虛；**體，卦體也；一卦六爻為全體。三四陰爻為中虛。謙在內，誠有此虛，誠有此謙，為中虛。**中虛，信之本；中實，信之質。**本言體，質言用。

【釋義】

中孚者，信自中也；乃如惡惡臭、如好好色，自家篤實好行此信，非為粉飾取悅於他人，方可為中孚之信。

行中道於己為節，履節而行，節由衷出，誠不自欺，則人信從之，繼之為中孚也。

中心有孚信，此節度確存於中心，居處誠有此恭，行己誠有此恥，衷心信實而非妄也。程子云：「存於中為孚，見於事為信。」孚乃未發之中，存篤誠於內而未見於事；信乃伸而見諸事，篤實而彰顯於外者。

為卦，三四為陰，虛中之象，謙以容眾也；二五剛中，剛為實，實中之象，實則信孚也；內兌外巽，中心悅而巽順於外，所巽順乃出於誠心之悅；上謙順於下，下誠悅於上，孚於中而互信也。

互體震艮，震為動，艮則止，動止於剛中，行不離矩，道不離身，也為中孚之象。

中孚：豚魚，吉，利涉大川，利貞。

【程傳】

豚躁魚冥，躁於外者，難動於內；冥於理者，難通於外。**物之難感者也。孚信能感於豚魚，則無不至矣，所以吉也。忠信可以蹈水火，**內在之忠信不為外在之水火而變動，故可以涉水不淹，蹈火不熱。**況涉川乎？守信之道，在乎堅正，**堅固其正。**故利於貞也。**

【釋義】

中孚豚魚：孚信能動於豚魚，通達於萬物，信及豚魚也，況於人乎？

孚信動人，必由內及外：孚於己，推此中孚則信於人，擴而充之，則孚信及禽獸草木，自內而外，孚信之成皆有其漸。能孚信於禽獸，則必由先信於人，人之事必以順吉，故豚魚吉。

孚信伸達於豚魚，則能取信於天下百姓，上下一心，民心凝聚，則利涉大川。剛中信實、虛中謙容，持之貞固，無所不利也。

高亨：「豚魚乃禮之薄者，豚魚吉，猶言雖豚魚之薦亦吉也。」士禮用豚魚，《士喪禮》：「豚合升，魚鱄鮒，九朔月，奠用特豚魚臘。」中心有孚信，雖薦豚魚，亦吉。雖不同於《彖》傳之義，意思也非常好。

【補遺】

豚躁而難安於內，魚冥昏而難通於理，二物之性難以遷變，以喻中孚之心不為外所牽易也。中孚豚魚，中孚篤定若豚魚。此說為我偶見，於彖義不合，以備一說。

《彖》曰：中孚，柔在內而剛得中，

【程傳】

二柔在內，一卦之內，非下卦之內。**中虛，**三四爻。**為誠之象；**虛中能納物，誠之象。**二剛得上下體之中，**二五。**中實，為孚之象；**如鳥孵卵，有其實；孚下有子，「子」，鳥卵也、實也，孚之象。**卦所以為中孚也。**

【釋義】

二五剛中，三四虛內，柔在內而剛得中。剛中則篤實，柔內則謙恭；篤實以信於人，謙恭以容於眾，中孚之象也。

若只是篤實，未能謙恭，行諸於己則可，來眾御眾則不能，率眾而涉大川則不可行，故柔在內不可或缺。

說而巽，孚乃化邦也。

【程傳】

以二體言，卦之用也。上巽下說一作兌，**，**上體巽，下體說。**為上至誠以順巽於下，**剛中居尊，至誠也。**下有孚以說從其上，**說從，自內誠悅而隨從，非自外力迫使強從也。**如是，其孚乃能化於邦國也。**變化邦國民風。**若人不說從，或違拂事理，**或雖悅從，但違背事理，終不能化育天下。違拂，違背也。**豈能化天下乎？**

【釋義】

下悅上巽：居上者能順從民欲，則百姓悅服而順從之。內悅外巽：百姓中心喜悅，則外必順從。如此而孚信於人，則上下不隔阻，政令教化必行於邦內，百姓化而從之。化，感而化之：百姓為孚信所感，然後順巽政府，變化民之氣質，敦化世之風俗，故邦國得治，天下得安。

豚魚吉，信及豚魚也；

【程傳】

信能及於豚魚，豚魚之道與人道殊途，孚信而能動之，則至誠動物也。**信道至矣，**無所不及。**所以吉也。**

【釋義】

豚魚之心尚能感動，況於人乎？至孚誠能動至昏冥。

涉大川，乘木舟虛也；

【程傳】

以中孚涉險難，其利如乘木濟川，利，猶順。**而以虛舟也。舟虛則無沉覆之患。卦虛中，為虛舟之象。**外剛實內陰虛。

【釋義】

所以可以乘木，以舟虛也。乘木舟虛，木以信實，虛以容眾，順勢而為也。

巽為木，兌為水，木行水上，初二、五六為剛實，三四中為虛，有乘木舟虛之象。木能浮於水，又中虛，能利涉大川而不沉。

中孚以利貞，乃應乎天也。

【程傳】

中孚而貞，中孚：剛居二五，柔居三四，剛柔處中而有孚；利貞：貞固則利生百姓。**則應乎天矣。**天命而人應之。**天之道，孚貞而已。**孚，天之實行——四時行百物生；貞，獨立不改，周行不怠，不為堯存，不為桀亡。孚貞：貞固其生生之仁。

【釋義】

天之道，不言而默成，四時化育，品物流形，孚誠而已。為人君，上應乎天，下順乎人，居中有孚，利生百姓，行天之道也。

《象》曰：澤上有風，中孚，君子以議獄緩死。

【程傳】

澤上有風，感於澤中。風行水動，水動乃為應於風而感。**水體虛，故風能入之；人心虛，**虛則能入物。**故物能感之。風之動乎澤，**動於澤中。**猶物之感於中，**中心；人之中為心。**故為中孚之象。君子觀其象，以議獄與緩死。**兌從口，議之象；緩死，生象，順巽於剛則生。二五剛中，是緩死之象。**君子之於議獄，盡其忠而已；**盡其中心之惻隱。**於決死，**對於處死之犯人，**極於惻而已；**推其惻心於極。**故誠意常求於緩。緩，寬也。**緩，寬其繫縛，寬免也。**於天下之事，無所不盡其忠，而議獄緩死，最其大者也。**

【釋義】

風，政令也；澤，百姓也；風行澤上，風吹則澤水感而動，政令行而民為之化，信從在其中，中孚之象也。

君子觀仁風之行、水澤之恩，思議獄以盡其誠、緩死罰以動惻隱。風，行於上而無所不拂，無隙不入，拂照議獄待判者，慎其罰也；水，行於下而無所不浸，無孔不滲，浸恩於將死之人，緩其死也。

初九，虞吉，有它不燕。

【程傳】

九當中孚之初，故戒在審其所信。視其所以，觀其所由，察其所安，則可審其信否。**虞，度也，度其可信而後從也。雖有至信，若不得其所，則有悔咎，故虞度而後信則吉也。既得所信，則當誠一，若有他，**有它往，繫於三也。三為兌之主，隔阻於四，最易為初之所繫絆。**則不得其燕安矣。燕，安裕也。有他志，不定也。**身在此而心在彼，故言不定也。**人志不定，則惑而不安。**志不篤為惑，不知擇也為惑。**初與四為正應，四巽體而居正，無不善也。**巽體能謙下，居正能無私，故無不善也。**爻以謀始之義大，**君子於立志之始，當深慮心之所歸，謀始之大也。**故不取相應之義。**中孚以自安為謀始，故不取相應。相應則志在適它也。**若用應，**若此爻以相應為用。**則非虞也。**不思度而遽從四，非虞也。程子取「度」釋「虞」。

【釋義】

安信於內則吉，若非衷心信孚，有意為之，則不樂。有它，也作心有他往，心不居內，非能安虞，故不燕樂。

《廣雅》：「虞，安也。」《國語．周語》：「虞於湛樂。」君子安於義宅而後能樂，身不安則樂無由生。顏回居陋巷，不改其樂，相在爾室，尚不愧于屋漏，安之在先也。虞吉：安處不它適，用志不紛，則吉。

有它，非自中心也。初四正應，不思而信，不謀而合，則安樂，若有一絲人為做作，有意取悅於四，有意交孚於四，有意迎合於四，動而不安於己分，悅順於人，有它不燕也。初剛而體兌，易躁動而取悅於人，戒勿悅躁而有它也。

中孚卦，以安於己而自然為人所孚信，此為孚信之本。若志在有意孚信於人，則中心不定，而非真孚也。

燕，燕樂也，能燕樂則身心寬裕豁如，心有妄作之意，則不能居安而燕樂。

虞，王弼作「專」解，初四正應為「專」，意思也通：「虞猶專也。為信之始，而應在四，得乎專吉者也，志未能變，繫心於一，故有它不燕也。」

《象》曰：初九虞吉，志未變也。

【程傳】

當信之始，志一無志字**未有所從，**不應四也。**而虞度所信，**推估所信之人，四也。**則得其正，**四柔居正。**是以吉也。蓋其志未有變動。志有所從，**陽剛貴在自立，若從人則不能自安。**則是變動，虞之不得其正矣。在初言求所信之道也。**初之所信者，自信而安宅也，有他往則不能自信自立。

【釋義】

初處信之始，君子處微，人之未信己之時也，宜當安養其信，篤厚其德，修德進業，故其志在於自安，孚信在我，不它往適以求合，使心不繫於外，安靜篤內，故言「志未變」；志變，則循逐於外而有它往也。

九二，鶴鳴在陰，其子和之；我有好爵，吾與爾靡之。

【程傳】

二剛實中，孚之至者也，孚至則能感通。孚至：孚信達於人。**鶴鳴於幽隱之處，不聞也，**聲微而傳之不廣也。**而其子相應和，中心之願相通也。**中心相通，雖遠不隔。子曰：「未之思也，夫何遠之有？」思即中心不隔。**好爵我有，而彼亦繫慕，**繫慕，心繫之而慕羨也。**說好爵之意同也。**說，悅好也。**有孚於中，物無不應，**孚中，則通天下之物，故物無不應。**誠同故也。**天賦誠在物，則無不同，感而通之。**至誠無遠近幽深之間，**間，間隔也；謂至誠可以打通遠近、幽深之隔間。**故《繫辭》云：「善則千里之外應之，不善則千里之外違之。」**誠則千里不隔。**言誠通也。至誠感通之理，**感通，言能感人之心，使人心通同於你。**知道者為能識之。**知道者，能反己而體誠也。

【釋義】

鶴喜居沼澤，乃陽居陰之物，謙處自晦，常喻君子。

鳴者，自顯其德也，君子野處，身中清，隱居放言，自鳴其樂。

在者，為常居不離也，不離故為安宅；「陰」，為微、為暗。在陰，君子處微之時，而能安於微，處陰而安之。

鶴鳴在陰，君子處微而鳴其德，樂順於天而能寬處之。鶴處澤地而安，猶君子處微賤而能安其居也。

九二剛居柔、處兌陰之下，乃君子處微時，猶鶴之在陰，能安其所而鳴其德，逍遙自適，非有安排勉強而為之。

子，為九五；以上下尊卑言，五為君、二為臣；以先後長幼言，二為父、五為子。和之，應和也。二五皆剛居中，其德同，故能從容應和，如夫子與蘧伯玉之交接。

我，九二也。好爵：天爵也，天爵配明德。靡，摩擦也，「如切如磋，如琢如磨」，君子相靡而進德修業。吾與爾靡之：同志切磋，共進其德。

二五皆剛中之德，能和鳴而應，切磋而進。

初以不應為吉，固中孚之本；二為同志切磋，磨礪其德。初乃中而未發，二發而合於孚信。

《象》曰：其子和之，中心願也。

【程傳】

中心願，願自中心而出，誠在內也。**謂誠意所願也，故通而相應。**誠為天道，天無不覆，故誠無不通。

【釋義】

二五志應，中心所通，不勉而成，不思而得，不求而自和應，有德則有鄰。德自生生而通暢，絕無阻隔之理，故二五自能相鄰而居。

六三，得敵，或鼓或罷，或泣或歌。

【程傳】

敵，對敵也，不言「應」而言「敵」，因三、上皆居處不正；中孚之時，居不正則無孚信，三上皆無孚信，互不信也；故言，三應於上，則如「得敵」。**謂所交孚者，正應上九是也。**

三四皆以虛中為成孚之主，然所處則異。自處之道，所處也。三以不正處之，四以正處之，處之異道也。**四得位居正，**柔居陰位，得位居正也。**故亡匹以從上；**亡匹，絕其匹對者，四不應於初，亡匹也。從上，四順五。**三不中失正，**不中，非處二五；失正，柔居剛。**故得敵以累志。**三居兌體之上，志在於悅信於人，而不能使人信孚，是累其志也。累，拖累也。

以柔說之質，三陰柔居悅體，柔說之質也。**既有所繫，**繫上也。**唯所信是從，**柔說之質易依附、悅順於外，故云「唯所信是從」，信從上也。**或鼓張，**聞擊鼓之聲而奮張，聽命於外也。**或罷廢，**聞罷兵之令，身頹廢萎然，隨外罷退也。**或悲泣，**聞悲音則自泣，情隨外也。**或歌樂，**聞歌聲則喜隨之，樂逐外也。**動習憂樂，**動，行止也；習，素習也；憂樂，人情也。**皆繫乎所信也。**繫乎所信，繫於外也。**唯繫所信，故未知吉凶，**鼓罷泣歌皆自外來，其吉凶則不由己，故言未知也。**然非明達君子之所為也。**明達君子信在己之德，自立自信，依自不依他，自當敬鬼神而遠之。

【釋義】

柔居剛，處兌之上，悅順於外者；與上九正應，三上皆不中不正，故不能互交孚信而反成敵。

鼓者進也，罷者退也。三互體艮震：居震處中，震動於中，鼓動之象；處艮體下，罷止（疲）之象；鼓且罷，欲進而又止，欲止又動，中心彷徨無主，故有「或鼓或罷」之象。與上對敵，悲乎？樂乎？無從定也，也為中心無主之象。

三居處不正，柔居兌體之上，與上正應，則躁動而取悅於上，喜怒哀樂皆繫於物，由外生情，自家做不得主宰，非動於衷心，便有此相反之異象——鼓之又罷，歌之又泣，又哭又笑，如瘋如癲，相反相斥又繫於一身，中心無主，形同傀儡，全由外擺佈。

「或鼓或罷，或泣或歌」，疑為古代木偶戲，木偶鼓罷泣歌，全繫在外，三之所為皆繫於上，自己做主不得。

《象》曰：或鼓或罷，位不當也。

【程傳】

居不當位，居當位，則如主人在室，安如也。**故無所主，**不在其位，不行其道，職無所任，心無所主。如主人離其居而行於外，非所主也。**唯所信是從。**不信順其道，而信順其人，愚忠也。**所處得正，**三處不正，故言若所處得正。**則所信有方矣。**信有主，則有方也。主者，務內不逐外也，如主宰。

【釋義】

中孚時，居位失正，則內無孚信，心無所主，或鼓或罷不由己，皆繫於外。

六四，月幾望，馬匹亡，无咎。

【程傳】

四為成孚之主，居望地而能絕匹類，遂其孚誠，而為之主也。**居近君之位，處得其正而上信之至，**陰居柔，處得其正；又居巽體之下，巽之又巽，為上所信。**當孚之任者也。**君為臣民所孚信，在四之大臣也，故云當孚之任。**如月之幾望，盛之至也。已望則敵矣，臣而敵君，禍敗必至。故以幾望為至盛。馬匹亡：四與初為正應，匹也。古者駕車用四馬，不能備純色，則兩服兩驂各一色，又小大必相稱，故兩馬為匹，謂對也。馬者，行物也。**順健之物。**初上應四，而四亦進從五，皆上行，故以馬為象。**以馬為象，言其能任勞且承順，非指能上行，程子說有誤。**孚道在一，**一，精一而誠；在臣則專順一主不有二心為一。**四既從五，若復下繫於初，則不一而害於孚，為有咎矣。故馬匹亡，**匹亡，類亡也，言不應於初。**則无咎也。上從五而不繫於初，是亡其匹也。繫初則不進，**繫初，心繫於初而應；進，按程子之意，當為不進德修業任其勞，巽順於五。**不能成孚之功也。**

【釋義】

幾，近也；望，農曆十五，滿月之日。月幾望，月近滿盈；月為陰類最盛者，六四陰柔，居近君之位，其盛如月之幾望，其勢幾可敵於日而逼於君。

馬匹亡：居下而絕其疇類，無黨與也。

馬，乃順健之物，坤類臣屬；所謂順者，言其能為臣而承順；健，言其能任勞而行遠。匹，匹對也，馬之疇類、黨與也；初四正應，皆居下為臣，如馬成對而匹。四居人臣之極，若下有應助，結為朋黨，將危及於主，為主所忌憚，四則危殆矣。若四能絕其下應、斷其匹類，去其朋黨之私，精誠於上而順巽於五，雖權重勢隆，如幾望之月，然由巽順義，賓守臣分，則无咎也。

《象》曰：馬匹亡，絕類上也。

【程傳】

絕其類而上從五也。絕其朋類於下，順其剛明於上；猶坤卦：去西南之陰柔朋類，就東北之剛明君子。上，順上也。**類，謂應也。**四之正應為初；絕類，絕初也。

【釋義】

亡去朋黨，絕其朋類，敬順於上。絕類上，絕朋類則能上順也。

九五，有孚攣如，无咎。

【程傳】

五居君位。人君之道，當以至誠感通天下，使天下之心信之，固結如拘攣然。程子釋「攣」為屈卷不伸，如手被繩索縛繫不能伸展，故云「如拘攣然」。程子從繩索縛手之象解讀，有強繫天下人心之弊。**則為无咎也。**行其當任之職，則无咎。**人君之孚，不能使天下固結如是，**大凡國亡，皆繫於上下不能固結。**則億兆之心，安能保其不離乎？**

【釋義】

攣，繁體「攣」，繩索縛手之象。《說文》：「攣，繫也」；馬融：「連也」。有孚攣如：謂九五剛中之德，其孚信能縛繫天下人之心，使萬民皆心繫於君、歸順於九五，其德聚之功如此，則無愧損於君職，故无咎。

《象》曰：有孚攣如，位正當也。

【程傳】

五居君位之尊，能勝其職則為正居，不能勝則為非位不正。**由中正之道，**由，順也；道在先，人順之而已；非說人自造一個道，使天下之物事皆順之。中西文化之不同，皆因此。**能使天下信之，如拘攣之固，**固其信也。**乃稱其位，**居其位而行其職，則稱其位。**人君之道當如是也。**人君以孚信攣結天下人之心，處其位當如此。

【釋義】

當，言處其位而能勝其職。九五剛中之德，居尊位，當聚攏天下之心，繫攣於一尊則有孚也。

上九，翰音登於天，貞凶。

【程傳】

翰音者，音飛而實不從。聲名離己而去，身不逮及，名大於實也。**處信之終，信終則衰，**終，窮其道也；衰，減也，減喪其內也。**忠篤內喪，**在中不偏為忠，敦厚不改為篤，二者皆內得於己；若有喪失，則為內喪。**華美外揚，**華美，章美於外。君子之道，黯然而日章，小人之道，的然而日亡。小人務求章美於外，故日亡其道。上九居外卦之上，為外；揚者，離本而不返之謂。**故云翰音登天，正亦滅矣。**遠離於中，正滅矣。

陽性上進，風體飛揚。居巽體之極；飛揚，猶孟子放失其心，猶風體飛揚，不能約束。**九居中孚之時，處於最上，孚於上進而不知止者也。**孚於上進：篤信其上進之心，逐於上進虛名，而不反諸己，不篤其進德之實，故外逐名「而不知止者也」。也可釋「孚」通「浮」：上進不篤實，聲名上進而德業不進，浮於上進也。**其極至於羽翰之音，**聲名之音如飛昇至天。**登聞於天，貞固於此而不知變，**追逐華音而不務篤厚，不能反己而不知變華為篤也。**凶可知矣。**行者，命之行也，不德之行生，則凶命也如影隨形。

夫子曰：「好信不好學，其蔽也賊」，好學，順由聖賢之道，反己也，故好學能篤其信。不好學，則不能反己而篤厚中道，故其蔽也賊仁害義。**固守而不通之謂也。**不知權變。守經而知權則不失其中。

【釋義】

翰，高飛也。翰音登於天，高飛之音以至於登天，而身卻不能從而登升，喻聲聞遠大於實行，名不逮實遠矣。人行其虛名，外務浮華，內美不匹，好名不好德，務虛不務實，逐外不反，貞固不改，則凶。

上九不中不正，剛居巽風之極，居中孚之變，務其上行而不守其中，且「陽性上進，風體飛揚」，志在上進不已，而不知有反而篤其內實也，故宜有此象。

《象》曰：翰音登於天，何可長也？

【程傳】

守孚至於窮極而不知變？守孚，此處當解為：守其孚信於外，故不能反己審查其孚信是否合於道義。**豈可長久也？**信於德則恒久，信於利則不可久長。**固守而不通如是則凶也。**固守：固守其求信於外之道。

【釋義】

鶴鳴於九皐，聲聞於天，名實相符也。若德行非如鶴之高潔，而翰音登於天，身不逮名，行其虛妄，而不思自反，何可久長也？

翰音登於天，求名利也。居上而求名利，風行天下，上下交爭利，爭利成仇，上下撕裂，何可長也！

䷽小過卦第六十二　艮下震上

【程傳】

小過，《序卦》：「有其信者必行之，故受之以小過。」不行於身，則不足以孚信於人，受之以小過也。**人之所信則必行，**信者，中心見諸外，直行之則信於人。**行則過也，**未發為中，發而中節為和。發，行也，行必過中，故以節制之。**小過所以繼中孚也。為卦，山上有雷。雷震於高，其聲過常，**小過於常，非大過於常。**故為小過。又陰居尊位，陽失位而不中，**陽居三四，失位而不中。**小者過其常也。**小者，二五之陰也。陰柔不行過其常。**蓋為小者過，**小者過其常。**又為小事過，**小事有過錯。**又為過之小。**過錯小。

【釋義】

小過於中，小過也。

小過之時，陰多陽少，陽為大，陰為小，陰過於陽，小過於大，小人過盛於君子，小過也。柔居二五之中，主事者，柔主事，不可為大，為小過之行。又三、四兩剛居一卦之中，陽過於中，三過、四不及，過與不及，皆為小過。

小過之時，陰居內之初、二，又主外之尊位，是陰為主事者。陰主事而行有小過失，則兩陽糾正之，兩陽居中則過亢，糾陰之失而過中，有過厚之失，為小過。褚仲都云：「謂小人之行，小有過差，君子為過厚之行以矯之也，如晏子狐裘之比也。」

為卦，艮下震上，內止於則，知止有守；外動於剛，雷震有時；動有則，行有時，是亨之道也。

【補遺】

《周易全解》：「過也可假借為禍，如《睡虎地秦簡・為吏之道》簡5：『正行修身，過去福存。』（參考中文大學多功能字庫）李零對海昏侯竹簡《易占》的解讀，大、小過兩卦分別解譯為大、小禍。」

小過：亨，利貞。

【程傳】

過者，過其常也。行過其素常。**若矯枉而過正，過所以就正也。**小過時，過於正乃所以就正之道。就，靠近。**事有時而當，然有待過而後能亨者，**待，依附、借助。待過，依附於小過之舉。**故小過自有亨義。利貞者，過之道利於貞也。不失時宜謂之正。**時若過正，則以過正為不失時宜。

【釋義】

小過於正，離正不遠，故亨，貞固之，則利。小過者，君子改小人之過而厚過於中。用小過之道而至亨，不小過於正則不得亨，過而得亨也。貞固其小過於正，則利。

二五柔居中，居中則不失其正；初四、三六皆相應，是小過有亨之義。小過乃陰柔主事，不偏有失，然二五虛中待賢，是能改其失而有過於中，如用過簡、恭過禮、哀過悲，雖有過中然不失其正，利貞也。

【補遺】

互卦巽兌，巽則順理，兌則和處，行於理而不忤於物，豈有不亨之理？然小過柔主事，小事亨而已。貞，便要貞固遜悅之道。從內外卦看，內為少男，外為長男，剛小過了。

可小事，不可大事。飛鳥遺之音，不宜上，宜下。大吉。

【程傳】

過，所以求就中也。小過過中，乃是求中而有過，以過中以求時中也。就，求而近之。**所過者小事也。**喪過簡、禮過恭之類，然皆不失其正，則過為小過。**事之大者，豈可過也？**過則非正。**於大過論之詳矣。飛鳥遺之音，謂過之不遠也。**循音可知鳥過此不遠。**不宜上宜下，**下以就安。**謂宜順也。順則大吉，過以就之，蓋順理也。過而順理，其吉必大。**

【釋義】

小過時，柔主事，剛失中，柔不可成大事。小過，乃所以為求就中；求就中，求安止也。飛鳥遺其音，哀尋息止之所，上行則不得其安所，下行以就安所，故宜下不宜上。

朱熹：「卦體內實外虛，如鳥之飛，其聲下而不上，故能致飛鳥遺音之應。」鳥身內實，外虛似鳥翅，且震為音，艮為止，鳥飛而音止於此，故有飛鳥遺音之象。

六五柔乘剛，乘剛不宜，不宜上也；六二承剛，承剛宜，宜下也。宜下而不過於三，不過於中則大吉。

【補遺】

三、四兩陽，三過亢，不宜上；四上行則僭越，亦不宜上。陰柔本是順柔處下之物，宜順陽而下，宜下不宜上。

《彖》曰：小過，小者過而亨也。

【程傳】

陽大陰小。陰得位，二五之中。**剛失位而不中，**三四卦之中。**是小者過也，故為小事過，過之小。小者與小事，有時而當過，**殺雞儆猴之類，過小以指大。**過之亦小，故為小過。事固有待過而後能亨者，過之所以能亨也。**

【釋義】

小過於中，小者過中，小事有過，皆為小過。小過於中，離中不遠，過而不失正，故亨。

小過之亨，取柔處中而亨。小過柔為主事者，柔不處中，小人當道，君子也無可如何。柔處中，尚是小人順從君子，故有亨義。中，有亨有不亨，泰之二五亨，否之二五則不亨。

過以利貞，與時行也。

【程傳】

過而利於貞，謂與時行也。時過而與之過，若時過盛夏，當行過盛夏之事，雖過也偕行於時。**時當過而過，**第二個「過」，乃人順之而過，偕時之謂。**乃非過也，時之宜也，乃所謂正也。**

【釋義】

小過陽皆過中，然天時如此，過乃順天時，如秋陽過中，與秋時偕行，則利萬物之成，過以利貞也。

過以利貞，以過常之行而利貞也。

【補遺】

「與時行」以釋「過以利貞」，「時中」之過非過，與卦辭不甚契合，是孔子有孔子之易。

柔得中，是以小事吉也。剛失位而不中，是以不可大事也，有飛鳥之象焉。

【程傳】

小過之道，於小事有過則吉者，而《彖》以卦才言吉義。柔得中、剛失位皆以卦才言。柔得中，二五居中也。臣道君道皆為陰柔所主，因居中，不行小人之道而已。陰柔得位，二五得君臣位。能致小事吉耳，不能濟大事也。大事要任剛。剛失位而不中，不在其位不謀其事，況又不中。是以不可大事；大事非剛之才不能濟，三不中，四也不中。四失位，剛居柔地。是以不可大事。

小過之時，自不可大事，而卦才又不堪大事，與時合也。時乃柔主事，剛不居位。

「有飛鳥之象焉」此一句不類《彖》體，蓋解者之辭，誤入《彖》中。中剛外柔，飛鳥之象，卦有此象，故就飛鳥為義。

【釋義】

柔不能任重，二五柔居中，故只可成小事。三過中、四失位，陽剛不中不正，亦不居位，不可成大事。兩陽居卦中，四陰居上下，陽實為鳥之體，陰虛為鳥之翅，乃飛鳥展翅之象。小過之飛鳥有就下安息之象，陽不能舉，不宜大事。

飛鳥遺之音，不宜上，宜下，大吉，上逆而下順也。

【程傳】

事有時而當過，所以從宜，然豈可甚過也？如過恭、過哀、過儉，大過則不可。所以在小過也，所過當如飛鳥之遺音。小人之過當如飛鳥遺音，宜順於下，過卑則可，不宜逆於上，僭越過則不可。鳥飛迅疾，聲出而身已過，聲與身相錯過，誠然有小過。然豈能相遠也？過相遠，則聲不逮身、名不逮行，名實相遠則凶。事之當過者，小過其實，改之也易，大過其實，難反矣。亦如是。身不能甚遠於聲，身，德行也；聲，名譽也。事不可一作能遠過其常，在得宜耳。宜：適可之度。不宜上，宜下，更就鳥音取宜順之義。

過之道，當如飛鳥之遺音。夫聲逆而上則難，聲逆風而行則難。順而下則易，聲順風而行則易。故在高則大，山上有雷，所以為過也。過之道，順行則吉，如飛鳥之遺音宜順也。所以過者，為順乎宜也。過常行以順乎時之宜。能順乎宜，所以大吉。與時偕行，雖行有過，亦所以大吉。

【釋義】

飛鳥之過，遺其音於下，順風而行也。君子觀此象，於小過之時，知上行則逆，下來則順，故當宜下不宜上為大吉。王弼：「上則乘剛，逆也；下則承陽，順也。」五六上行，則乘四之剛，為逆；初二下行，則承三之剛，為順。

【補遺】

飛鳥鳴叫，以求下行息止，若其聲上行，則不逮鳥之下行，且逆鳥止息之志，故飛鳥遺之音，宜下不宜上。且聲音順風而行則遠，逆風而行則不遠，風乃自上而下之物，故鳥聲上行則逆風，下行則順風，此也宜下不宜上。

《象》曰：山上有雷，小過。君子以行過乎恭，喪過乎哀，用過乎儉。

【程傳】

雷震於山上，其聲過常，兩剛相遇，其行過常。**故為小過。天下之事，有時當過，**時過則順以過，當過也。**而不可過甚，**以宜為度。**故為小過。君子觀小過之象，事之宜過者則勉之，**宜過，當過也。**行過乎恭，喪過乎哀，用過乎儉是也。當過而過，乃其宜也；不當過而過，則過矣。**處當過之時而過之，過則宜也。

【釋義】

山上有雷，聲聞上於天，名不逮於實，小人行過之象。君子觀之，改而過之：行過恭，約其簡慢；喪過哀，勝於周備；用過儉，去其奢靡。

初六，飛鳥以凶。

【程傳】

初六，陰柔在下，小人之象；陰柔在下又居處不正，宜當靜息，卻又躁妄，小人之象也。**又上應於四，四復動體。**震體。**小人躁易而上有應助，**易，輕妄也。躁而應於動，過必大也。**於所當過，必至過甚，況不當過而過乎？其過如飛鳥之迅疾，**鳥之迅疾，不思反也。**所以凶也。躁疾如是，所以過之速且遠，救止莫及也。**救其弊，止其上行之速，而莫逮也。

【釋義】

小過宜下不宜上，飛鳥急速趣上，是以凶也。

柔居剛而卑處，且有上應，則必附上而行，飛鳥之象也。

然陰處艮下則當止，與四正應則當行；處小過之始，當貞固端始，杜其漸過之失，然柔居剛則易躁動而逐於外，難以貞固於內，故不能艮止而必上行，飛鳥以凶也。

四以雷、初為鳥，雷震鳥驚，其應必速，故有飛鳥之象。鳥飛由震而起，飛鳥之疾乃不思而應，行不由己，豈能篤定於內？初處過不能坤順艮止，應外之動，如影隨形，處過又遠過之，救之莫逮，不可反矣。

小過以小人行有過，當改其過而止其行乃正，小人過時上行為逆，下行則順。初以飛鳥慕外而行，依上應之助，當止而不能止。

震驚百里，不喪匕鬯，篤定於內而得亨。初六飛鳥逐外，唯恐不速，操守喪失殆盡，以至於凶。

《象》曰：飛鳥以凶，不可如何也。

【程傳】

其過之疾，如飛鳥之迅，豈容救止也？凶其宜矣。不可如何，人力不可挽救。**無所用其力也。**

【釋義】

雷震鳥飛，期慕在外，其應過疾，其心不可反，其行不可止，聽之如命耳。

六二，過其祖，遇其妣，不及其君，遇其臣，无咎。

【程傳】

陽之在上者，父之象；尊於父者，祖之象。四在三上，故為祖。二與五居相應之地，同有柔中之德，志不從於三四，故過四而遇五，是過其祖也。過四也。**五陰而尊，祖妣之象，與二同德相應，在他卦則陰陽相求，過之時必過其常，故異也。**二五同陰而相應，過其常應之道。**無所不過，故二從五，亦戒其過。不及其君，遇其臣，謂上進而不陵及於君，適當臣道，**適當：適宜而稱也。**則无咎也。遇，當也。**程子釋「及」為陵上，釋「遇」為當；上進而不陵君，賓守臣分。**過臣之分，**過，僭越也。**則其咎可知。**

【釋義】

六二柔居中正，在他卦為安貞靜順，然處小過則有異，當以其「小過」來貞固其正，故有「過其祖、不及其君」之失而反得无咎。

過，拜訪。《戰國策・馮諼客孟嘗君》：「於是乘其車，揭其劍，過其友。」遇，道途遇之，不期而見。過其祖，遇其妣：拜訪其祖，道途遇見祖母。

不及其君，遇其臣：覲見其君，道途遇見其臣。君臣有尊卑，君可過臣，臣不可過君，臣「過」君則僭越臣禮。孫可以「過」祖，不可以「過」父，道義同然。然用「不及」，也未能處「中」。小過時，「用中」反而不得其中，故

「過」與「不及」，乃小過用中之道。

六二事與願違，皆不能得其「中」。「過」、「不及」皆就「中」而言：「過」其中，「不及」其中，過猶不及也，「不及」也為「過」，乃處小過之時當有此過。然六二「用」其「過」與「不及」，反而「遇其妣」、「遇其臣」，而得无咎之正。六二為陰柔之正，妣、臣皆與二同類，遇合同類，故无咎而正，用其小過中而成其中。

二承三，三為父；四又在三上，為祖。五柔居尊位，祖妣也。陰陽相應為常，然小過時，以過其常為常。六二柔居正，為孫婦、臣子，二五同陰相與，如妣婦之相配，故孫婦雖過其祖，小過之宜也。

六二用過得中，為時情使然。小過之時，用「中」而必失其中，用過反得其中，小過之用也。猶秋用過中之陽，反得秋之正。

《象》曰：不及其君，臣不可過也。

【程傳】

過之時，事無不過其常，常行之道。**故於上進則戒及其君，**小過常道則可，大過其常則不可，臣過君，大過其常，故當戒勿犯也。**臣不可過臣之分也。**

【釋義】

君臣尊卑，臣不可僭越臣道而過訪其君也。

九三，弗過防之，從或戕之，凶。

【程傳】

小過，陰過、陽失位之時。三獨居正，然在下無所能為，而為陰所忌惡，故有一作所**當過者，在過防於小人。**過防，防之甚也。小過陰大，君子受困，當甚於平時以防小人。**若弗過防之，則或從而戕害之矣，如是則凶也。三於陰過之時，以陽居剛，過於剛也。既戒之過防，則過剛亦在所戒矣。防小人之道，正已為先。**立本所以防小人也，故正己為先。**三不失正，故無必凶之義，能過防則免矣。三居下之上，居上為下，皆如是也。**

【釋義】

三、四有「過」，但不同於六二之「過」。

三以重剛居不中，且與上六正應，小過之時，正應則相犯而非相與，故三易躁而進犯陰。小過乃陰過陽，陽不可與之抗，三既不明於此，又與小過「不宜上宜下」之義相背，乃取凶之道也。故爻辭戒之「弗過防之」，止其躁進而犯：當艮止其躁進，勿過剛而進犯於陰，宜防陰而遠之，則无咎。若不防於陰，又順從於陰，必將遭遇戕殺之凶。

程子以為不能過防小人，也不能順從小人，當持守中道則无咎，意思也甚好。只是義有缺憾：若三為過防，則本為柔伏退守，與三重剛之位不符。九三雖處正位，但小過時不取位正，當取過中，過中則剛亢而進，故戒之「弗過」，弗強過於陰，勿進犯之。

【補遺】

觀上六「弗遇過之」，則九三則當斷為「弗過，防之」，九四斷為「弗過，遇之」。

然三、四爻辭最為費解，諸家歧義，有解讀為：過防之，過遇之，「過」與「防」、「遇」合起來看，頗難取捨：

王弼：「小過之世，大者不立，故令小者得過也。居下體之上，以陽當位，而不能先過防之，至令小者咸過，而復應而從焉。其從之也，則戕之凶至矣。」王弼以為小過之時，陽當防陰之過甚，令群陰不得皆過，若陽順陰之求，反至於被戕。

《周易折衷》：「小過者，小事過也。小事過者，敬小慎微之義也。九三過剛，違於斯義矣。故為不過於周防，而或遇戕害之象。《傳》曰：『君子能勤小物，故無大患，此爻之意也。』」過防之，敬小慎微也。

《象》曰：從或戕之，凶如何也！

【程傳】

陰過之時，必害於陽，小人道盛，必害君子，當過為之防，當過，處過也。**防之不至，則為其所戕矣，故曰凶如何也，言其甚也。**如何其甚也。

【釋義】

小過雖陰盛，但陽剛之道不可變，故勿從陰柔。若順從小人，必為其所害，自招其凶，凶如何也！

九四，无咎，弗過遇之，往厲必戒，勿用永貞。

【程傳】

四當小過之時，以剛處柔，剛取健進，柔處謙和。剛處柔，以柔行其剛，進而不犯也。**剛不過也，**不犯則不過。**是以无咎。既弗過，則合其宜矣，故云遇之，**遇，知遇也，道合為遇，如士遇明君之遇。**謂得其道也。**遇明君，得以行其道。**若往則有危，必**

當戒懼也。往，去柔而以剛進也。四也有柔進之理，非是一定去柔剛進。**勿用永貞，陽性堅剛，故戒以隨宜，不可固守也。方陰過之時，**陰過，陰之勢大過陽。**陽剛失位，**四剛居柔，三雖正位，然重剛不中。**則君子當隨時順處，**既順處，何為「去柔而剛進」？**不可固守其常也。四居高位，而無上下之交，**初四雖正應，然初為小人，且以不正相從也。**雖比五應初，方陰過之時，彼豈肯從陽也？故往則有厲。**有厲，如遇癘疾也。

【釋義】

剛失位自有咎，居柔不過剛，可保无咎，戒以弗過也。

四剛居柔，處震下艮上，是動有所止而不妄動；下應於初，雖不可下應初，然合於小過「宜下不宜上」之義，當卑順處下，賓守臣位，弗上行而過犯於陰。

遇之：遇之以禮；之，小人也。三四皆慎防小人，四剛進而不免遭遇小人，與之交接，當過慎於平時，若能謙厚於素常，則無害。然君子小人有界，君子不可從小人，故往則厲，必戒之也。

小過時，小人得勢，君子受困：內兩陰乃小人勢正盛，上兩陰乃小人居要位，君子困處，艮止而震動，行止有疑，故君子宜下處以晦隱。然也非君子全然晦藏不用，兩陽處三四，夾在其中，受困但又必須行：艮止震動，動要慎止於則，遇小人當慎過平時，不去妄動招災。

九四震體，必上行遇五，然小過以「不宜上」為義，往行必厲，當有戒也。四若處柔以進，行止於義，巽於臣位，不犯而進，亦合於「宜下」之旨。往，也指往從六五，小過時，慎君子小人之界。

勿用永貞者：小過以下行為宜，剛本健進之性，勿用者，不用剛之健進也。永貞者，永貞此訓。

【補遺】

小過時，陰過盛於陽，兩陽困在四陰之中，皆以慎防於陰柔小人為戒，皆戒之以謹慎過於素常，則无咎。三以「防之」，三處艮止，防小人上進，防二也；四以「遇之」，四居震下，上進必遇小人，當禮遇之，遇五也。

《象》曰：弗過遇之，位不當也。往厲必戒，終不可長也。

【程傳】

位不當，謂處柔。九四當過之時，不剛過而反居柔，乃得其宜，故曰遇之，遇其宜也。以九居四，位不當也；居柔，乃遇其宜也。當陰過之時，陽退縮自保足矣，終豈能長而盛也？故往則有危，往，四往，則欲干君以行道，君子就小人，陽順陰也。小過宜下不宜上；君子宜下，謙處晦藏，不可往行道也。必當戒也。長，上聲，作平聲則大失《易》意，以《夬》與《剝》、《觀》之可見，與《夬》之象，文同而音異也。

【釋義】

九四剛居柔，不以勝陰之態而進遇於五，柔進也。剛上行，悖於「不宜上」之旨，遇厲必也。戒之曰：小過之時，陰柔為主，陽剛雖能有進，然主以謙卑自守，故其道終不可伸而長也。

【補遺】

觀六五爻，五欲上行膏澤天下，然陰不可上行，只可下來。四若往而順五，剛卑順於柔，豈能成事，故云終不可長也。

六五，密雲不雨，自我西郊，公弋取彼在穴。

【程傳】

五以陰柔居尊位，雖欲過為，過行於常。豈能成功？如密雲而不能成雨。所以不能成雨，自西郊故也。陰不能成雨，《小畜》卦中已解。

公弋取彼在穴：弋，射取之也，射止是射，弋有取義；穴，山中之空，中虛乃空也，在穴指六二也。五與二本非相應，乃弋而取之。五當位，故云公，謂公上也。同類相取，雖得之，兩陰豈能濟大事乎？猶密雲之不能成雨也。

【釋義】

密雲，陰盛於上；不雨，澤不及下。密雲不雨：行高於上而不能澤潤於下，與「宜下」之旨相違，六五之行也。

五上行遇於上六，兩陰不能成雨，不能澤及於民。當反其道而行之，不往高而就低。三四五為兌，兌為西。西為高地，天傾西北；東為低窪，地陷西南。自我西郊，乃是自高行於低，自上往下，順於「宜下」之訓，以糾密雲不雨之過。

公，六五也。弋，射高也；穴，處下也。弋不射高而取穴，以順「宜下」之旨，就下成雨以仁澤百姓。公弋取彼在穴：公弋不取在高，而取在卑——在穴，來從下兩陽。

《象》曰：密雲不雨，已上也。

【程傳】

陽降陰升，合則和而成雨。陰已在上，雲雖密，豈能成雨乎？陰過不能成大之義也。

【釋義】

陰當在下，而已上，則不能陰陽合而成雨。

上六，弗遇過之，飛鳥離之，凶，是謂災眚。

【程傳】

六，陰而動體，處過之極，不與理遇，遇，合也；行不合於理。觀五「公弋取彼在穴」，上所不遇者，當指不下遇於陽。**動皆過之，**凡有舉動皆過於理也。**其違理過常，如飛鳥之迅速，所以凶也。離，**離，上行不返下也。**過之遠也。是謂災眚，**內外皆至：內過為眚，則災自外至。**是當有災眚也。災者天殃，眚者人為。**有无妄之災，有人眚而招災。**既過之極，豈唯人眚？天災亦至，其凶可知，天理人事皆然也。**

【釋義】

九四「弗過遇之」，陽不過亢而上行遇陰；上六「弗遇過之」，辭義相反。蓋上六陰窮處於極，弗能往下有遇於陽，處過而又遠過之，如鳥飛離之遠而不能復歸，悖逆「宜下」之義，故必至於災眚而凶。

【補遺】

小過時，陰盛於陽，戒陽「弗過」勿亢，而不戒陰，因陰已過已亢，初為飛鳥，五為不雨，上則離之，皆是已亢已過。

《象》曰：弗遇過之，已亢也。

【程傳】

居過之終，弗遇於理而過之，過已亢，已亢則不返。**極其凶，宜也。**

【釋義】

弗遇過之，已處亢極而不可反下而卑順於陽。上六處震極過極，自有此象。

䷾既濟卦第六十三　離下坎上

【程傳】

既濟，《序卦》：「有過物者必濟，故受之以既濟。」能過於物，過於常物，或，過於物之常行，行過於常者。**必可以濟，故小過之後，受之以既濟也。**

為卦，水在火上，水火相交，水下浸，火炎上，故相交。**則為用矣。**為用，成其用、行其用。用，成物也。**各當其用，**水行下成其用，火炎上成其用，二物相交，相輔相成，各當其用也。**故為既濟，天下萬事，已濟之時也。**

【釋義】

《爾雅》:「既,成也。」《雜卦》:「既濟,定也。」《穀梁傳》:「既者,盡也。」物定則必已成,物成乃盡物之用,成、定、盡三義可貫通合一。物成,非一物之成,如秋之成物,非私成一物,天下物皆成。既濟六爻皆正應,物盡成之象,若私成一物,何以成天下之公?故既之三義雖有小別,然可互通,盡萬物之成也。天下物皆各遂其成,物皆盡濟;無物不成,無物不濟,仁者不棄一物,既濟也。

為卦,離下坎上,上下交通;一三五為陽,二四六為陰,六爻各在其位而正應,萬物皆通其塞否,物盡濟、皆成也。

既濟乃是遂事,如秋季,萬物皆成,事事皆已亨通。離明在下,繼之為坎,往前不可復進,初吉終亂也。

易始以乾、坤開其端,終以既、未殿其後。乾為生物之始,坤為養物之祖,乾坤相合而為萬物之宗,萬物必由其道,為萬物之門戶。乾坤生養萬物,終以濟物為功,既濟乃濟物也。陽陰錯雜其間而成坎離,以示天道明不滅、地道坎不盡;明不滅則斯文不墜,坎不盡則生生不息,道在其中,循環不已,終始相因。

既濟:亨小,利貞,初吉終亂。

【程傳】

既濟之時,大者既已亨矣,大者,制作、平叛之事。**小者尚有可亨也。**小者,生活日用之事。尚,還未也。**雖既濟之時,不能無小未亨也。**大小盡亨,使小物也亨。**小字在下,語當然也。**亨而至於小者,無所不亨,語當然也。**若言小亨,則為亨之小也。利貞,處既濟之時,利在貞固以守之也。**貞固其正而守之不失也。**初吉,方濟之時也;**方濟之時,不濟則不能安,故此時銳意進取,上下齊心,故吉。**終亂,濟極則反也。**惰生政怠,固而不改,復反其未濟之亂,終亂也。

【釋義】

既濟,離下坎上,水火相濟而交通;六爻居位,剛柔得正;二五順應,上下協力;大事既已濟,物各安其正,各得其所,亨而至於小事小物皆得其順正。

既濟時,天下泰平,百姓安居,事無大小、物無洪纖,皆能亨通而順。亨小者,承平之時,事事皆亨,所亨者非制度、治亂之大事,皆尋常屑小事,故為亨小,亨而至於小事、小物者。亨,猶順字,亨小,至於小事也順。既濟大川,大困已濟,則大者已亨;其後,當收拾理順對象,安排事務,使小者皆得順正。

貞守其正，利自生之。然天道輪迴，否極泰來，終始往復，亂極則生治，治極則生亂，物盛則衰，行順則塞，一定不移之理，或荒惰而亂，或治固而亂，故初吉終亂矣。既濟雖是小事皆亨，然外卦為坎，險難不遠；且水上火下，也有熄火亨盡之象。

《彖》曰：既濟亨，小者亨也。利貞，剛柔正而位當也。

【程傳】

既濟之時，大者固已亨矣，唯有小者亨也。小者待亨，亨至於小。**時既濟矣，固宜貞固以守之。**陰陽皆正位，於此無事，宜當惕懼貞固，勿失初心也。**卦才剛柔正當其位，**三剛三柔皆居正，「陰陽各得正位」也。**當位者其常也，**陰陽當位為既濟之常。**乃正固之義，**正固：陰陽之正得以貞固也。**利於如是之貞也。**是，正固也。**陰陽各得正位，所以為既濟也。**剛柔皆得位而上下應，則人心齊而涉川易也。

【釋義】

剛升至五，柔降至二，泰變為既濟。

泰卦，乾坤正位，上下交通，乃為定天下大格局之時；泰時雖六爻皆應，然剛居柔，柔居剛，二五位皆不正，故非事事亨順。既濟承繼泰之上下交通，且以六爻皆處得其正，事事亨通；且陰來內居正，陰主利，利在小事，故用力於小者亨也。

既濟時，內患外憂皆無，制度穩定，事事順亨，上下所關注者非繫國之存亡、制度之重建，而為日用瑣屑之事，故所繫者皆小，小事皆順，為小者亨也。

泰卦二五剛柔皆不正，至既濟，剛升柔降，陰陽皆得其正，六爻之位皆當，貞固其正則利。

初吉，柔得中也。

【程傳】

二以柔順文明而得中，二處兩陽之中，陰陽交錯而斯文得以明，柔順上下兩陽，又應順九五，皆為柔得正之象。**故能成既濟之功。**陰居正而處中，柔順於陽也。**二居下體，**下體為離，離火上炎而進，初濟之吉也。**方濟之初也，而又善處，**柔居正而善處於中。**是以吉也。**

【釋義】

初吉，吉不能大也。

六五來內至於二，柔得中正，初始吉也。既濟亨於小物，為柔得內卦之中。陰柔為主事者，不能成大事，專以務細，故亨小也。

終止則亂，其道窮也。

【程傳】

天下之事，不進則退，無一定之理。陰陽循環，興衰更替，無一定不改之理；只進不退，只退不進，皆非常理。**濟之終，不進而止矣，無常止也，**無常止者，非以止為常道，因不能進而不得不止。**衰亂至矣，蓋其道已窮極也。**進升之道窮也。**九五之才，非不善也，時極道窮，**時處既濟之極，既往之道將不行於世。**理當必變也。**時變事變，則理當順應而變。**聖人至此奈何？曰：唯聖人為能通其變於未窮，**道未困窮時則變之，知幾也。**不使至於極也，**極，道窮也。**堯、舜是也，**是：未窮而能變。**故有終而無亂。**終其位而無亂政。

【釋義】

終止，終而既濟之道止，未能終始不遷，故云「其道窮也」。

處於無事之秋，人常怠惰而思止不進，不進則退，退則亂也，故曰終止則亂。九五剛中而困於陰柔，既濟之後，安享太平，放其心而不收，不思以振作朝綱，且下應於陰柔，陰柔非剛明之才，非能為良弼也，故政事日亂而治道窮矣。

子路問政，子曰：「先之勞之。」居上者先勞以垂教範，勤政不怠，如此則道不窮、終不止。恒者天道也，天道不窮，在於恒健不息，若能恒健，則其道不窮。終止，言不能持終以健進。

《象》曰：水在火上，既濟，君子以思患而豫防之。

【程傳】

水火既交，各得其用，為既濟。時當既濟，唯慮患害之生，故思而豫防，使不至於患也。使既濟之道能行於終。**自古天下既濟而致禍亂者，蓋不能思患而豫防也。**窮則思奮，盛則思患，陰陽相生之理；悖理而行，古人謂之不祥。既濟而不思豫患，今所謂「佛系」、「躺平」者。

【釋義】

水為坎患而在前，火為離明而居後，智者能見患在前，思豫防之，既濟之象也。火不竭水不涸，上下交濟以成物，也為既濟之象。君子觀此，思勤健不怠，亦所以為之預也。

既濟乃物成之時，在天地為秋，秋時萬物遂成，當收藏以備冬春之需，所以思患而豫防之。

初九，曳其輪，濡其尾，无咎。

【程傳】

初以陽居下，上應於四，又火體，火體：九處離體之初。**其進之志銳也。**剛居正又火體且有應，三者皆使初進則銳。此為程子之意。**然時既濟矣，進不已則及於悔咎，**既濟之初，當止息調整，不可速進。**故曳其輪，濡其尾，**濡濕。**乃得无咎。輪所以行，倒曳之使不進也。獸之涉水，必揭其尾，濡其尾則不能濟。**尾以導航，濡尾則不能辨方向，故不能濟也。**方既濟之初，能止其進，乃得无咎。不知已則至於咎也。**已，非息止不前，乃緩其速進之態也。

【釋義】

處既濟之初，離岸不遠，尚需用力，故有曳輪濡尾之象。

初九處既濟之初，力疲而曳其輪，小有過而濡其尾，然既已濟困且能不怠，為臣者任其勞，義則无咎也。

《子夏易》：「剛為既濟之初，力微而去險未遠也。既濟深險而未達於陸，故曳輪濡尾也。初濟而不敢怠，其義豈有咎乎？」初為既濟之初，曳其輪者，初濟之時，力疲而有曳輪之象。獸以尾為奔跑之舵，濡其尾，則不能迅奔。曳輪濡尾而進，雖不能速，也不敢懈怠，嘉其困行勉力，无咎也。

【補遺】

既、未爻辭有數處相近，解讀不同，既濟六爻皆以已濟為義，未濟六爻以未濟為義，此大概之別。如，既、未之初皆有「濡其尾」，既濟之初乃濟將過而有濡尾之憾，未濟則是不能濟而濡尾，故有「无咎」與「吝」之別。既濟之初與未濟之二均為「曳其輪」，意思大別，既濟是力疲而曳輪以進，未濟是倒曳其輪、剎止不進。既濟三、未濟四皆有「伐鬼方」，然既濟乃是克勝，未濟乃處於攻伐中。

《象》曰：曳其輪，義无咎也。

【程傳】

既濟之初而能止其進，則不至於極，其義自无咎也。

【釋義】

初濟之時，雖身乏力疲也曳其輪而進，不敢怠惰乃臣之職分，義无咎也。

六二，婦喪其茀，勿逐，七日得。

【程傳】

二以文明中正之德，上應九五剛陽中正之君，宜得行其志也。內外交助故成其行。**然五既得尊位，時已既濟，無復進而有為矣，則於在下賢才，豈有求用之意？**君之進德在於求賢，既不進德，何求於賢？所謂「吾老矣，不能用也。」**故二不得遂其行也。**臣奉命而行，不得命，則不得擅行其道。**自古既濟而能用人者鮮矣。**事畢則弓藏。**以唐太宗之用言，尚怠於終，況其下者乎？於斯時也，則剛中反為中滿，**既濟之時，戒滿盛，九五剛中，為滿盛也。**坎離乃為相戾矣。**水浸下，火炎上，水火不容。相戾：相悖也。**人能識時知變，則可以言《易》矣。**

二，陰也，故以婦言。茀，婦人出門以自蔽者也。喪其茀，則不可行矣。二不為五之求用，則不得行，如婦之喪茀也。然中正之道，豈可廢也？時過則行矣。逐者從物也，戒當自守，勿逐物。**從物則失其素守，**二為臣道，其素守乃柔中順剛，待君之下聘，不當自薦而逐於名利。素守在己，故不宜逐物。**故戒勿逐。**守其中也。

自守不失，則七日當復得也。復得上之信任也，故又得茀而行其臣道。**卦有六位，七則變矣。七日得，謂時變也。**時變有數，以七為數。**雖不為上所用，中正之道，無終廢之理，不得行於今，必行於異時也。**道行有時，不可強為，待之而已：時至則行，時不至則卷而懷之。**聖人之勸誡深矣。**

【釋義】

婦行以茀蔽之，進以儀則也；無茀而行，行失其矩，失婦之儀，非文明之進，故失茀勿逐，守之而已。二處離中，為文明之主，示天下進以則，文明以進也。

婦人乘車，車前後設障以自蔽，不使露面於眾目之下，謂之茀。婦女乘行中，若喪其茀則當返歸以待，勿逐也。失茀，喻婦女失所行之道，失儀則，失矩也。若逐之，婦女露面於廣稠人群，逐不正而去，內失其主，外失其儀。

六二柔居正，下處於文明之中，上應於九五剛中，文明柔順而能安者。然上下承乘兩剛，義又弗從二剛，故見侵而失其茀，義當緩進。六二義不逐茀，光明在中，誓不屈道以從不正。六二行不逾分，動不僭則，故七日乃復得其清譽：雖偶有不謹而遭辱，慎守之，自能安也。

程子曰：「卦有六位，七則變矣。」六二失茀之初，人以為二自招之，俟七日之後，事件明朗，人心又變歸其初，則六二洗其清白。六二文明以處，虛中以待，歷七日而不易其正，故自有送茀者。

初曳輪以止速進，二失茀俟時，處既濟之初，大事已畢，當修之以禮儀，故初二皆進以儀則為義，曳輪无咎、失茀勿逐，皆戒勿失儀也。

《象》曰：七日得，以中道也。

【程傳】

中正之道，雖不為時所用，失茀勿行。**然無終不行之理，**七日得而行也；天道往復，必有行時，終必行也。**故喪茀七日當復得，謂自守其中，異時必行也。**待之而已，不逐自復，守中俟時也。**不失其中，**不逐，即是守中；逐則失位，喪己之中也。**則正矣。**

【釋義】

七日得茀，復得人心；中道不喪，人自歸之。

九三，高宗伐鬼方，三年克之，小人勿用。

【程傳】

九三當既濟之時，以剛居剛，用剛之至也。既濟而用剛如是，乃高宗伐鬼方之事。鬼方，都城在陝西清澗縣，活動在無定河流域，春秋後為赤狄，兩漢為狄歷、敕勒或鐵勒，後經屢遷移而至南西伯利亞、東起貝加爾湖、西至巴爾喀什湖一帶。**高宗，必商之高宗。**高宗享位五十九年，在位多有征討，如伐鬼方、大彭、豕韋。《竹書》贊其「嘉靖殷邦，至於小大，無時或怨。」征之以正，無所不服。**天下之事既濟而遠伐暴亂也。威武可及，**不可強為，在可為之度內。**而以救民為心，**用兵以仁。**乃王者之事也，唯聖賢之君則可。**

若騁威武，騁者，放而不收也。**忿不服，**忿，私心之怒也；君子以懲忿窒欲。不服，人不歸心於我。**貪土地，則殘民肆欲也，故戒不可用小人。**小人騁威武、忿不服、貪土地。**小人為之，則以貪忿，私意也；非貪忿，則莫可為也。**

三年克之，見其勞憊之甚。聖人因九三當既濟而用剛，克鬼方三年，不用剛則不能恒持其勇，克勝之後則用剛明君子。**發此義以示人，為法為戒，豈淺見所能及也？**

【釋義】

三年克鬼方，功成封賞，進君子遠小人，文明以進也。

高宗，殷代「中興」之主，九三剛居一卦之「中」，處離明之極，以象高宗。九三處離火之上，又為重剛，有攻伐之象。三上應於坎上，坎上乃險之極，故以伐鬼方以象之。三年：自四至上歷三爻，以喻三年。克之：以正伐不順，當克之也。小人勿用：安邦定國，乃為民之公事，非私欲弛騁之地，無大公之心則不可為之，故不可任小人。

內卦三爻為離體，火炎上必以進，故進而有文明之儀為義。初以濡尾有失其儀，故曳輪而整其儀容，然初剛濟，此態不能免，故无咎。二失茀勿逐，不失其儀也。三克鬼方，不用小人，行文明之道也。下三爻皆進以文明，不如此解讀，則不能通順。

【補遺】

《周易乾鑿度》:「孔子曰：既濟九三，高宗伐鬼方，三年克之。高宗者，武丁也。湯之後，有德之君也。九月之時，陽失正位，盛德既衰，而九三得正下陰，能終其道，濟成萬物，猶殷道中衰，王道陵遲，至於高宗，內理其國，以得民心，扶救衰微，伐征遠方三年，而惡消滅，成王道。」

《象》曰：三年克之，憊也。

【程傳】

言憊，以見其事之至難。在高宗為之則可，無高宗之心，德以制欲，導之不使就私心。**則貪忿以殃民。**王者不以忿行師也。貪慕於外、忿積於內，內外慾火交熾，居上者心性大亂，未有不殃民者。

【釋義】

三年行師，憊也，為告戒之辭。程子云:「無高宗之心，則貪忿以殃民。」用兵貴以速，出征三年，勞師征遠，財用匱乏，耗喪國力，兵疲民憊，黎民怨怒，國困兵疲民憊，三者皆為憊，不可不戒。

六四，繻有衣袽，終日戒。

【程傳】

四在濟卦而水體，濟必以舟，四處坎水，故有舟象。**故取舟為義。四近君之位，當其任者也。**以舟濟天下也。**當既濟之時，以防患慮變為急。**急，當務之急。**繻當作濡，謂滲漏也。**滲則漸浸也。**舟有罅漏，則塞以衣袽。有衣袽以備濡漏，又終日戒懼不怠，**戒其漸浸也。**慮患當如是也。不言吉，方免於患也。既濟之時，免患則足矣，豈復有加也？**

【釋義】

繻有衣袽，防其漸浸，故當終日戒懼不懈，六居大臣之位，處既濟之時，當恒戒不怠，則能亨於小也。

繻作濡，有水滲透。袽，rú，爛衣敗絮。人在舟中，舟與人乃為一體；舟有滲漏，喻人有其過，故當時時戒之：舟之漏，當以衣袽塞之，常備不懈，終日戒也；人之過，當時時欲寡之，亦常備不懈，終日戒也。

四為多懼之地，又處坎底，故以濡、終日戒為象。既濟之後，天下太平，勿忘小不慎而釀至大禍患，袽以止濡，防微杜漸之義。

六在過中之時，處明盛之上，居坎患之始，是轉盛為衰之際，如舟之架構完好無大缺損，然行時則微有滲漏。四柔居正，無大能也，但能盡其臣分；四之職在於補漏，小不慎則釀大禍，故終日戒也。

內三爻文明以行，外三爻慎斂而行。故四以終日戒而慎，五以禴祭以斂，上不慎則厲。皆是以卦象說事，內三爻是明體，外三爻為坎體，爻辭也隨象生義。

《象》曰：終日戒，有所疑也。

【程傳】

終日戒懼，常疑患之將至也。處過盛之時，坎患之始，必當慎微以行。且四柔居大臣之位，才智不能大作為，若隙縫也不能修補，則瀆職矣。**處既濟之時，當畏慎如是也。**

【釋義】

疑者，戒懼也，唯有常疑，方能凝聚精神不懈，故君子惕厲以進德。虞翻：「四處明暗之際，貴賤無恒。」坎為暗，離為明，四處其間，貴賤無常，禍福無時，故當時時疑懼戒備。六四「終日戒」，似乾三「終日乾乾，夕惕若」，柔弱處坎底，疑懼不安，終日不敢懈怠，守天下之難也。

九五，東鄰殺牛，不如西鄰之禴祭，實受其福。

【程傳】

五中實，剛實處中，中實也。**孚也；**孚，從爪從子，如鳥之孵卵，必持守不離，信也。**二虛中，**陰柔處中。**誠也；**天道以誠，天又以虛明為義，故程子以虛中為誠。**故皆取祭祀為義。東鄰，陽也，謂五；西鄰，陰也，謂二。殺牛，盛祭也；**天子之祭祀——太牢。**禴，薄祭也。盛不如薄者，時不同也。**時過中，故盛祭不合於天時。

二五皆有孚誠中正之德，二在濟下，既濟之下。**尚有進也，**進德進業也。**故受福。五處濟極，無所進矣，**爵位至尊，不可進也。**以至誠中正守之，苟未至於反耳。**反，既濟之反也。**理無極而終不反者也。**理至極必反。**已至於極，雖善處無如之何矣，故爻象唯言其時也。**

【釋義】

二至五爻互為坎離，二居坎下，五處離上，坎為陰，西鄰也，離為陽，東鄰也。鄭玄曰：「離為日，坎為月，日出東方，東鄰象；月出西方，西鄰象也。」殺牛，盛祭也；禴，薄祭也。

既濟之後，天下太平，居上者易於怠惰驕侈，競馳於奢欲，故當以簡樸以克治之。殺牛禴祭，同為祭祀，與其禮之周備，不如簡誠以敬，當極盛之時示天下以簡敬，為臣下萬民之風範，居安思危，乃處既濟之時義也，故曰簡儉誠敬乃實受其福。

天子祭祀以牛，諸侯不可用，故有人以為此為文王、紂之事：文王居岐山，東鄰為紂，紂之殺牛不如文王之禴祭，天命悅德，不在祭之豐與薄，可備一說。

《象》曰：東鄰殺牛，不如西鄰之時也；實受其福，吉大來也。

【程傳】

五之才德非不善，不如二之時也。五處既濟過半之中，時不及六二之興盛。**二在下，有進之時，故中正而孚，則其吉大來，**柔自五來居下，為文明之主，吉大來也。**所謂受福也。吉大來者，在既濟之時為大來也，亨小，初吉是也。**

【釋義】

既濟之後，當以簡儉治其驕奢，禴祭以示天下簡以敬，乃適時而作，隆祭殺牛則非其時也。既濟以行簡敬，廉以自正，克治其奢靡，順時而處其中，其運恒昌，吉大來也。

上六，濡其首，厲。

【程傳】

既濟之極，固不安而為危也，不能安處則自生危殆。**又陰柔處之，而在險體之上。**處危之極，陰柔唱先，必厲也。**坎為水，濟亦取水義，故言其窮至於濡首，危可知也。既濟之終，而小人處之，其敗壞可立而待也。**

【釋義】

陰柔處尊高之位，下應於三，位高而行卑也；名實相違，行不中正，德不配位，乘剛而唱先，失順承之德，如此而處坎極，必濡其首而滅頂之禍至矣。

初至五爻皆有小過，改之則行亨，然大道終始循環，既濟之極，必至於不亨。

《象》曰：濡其首厲，何可久也！

【程傳】

既濟之窮，危至於濡首，其能長久乎？

【釋義】

陰柔而不承順，德卑而自尊高，才弱而行險，濡首道窮必矣，豈能征遠而行久乎？王弼：「處既濟之極，既濟道窮，則之於未濟，則首先犯焉。」上窮則反於下，首先犯而濡也。

䷿未濟卦第六十四　坎下離上

【程傳】

未濟，《序卦》：「物不可窮也，終始相因為不窮：既濟則又至於未濟，道不窮，物亦不窮。**故受之以未濟終焉。」既濟矣，物之窮也。**既濟，則生養已遂，萬物皆至秋成冬藏之季，故程子言「物之窮也」，言物不再生長。**物窮而不變，則無不已之理；**不已之理，健行不息之理。**易者，變易而不窮也；**終則有始，始則有終。**故既濟之後，受以未濟而終焉。**《易》之終篇，道未終也。**未濟則未窮也，**道未盡，物未窮，生生不已。中國文化以「生生相因」為本，示人以不盡之希望、改過新生之無窮可能，不有大仁愛大關懷，豈有如此寬大之氣象？**未窮則有生生之義。**

為卦，離上坎下，內險暗而外明察，不明於己而明於人，察察於外，故於事不濟也。**火在水上，不相為用，故為未濟。**然互卦離坎，坎上離下而有交，是有濟而無窮，道不屈也。

【釋義】

既濟，萬物遂成，天下已平，制度已定，小者皆濟，秋收之季也；君子於此時，當惕厲以備，思改其成規，優先於天下。未濟，萬物未成，天下未平，制度未立，物皆未濟，冬藏之季也；君子於此時，當正其位，蓄其勇，行先於天下。

既濟而復又至未濟，乃古人之天人觀：天道周而復始，生生不息，人道治亂相因、興隆交替，道終不窮，患難與之，希望與之。

既未濟兩卦，上下卦相通為大格局，爻當位為次，互應為外助為末。既濟上下相通，爻當位，六爻互應，三事皆順，故能成濟之功。未濟，上下不通，爻皆不當位，唯有互應，故不可濟。泰否也如此：泰上下通，四爻正，六爻互應；否上下不通，兩爻正，六爻互應；兩卦吉凶則大異。

為卦，離上坎下，陽火收歸於天，陰水蓄藏於地下，天地不交之象，萬物豈能濟也？且坎內離外，內幽暗外光明，外以亨通興旺，內則幽暗險難，內外相違，也是未濟之象。

未濟：亨，小狐汔濟，濡其尾，无攸利。

【程傳】

未之時，有亨之理，而卦才復有致亨之道，剛柔得中而應，卦才致亨之道。**唯在慎處。**小狐勇則有之，當慎其用勇之道。**狐能度水，濡尾則不能濟，**濡尾則不能導航乎？**其老者多疑畏，故履冰而聽，懼其陷也；小者則未能畏慎，故勇於濟。汔當為仡，壯勇之狀。《書》曰：「仡仡勇夫。」小狐果於濟，**果敢於濟，行未慎也。**則濡其尾而不能濟也。未濟之時，求濟之道，當至慎則能亨。**敬事而懼，則能亨也。**若如小狐之果，**非黜其勇，用勇未當也。**則不能濟也。既不能濟，無所利矣。**始勇而終棄，非能恒也。

【釋義】

未濟，下卦為坎，為陽卦，陽剛困於兩陰之間，是不可濟也；上卦為離，為陰卦，陰柔不能獨成濟之功。

未濟，乃事未成，故於事上不得而亨順，然又有其必亨之理——小狐汔濟，困中勉行，奮勇不懼，其義可嘉；且六爻雖居處不正，然上下互應，同在險途而能互助，聖人嘉其困勉相與之義，其義可亨也。一卦六爻，有初有終，初為尾，終為首，尾謂初六。

《廣雅》：「汔，盡也。」汔濟，竭其力而濟，故汔有竭勇之義。濟時，以濟過為得利，濡其尾而不能濟，无攸利也。

未濟之時，事不能濟而亨者，尚勇也。程子以為未濟之時，當慎行，則事成而亨；若不能慎行，雖有濡尾之勇而無亨之理。程子把「亨」字落在事功上，恐未當。

《彖》曰：未濟亨，柔得中也。

【程傳】

以卦才言也。所以能亨者，以柔得中也。五以柔居尊位，居剛而應剛，得柔之中也。剛柔得中，柔居剛位又應剛，剛柔得中也；剛柔得中，不亢勇也不畏縮，能慎勇也。**處未濟之時，可以亨也。**

【釋義】

未濟之時，當凝聚群力共濟此難。六五柔居中而能寬，麗附兩剛，為文明之主，久之自有亨通。下卦九二，雖剛困於險中，然能居柔而得中，居柔則不亢勇，得中則不過忒，上應於文明之主，也為能亨之象。

【補遺】

坎險在內，剛困其中，二五皆不當位，是未能濟。然離上坎下，光明麗附於險難而不離，困勉而行，其義亨通。

小狐汔濟，未出中也。

【程傳】

據二而言也。小狐為二。**二以剛陽居險中，將濟者也，又上應於五，險非可安之地，五有當從之理，故果於濟如小狐也。**果者，勇而不慎察也。**既果於濟，故有濡尾之患，未能出於險中也。**既未能出險，也未出離中道。

【釋義】

剛居柔地，不過亢於勇，雖有小過，然大行不逾規，不離其中，未出中也。小狐雖勇，然非亢勇過剛者，過則反正，不遠而復，復於中道。

「未出中」有兩義：未離險中，未離中道。小狐汔濟，未出離險中，也未背離中道，無因亢勇而危及其身，小狐雖有汔濟濡尾之過，而終能反正，未出中也。

濡其尾，无攸利，不續終也，

【程傳】

其進銳者其退速，銳進則氣急而速，不可久續。**始雖勇於濟，**不量其坎險。**不能繼續而終之，**勇於血氣，則不能持而終之。**無所往而利也。**以此道而往，則無所利。

【釋義】

濡尾之患，乃勇於血氣而未能勇於道義，未能終始其道也。

勇於血氣者，血氣衰則勇喪，不能恒持其勇；勇於道義者，必將充塞而光大，君子與時偕行，時止則止，時行則行，慎其用勇之道，與道相終始，故能持勇而不改初心。

雖不當位，剛柔應也。

【程傳】

雖陰陽不當位，六爻失位。**然剛柔皆相應。**六爻皆應。**當未濟而有與，**互助也。**若能重慎，**慎之又慎，戒防小狐濡尾之勇。**則有可濟之理。二以汔濟，故濡尾也。**

慮未周也。**卦之諸爻，皆不得位，**柔皆居剛，剛皆居柔。**故為未濟。**六位不正，上下皆不能稱職，如何可濟？**《雜卦》云：「未濟，男之窮也。」**坎為中男，剛困於坎中，男之窮也。**謂三陽皆失位也。**三陽皆居陰位。**斯義也，聞之成都隱者。**三陽失位為男窮之義，聽聞於成都之隱者。雖微善必述錄，不掩也。

【釋義】

六爻皆不居位，不能承責任事，上下離坎也各行其道，不能協調與共，內不能任事，外不能協同，未能成濟之功。然六爻剛柔相應，困勉互助，久之當有過濟之道。

《象》曰：火在水上，未濟，君子以慎辨物居方。

【程傳】

水火不交，不相濟為用，成物之用。**故為未濟。火在水上，非其處也。**炎上而不交於物，則非其處也。**君子觀其處不當之象，以慎處於事物，辨其所當，**辨事物所當居之所。**各居其方，**使各歸其所。方，所也，處也。物方則不動，故「方」有「安處」之意，物不在其方，則不能安處。**謂止於其所也。**在其位也。

【釋義】

水浸下，火炎上，上下不交，是卦體不能交接通順，猶如身體之上下不遂，豈可濟乎？在他時，乃水火各安其所，然濟時水火不交，乃為不居其位，故未能濟物遂成。君子觀此象，思辨別事物，使物皆居其所，陰陽各得其位，物物交感以成濟之功。

治物之前必先辨物，知其物性，然後使之居適宜之所，辨物居方也。居方，安其位也。未濟上下卦錯位，六爻亦錯位，故《象》傳申言「辨物居方」方可濟。

居不處方，行不由正，非能濟物於正，又豈可濟天下以正？故君子必慎辨物居方，篤厚根本，履正而後能順正而濟。

初六，濡其尾，吝。

【程傳】

六以陰柔在下，位卑而才弱，是不可恃勇而冒進者。**處險而應四。處險則不安其居，**險非安止之所。**有應則志行於上。**內有險難，外有應助，柔物又善依附於外，故必上行。**然已既陰柔，而四非中正之才，**未濟之時，必己處正位而後成行。**不能援之以濟也。獸之濟水，必揭其尾，**揭，豎也。揭其尾如舵，控方向之用，然大多獸類涉水非如此。

濡則不能濟。濡其尾，言不能濟也。不度其才力而進，終不能濟，可羞吝也。居處不正，濟之也非正也。

【釋義】

陰柔之質居未濟之初，柔居剛，不正而好動，又遇坎險而不能安止；當此時，初上應於四，必當急於趨赴，率然而躁進也。然初六柔質處困，自處不正，固不可濟，冒然而行，濡其尾而吝也。

初涉險未深，未至於凶地。

《象》曰：濡其尾，亦不知極也。

【程傳】

不度其才力，而進至於濡尾，是不知之極也。極，度也，不知自家才力之度。

【釋義】

極，棟也。棟居屋中，故又以中訓極。中者，不偏之謂，不偏於中道，不偏其職分也，故「中」以「則」、「分」、「職分」為義。不知極：不知其則，不守其職分之當為。

未濟之六爻皆不當位，皆不能反己而自明其分。初柔居剛而失位，躁進不安其分，是不知其極也。初之極乃是居位安分，无妄動則可，妄動則不知其職分，失其極也。

九二，曳其輪，貞吉。

【程傳】

在他卦，九居二為居柔得中，柔則順遜於上，中則不偏其分。**無過剛之義也。**過剛，則不安其位而犯上。**於未濟，聖人深取卦象以為戒，明事上恭順之道。**明，顯明也；事奉君上，當以恭順為道。恭，敬其君而不僭禮；順，遵其令而不擅作。**未濟者，君道艱難之時也。**五陰柔，二剛強。**五以柔處君位，而二乃剛陽之才，而居相應之地，當用者也。**不用則不能濟困，不能濟困則國危而君臣必亂。**剛有陵柔之義，水有勝火之象。**陵柔勝火，九二當戒之。**方艱難之時，所賴者才臣耳。尤當盡恭順之道，故戒曳其輪，則得正而吉也。倒曳其輪，**強臣被用，其進必速，如曹操用於漢庭，故當曳其輪。**殺其勢，**犯上之勢，殺而止之。**緩其進，**緩其進爵之速：臣當以任勞進德為心，不當以進爵為利。**戒用剛之過也。**

剛過，剛過則不順命。**則好犯上而順不足。**德不充則內不足，言其不安其位。順不足：順不臣之欲。**唐之郭子儀、李晟，當艱危未濟之時，能極其恭順，所以為得**

正而能保其終吉也。得正，守臣分而已。**於六五則言其貞吉光輝，盡君道之善；於九二則戒其恭順，盡臣道之正；盡上下之道也。**

【釋義】

曳，拖、拉。輪者，非能自進之物，當由御者驅動而進，若輪自進而不聽命於御者，猶臣子自進其位而不聽命於君上，則必犯上作亂。曳其輪：輪自進急速，危及在輿者，故曳拉其輪，殺其急，緩其進。

未濟處蹇時，君上柔弱，若能臣居下，則易亢勇而犯上僭進；今曳其輪，示臣下不敢自進爵位。暗時弱主，若大臣升遷過速，則官場震動過頻，政局動盪不安。

《象》曰：九二貞吉，中以行正也。

【程傳】

九二得正而吉者，以曳輪而得中道乃正也。曳輪——在下而任勞，臣之職分：不計功以謀爵祿，臣分也；在未濟時，又能剎其遽進犯上之心，故云「曳輪得中道」。中道者，不偏臣分也。

【釋義】

九二自止爵位之晉，以其居中不偏而能行坤順之德。

初以「極」自戒，二以「中」自戒，皆以「中」為行為準則。

六三，未濟，征凶，利涉大川。

【程傳】

未濟征凶，謂居險無出險之用，用，材質、方法也。**而行則凶也。必出險而後可征。三以陰柔不中正之才，而居險不足以濟，未有可濟之道、出險之用而征，所以凶也。**

然未濟有可濟之道，險終有出險之理。上有剛陽之應，若能涉險而往從之，涉險則為濟，涉險與濟是一事，程子分為兩事。**則濟矣，故利涉大川也。然三之陰柔，豈能出險而往？非時不可，才不能也。**時則可濟，利涉大川也；才則不能，征凶也。

【釋義】

此爻辭最為費解，六三處未濟而征凶，故不利涉大川，然爻辭又云「利涉大川」，故或疑云「利涉大川」當為「不利涉大川」。

六三居坎上，是處未濟之地，又質柔居不正，是己不可濟者，當貞固其靜，待令而行，不令而行則凶。然三處上下卦之間，上有剛應，離明在前，濟則光明；然自處坎上，不濟必自處凶極；三處於進退之間，必有決擇，是處可濟、必濟之時，故云「利涉大川」。

時可濟——利涉大川；三之才不可濟——不利涉大川。

六三質柔不正，是素無習備，故遇時則不能乘勢脫困。君子觀此爻，當常習其德業，勤磨其利刃，造次顛沛必於是，乾乾不怠，時習不間，逢時則必乘勢而駕矣。

未濟時，諸爻無論剛柔，皆以「動進」為義，然剛柔之性不同，陰柔當順動，俟命而進，不可妄自為也。

《象》曰：未濟征凶，位不當也。

【程傳】

三征則凶者，以未濟之才不量力而征，必凶。**以位不當也，謂陰柔不中正，無濟險之才也。若能涉險以從應，**應上九而涉險，從後而動，則利。**則利矣。**

【釋義】

時則可濟，然陰柔之質處不當之位，不可不待命而濟。

九四，貞吉，悔亡。震用伐鬼方，三年有賞於大國。

【程傳】

九四，陽剛居大臣之位，上有虛中明順之主，六陰柔處離體之中，明德而麗附於剛，為虛中明順之主。**又已出於險，**在坎上。**未濟已過中矣，**四居卦之過中。**有可濟之道也。**上四者為可濟之道。**濟天下之艱難，非剛健之才不能也。**陰柔需麗附於剛而能為用，故非剛健不可。**九雖陽而居四，**居柔則易於外，而不能貞固於內。**故戒以貞固則吉而悔亡，**貞其順上之德與剛明之才。**不貞則不能濟，有悔者也。**

震，動之極也。極大之動作。伐鬼方，勞師征遠，震用也。**古人之用力之甚者，伐鬼方也，故以為義。力勤而遠伐，至於三年，然後成功而行大國之賞，必如是乃能濟也。**

濟天下之道，當貞固如是。貞固若三年克遠。**四居柔，故設此戒。**臣道在於勤順：勤而不順則僭越犯上，順而不勤則不能任事擔責。

【釋義】

九四剛居柔，處不正而有悔；然能順守臣分，則悔亡。四居離體之下，剛以柔處，麗附於五，是能順正而盡大臣之職者，故得上之信任而征伐鬼方。

然出險之初，處離明之下，德行尚未布於遠方，不能來遠也，故有鬼方之亂。九四若能征伐鬼方，必能光大其德。

震用者，四初出險而處文明之始，制度新立，上下「震」作；況征伐乃為國之大事，必震用以威武之師，示天下以正。如新中國出兵朝鮮，為震用伐鬼方。《左傳》:「震之離，亦離之震」，震卦含離象，離卦含震象，皆用半卦之象。四處離體，半象為震，故「震用」也。

四奉天子之命而行征討，三年克敵，有賞於大國。大國，天子所居之國，如周。

李光地:「此伐鬼方，亦與既濟同，而差一位也。三年克之，是已克也。震用伐鬼方，是方伐也。三年有賞於大國，言三年之間，賞勞師旅者不絕，非謂事定而論賞也。與師之王三錫命同，不與師之大君有命同。」既濟為已克之，未濟仍在「克」之中，故李光地以師之九二「王三錫命」比之。

《象》曰：貞吉悔亡，志行也。

【程傳】

如四之才與時合，四之才，剛明而能柔順於君上。「震用」則有時，故程子說「與時合」。**而加以貞固，**居高位而能戒驕矜，持守卑遜，則能終也。**則能行其志，**貞其巽順，則不為主上猜忌，而能行其志也。**吉而悔亡。鬼方之伐，貞之至也。**居高位率重兵於外，而不為上之猜忌，非貞固其謙卑之德而至於極，則不能也。

【釋義】

貞固臣德，悔將自亡，故能行征討之令，志行也。

六五，貞吉无悔，君子之光，有孚，吉。

【程傳】

五，文明之主，居剛而應剛，柔居剛位而下應於九二之剛。**其處得中，虛其心而陽為之輔，**陰柔處離之中，虛其心也。五能虛其心，則上下兩陽麗附之，又下應於九二，陽能為之輔。**雖以柔居尊，處之至正至善，**柔居剛中而為文明之主，剛柔際也。**無不足也。既得貞正，故吉而无悔。貞其固有，非戒也。以此而濟，無不濟也。**

五，文明之主，故稱其光君子。光君子，以德輝之盛而言；必能光澤於眾，而非能隱者。**德輝之盛，而功實稱之，有孚也。上云吉，**貞吉无悔之「貞」，以德言之，貞守其德也。**以貞也，柔而能貞，德之吉也。下云吉，**有孚吉之「吉」也。**以功也，**以孚信於眾，故眾能輔助而成功，故曰「以功」。**既光而有孚，**光，修身而自有光也；有孚，信於眾，推之也。**時可濟也。**修德而能獲眾，時可濟也。修德而不能獲眾，其德不光；獲眾而不得其時，兩者皆不可濟。

【釋義】

柔居剛，應有悔也，然處文明之主，智以明照，仁以普施，虛己容眾，下應於剛明之臣，故有孚信於眾，貞守其中則吉，无悔可生也。六五離體而虛中，有孚而光之象。

六五有兩吉，貞正則吉，自守也；孚信於眾則吉，德光及人也。

《象》曰：君子之光，其暉吉也。

【程傳】

光盛則有暉。暉，德光照於人。**暉，光之散也。**德之光大也，行於己而惠及於人。**君子積充而光盛，**德積於內，充滿而自顯於外，光盛也。**至於有暉，**有暉，自然而成。禮修至於樂，如光之充內而暉外也。**善之至也，**善之至者：不假安排，凡有舉作則自有善為，自性成之也。**故重雲吉。**

【釋義】

君子行其德，自有光彩在外。君子漸積其德，化習成性，遂成其性分之有，如此，則凡君子有經過，則自生暉光，不需作成，行其素習而已，如太陽所經，光自照了，何須抖擻精神去照萬物？

暉者，自內而外，德充而盈，安其居而無事於外，德光自照於人，無欲於仁而成其大仁，故吉。

上九，有孚於飲酒，无咎，濡其首，有孚失是。

【程傳】

九以剛在上，剛之極也；居明之上，明之極也。剛極而能明，則不為躁而為決。明能燭理，剛能斷義。剛能決斷義之正邪。**居未濟之極，非得濟之位，無可濟之理，則當樂天順命而已。若否終則有傾，時之變也；未濟則無極而自濟之理，**無有自處於極而能自濟的道理。**故止為未濟之極，**安止而樂順。**至誠安於義命而自樂，**至誠與天合一，故能安於義命。**則可无咎。**安於未濟則可。義命者，未濟之極有不可濟之命。

飲酒，自樂也。喻心態寬裕。**不樂其處，**樂，心安為樂。不樂其處，不安其命。**則忿躁損獲，**損獲：損其所獲之德。**入於凶咎矣。若從樂而耽肆過禮，**從樂，逐於欲也。耽肆，溺於逐樂而肆其欲。過禮：僭越禮也。**至濡其首，**情慾泛濫而失其素守，有濡其首之象：身盡失也。**亦非能安其處也。**

有孚，自信於中也。失是，失其宜也。如是則於有孚為失也。人之處患難，知其無可奈何，而放意不反省，放意：任其情意放失，而不收斂敬持也。**豈安於義命者哉？**道義，君子所行之命：道義之命，義命也。

【釋義】

飲酒，與眾燕享也。有孚飲酒，燕享和處，以結上下之信，故无咎；然若飲酒過當，濡其首而失其儀，則失上下之信，有孚失是也。

飲酒，寬裕自處也。上九處未濟之極，是未能濟也，然若能寬裕自處，樂天順命，孚信於中心，則必能信及於人。若濡其首，放意快心，亂其所為，中喪孚信，也必失信於人。

《子夏易》:「滿者自覆，謙者自益，非天之所為也。夫以未濟之初，志存而不懈，以至於終濟，而信有其樂也，亦何咎哉？樂極志滿，道斯反矣，故濡其首，信失其樂哉！」

初六濡其尾，上九濡其首，故上九剛處極，有首象，處未濟之時，故有濡首象。

《象》曰：飲酒濡首，亦不知節也。

【程傳】

飲酒至於濡首，不知節之甚也。過樂而不以禮節之，不能反己約束，則失信於人。**所以至如是，不能安義命也。能安，則不失其常矣。**有常則能安處。

【釋義】

飲酒有度不及亂，則能寬以養身；若過其度而亂其名分，則濡首而毀其操守。

附　錄

繫辭傳上

【本義】

繫辭，本謂文王、周公所作之辭，繫於卦爻之下者，即今經文。此篇乃孔子所述繫辭之傳也，以其通論一經之大體凡例，故無經可附，而自分上云。

【釋義】

繫辭，顧名思義，繫之於後而有辭焉。本為文王繫六十四卦象、周公繫三百八十四爻而有辭，即所謂的卦爻辭，乃《周易》之經文。今日所謂之繫辭，乃孔子所作，係附於六十四卦爻辭之後，為十翼，通論《周易》。

第一章

天尊地卑，乾坤定矣。卑高以陳，貴賤位矣。動靜有常，剛柔斷矣。方以類聚，物以群分，吉凶生矣。在天成象，在地成形，變化見矣。

【本義】

斷，丁亂反。見，賢遍反。天地者，陰陽形氣之實體；天以象為實體，地以形為實體。象以氣類所聚，瞬息變化，形則為氣類所凝固，難以瞬息變化。乾坤者，《易》中純陰純陽之卦名也；卑高者，天地萬物上下之位；貴賤者，卑高貴賤，皆因乾坤定而後萬物各居其位。卑高貴賤，無一定之位置，然處一定之時，則有一定之位置。朱熹以「貴賤」定為爻位，不妥。《易》中卦爻上下之位也。動者，陽之常；靜者，陰之常；陰也有動時，陽也有靜時，只是陽常為動，陰常為靜。陽之動，以主動、率先為義；陰之靜，以居後、順隨為義。**剛柔者，《易》中卦爻陰陽之稱也。**剛以立為義，柔以順為義。**方，謂事情所向，言事物善惡，各以類分。而吉凶者，《易》中卦爻占決之辭也。**事順為吉，不順而傷其其身為凶。**象者，日月星辰之屬；**象繫於天，在天成象。**形者，山川動植之屬；**形繫於地，在地成形。**變化者，《易》中蓍策卦爻，陰變為陽，陽化為陰者也。此言聖人作《易》，因陰陽之實體，為卦爻之法象，莊周所謂「《易》以道陰陽」，此之謂也。**

【釋義】

天尊地卑，華夏文明之根在此。《周易》首出乾坤，示文明之根、大化之源。

天以健為尊，地以順為卑，健以生物，順以成物；天生地成，萬物生息也。天為父、地為母，萬物尊之若神明，順之若上帝，由之若大道，如此，文明斯成。

天之尊以長、始、生而言，先天後地，為長；萬物始生之祖，以始、生言。地之卑乃相較天而言。地之於萬物與人，也無不為尊。復次，天能尊高而卑，地能處卑而尊：泰卦，天居下，地處上，尊能卑之，卑能尊之也。

尊高能卑，謙德也，非說天尊地卑可以亂序。尊，以首、以長、以始出、率先為義，卑，以後、以順、以從、承後為義。天為大道之源，地、萬物、人皆得順從之，違之則不祥。

乾坤定矣，定天地尊卑之序，天地之序不可亂。天地序定，萬物由之，大道斯成。人效法之，作制度而成夫婦、父子、君臣、兄弟、長幼，人倫定矣。古人觀天尊地卑，順而從之，以定人倫秩序。

定序，即定位。天地萬物序而不亂，乃各在其位，不錯其位，則不亂其序。天地為最尊崇之位，卑高以陳，則天地之位定。

卑高以陳，先言卑後言高，自卑至高有漸次，如人之晉升，由卑漸升至高為常道。一卦之中，下卦為卑，上卦為尊，畫爻先從下，漸次向上，也為卑高以陳。陳：列出、呈現。天地由卑至尊，漸次而進，其道至為明白曉然，陳列在前，無可懷疑。故可言，天尊地卑乃為至誠之道，萬物必由之門戶，萬物由不由順不順，皆得由皆得順。人效法之，便有五倫序列：君尊臣卑，父尊子卑，夫尊婦卑，也是至為明白，無可懷疑，人間之常道也。尊卑，非是尊者要奴役卑者，君使臣以禮，臣事君以忠，有尊卑卻非奴屬關係，今天上下級關係（君臣）豈有根本之改變？

剛健不息為天，行地無疆為地，天地皆以健為德，不健則不能生養萬物。然天地之健，必動在其位，不可出位而動，天健不失其尊高，地健不失其卑順，以在位而有序也。

動靜有常，剛柔斷矣。動靜不出其位，則有常不忒。動靜而出其位，無常也。動靜合而言之，天地皆有其動靜；分別言之，動為天為陽，靜為地為陰。

剛柔，合而言之，天地皆有剛柔；分別而言，天為剛地為柔，陽為剛陰為柔，夫剛婦柔，父剛子柔，君剛臣柔，上剛下柔。斷者，判然有別，自然如此，不需人為安排。如陰爻便是陰，陽爻便是陽，斷然分析，何須安排？剛動柔靜，剛柔分析為二，判然有別，剛柔斷矣。剛要行剛之事，柔要行柔之事，其位不亂，則剛柔各盡其分，萬物賓然有序。若剛柔不能斷，剛不行剛之事，柔卻要行剛，牝雞司晨，秩序大壞，一切皆亂。一卦之中，剛柔錯位，往往不吉。

剛柔斷，從天地位衍生出來，剛在剛位，柔在柔位，在其位行其事，便有剛柔斷。斷，分別而不雜也。

「方以類聚，物以群分，吉凶生矣」：從「天尊地卑」中推衍出來的。方，可作「事」解，與「物」相對：事以類聚，物以群分。也可作「處所」、「方位」解：物類聚集，各在其處所。天高地卑，是天地之「方」；萬物也各有其「方」：水流濕，火就燥，雲從龍，風從虎。同類之物相就近而在其位，類聚於其方也。學生聚於學校，商人聚於市場，軍人聚於戰場，善人相逢，惡人聚首，皆為類聚群分。萃於善則吉，聚於惡則凶，吉凶生矣。故知，吉凶之道也甚為明白，只看聚之群類是善是惡，便知凶吉，鬼神無與也。

「生」字精妙，凶吉從聚時便「生」了，與「聚」同時發生，如影隨形，如聲隨響。要知凶吉之幾，當從「聚」於善、惡一剎那便已明白曉然，聖人見幾而作，非是有高人一等智慧，他從善從惡，無需思量，未幾他便吉。惡行未幾，便有凶兆，皆是類聚群分已定凶吉。小時母親常教訓我們：「跟好人學好人，跟狐狸做妖精。」站錯了對，凶吉未形就已經注定，《易》講「幾」便是這個智慧。

在天成象，在地成形，變化見矣。日月星辰，陰晴雨雪，在天成象，以陽之精氣為之，故天象為精；山川河流，人禽草木，在地成形，以陰之形氣為之，故地形為粗。天「變」以氣，地「化」以形；「變」為主導，行其道，出令也，「化」為隨順，成其事，任勞也；天變地化，萬物生成。

天變以氣速施，地化以形漸成。如天之雷霆風雨，都是氣的快速施為，看起來都是「動」，其「變」可驟然見的；然地承受天之施為，慢慢化成萬物之形，看起來都是「靜」，其「化」成要漸，豈能驟然見得分明？故說天陽以動、地陰以靜，便是如此道理。

是故剛柔相摩，八卦相蕩。

【本義】

蕩，徒浪反。此言《易》卦之變化也。六十四卦之初，剛柔兩畫而已，六十四卦始於陰陽兩爻。**兩相摩而為四，**四象。**四相摩而為八，**摩，有近而親之義。八經卦。**八相蕩而為六十四。**八相即八卦。蕩，有此起彼伏之義，看似相遠，然也是相親相讓如此。六十四別卦。

【釋義】

剛者天也、陽也，柔者地也、陰也。相摩者，剛柔交合，剛變而柔化也。剛變柔化，相摩而成四，四象生也。四象交合，相摩而成八，八卦成也；八卦相蕩，相蕩而成六十四，六十四卦生也；六十四卦生，三百八十四爻成，萬物畢成也。

摩、蕩二字，合而言之，皆是相親之義，非是相仇；析而言之，摩乃近而親，陰陽若耳鬢廝磨一般，如春秋之季；蕩則此起彼伏，各主一時，然也是相互配合，如冬夏季節，夏時，陽主此，陰卻蕩出去；冬時，陰主此，陽卻蕩出去。我們祖先文化絕非二元對立，無有孤陰、孤陽相抗，陰陽不捨不離，你進我退，相謙相讓，相愛相敬，似仇而親，相摩相蕩中有大仁愛、大關懷，天地萬物皆在相摩蕩中成一體，患難與共。

鼓之以雷霆，潤之以風雨，日月運行，一寒一暑。

【本義】

此變化之成象者。在天成象，故朱熹以為四者皆是天之所為。

【釋義】

鼓者，陽剛倡導於先，鼓蕩、興起萬物。潤者，陰柔承順於後，滋潤、養育萬物。日月運作，即陰陽交運，小則成晝夜，大則成寒暑。

雷霆、風雨、日月、寒暑皆是天之作為，以其不能凝固成形而言，所以為天象。古人認為日月星辰皆是氣聚合而成，非固定成形者，所以為象。象者，言其可見而形不定也。鼓，是奮健，始發起者，如大軍攻擊，擂鼓奮勇，振作士卒。潤，是居後，撫慰滋潤，安頓養育之事。

鼓是陽之事，主生；潤是陰之事，主養，鼓潤皆是一道，與下面「一寒一暑」皆是。

一寒一暑，寒暑往來，其道為一，猶一陰一陽之謂道。

乾道成男，坤道成女。

【本義】

此變化之成形者，男女皆行走於地上，為地類，故言變化之成形者。**此兩節，又明《易》之見於實體者，與上文相發明也。**一寒一暑，推其寒暑之成由，發明為「乾道成男，坤道成女。」

【釋義】

乾道以健動成男，坤道以靜順成女。雄得乾道，便有健動之性；雌得坤道，便有靜順之性。健動是變作，皆是天，靜順是化成，皆是地。

聖人作制度，是乾道發用，必要大變天，鼓蕩天下，是新作。賢人君子守制度，是坤道發用，需秩序和平，安頓百姓，要承順。

男女，泛指人禽，非特指人。

乾知大始，坤作成物。

【本義】

知，猶主也，乾主始物，始生物。**而坤作成之。**胡瑗曰：「乾言知、坤言作者，蓋乾之生物，起於無形，未有營作。坤能承於天氣，已成之物，事可營為，故乾言知而坤言作也。」《朱子語類》襲胡說：「大始未有形，知之而已。成物乃流行之時，故有為。」**承上文男女而言乾坤之理。蓋凡物之屬乎陰陽者，莫不如此。大抵陽先陰後，陽施陰受，陽之輕清未形，而陰之重濁有跡也。**陰之重濁以成物，使乾之生而有跡，故曰作，受命而為，非首創之功。

【釋義】

知，義同「知縣」之「知」，主、掌管也。《朱子語類》：「知訓管字，不當解作知見之知。」《國語・越語上》：「有能助寡人謀而退吳者，吾與之共知越國之政。」

作，義近同知，也為主、掌管解。然坤之「作」與乾之「作」作用全然不同：乾之作，乃為創生，無行跡可言，事同無為，管之而已，如一公司總裁，只發號施令，並無見諸於具體事務，故言知。坤之作，乃主具體之事，似臣子受君命、主君事，非是首倡作的，然坤成物，終始造形，故言作，言自無至有，似為它自「作」的。

乾主大始，坤主成物。「大哉乾元，萬物之始」，「萬物之始」便是「大」的因由。乾主萬物之始，大也；坤主萬物之成，至也。坤之成物，乃是承擔乾之大任，順由乾道而成物，卑順而成。

始生萬物，為大始。

乾以易知，坤以簡能。

【本義】

易，以豉反。乾健而動，即其所知，便能始物而無所難，始生物。**故為以易而知大始。坤順而靜，**靜者，待乾之動而順後也，勞任不間而無所作。**凡其所能，皆從乎陽而不自作，**作，定制度作規則。**故為以簡而能成物。**坤以不作為簡，至順任重。

【釋義】

乾之運乃日月星辰、風霜雪雨，皆成象於天地之間，明白曉然，故其成象曰「易知」。若究其天行之所以然，則神妙不測，聖人窮其智慮也未能盡曉。順由「易知」之道，日作夜息，春耕秋收，寒則溫之，熱則涼之，則「易從」。

坤有兩義：一為簡，一為能。簡，乃是順承乾即可，不需另有所作，不必別創新途，故坤之任不繁而簡，不簡則不能順。能，乃是任勞、任重、任事。坤消化乾之變，始終相續，貞固恒德，方能成事，需任勞任重，故坤道像臣子、像人子、像學子，皆以順由乾道而任勞，不能則不能任。

易則易知，簡則易從。易知則有親，易從則有功。有親則可久，有功則可大。可久則賢人之德，可大則賢人之業。

【本義】

人之所為，如乾之易，則其心明白而人易知；如坤之簡，則其事要約而人易從。易知，則與之同心者多，故有親；易從，則與之協力者眾，故有功。有親則一於內，人體乾坤之德，在己，非有二道。**故可久；**與天地同德，其德恒久。**有功則兼於外，**推己及人，兼於外也。**故可大。**贊天地之化育，與天地同功，故大。**德，謂得於己者。**在己為德。**業，謂成於事者。**見諸事為業。**上言乾坤之德不同，此言人法乾坤之道，至此，**同德而久，同功而大，至於久大之德業，則可為賢人。**則可以為賢矣。**

【釋義】

易、簡本為一，簡則易，易則簡，乾坤皆有簡、易之德。分而言之，易為天之德，簡為地之德，其道本一，次序則有別。

乾之行，日月更替、四季流行，皆坦蕩平易，易於知曉也。坤之道，順乾而承之，養育萬物，載之培之護之育之，無所新作，任順而已，故其事簡約，易於相從也。

從天之道而易於人知，易知者，公天下也，則所親者眾；從地之道而易於相從，易從者，不敢自作也，則承順有功。功，乃指成事而言，地道承順天而成就萬物，此為有功。人順從地道，默而行之，恒而不斷，自有功遂之時。

天道恒久，親而順之，自能立天道在己，故可久也。地道成就萬物，順承之，自能任重行遠，而成其大也。

德以恒為言，行天道而久恒不變，則可成賢人之德；業以大為言，行地道而任重行遠，則可成賢人之業。德見諸於業，業源自於德，有淵有流，有本有末，有始有終，其德可久，其業可大，久大者，天地之道也。

易簡，而天下之理得矣；天下之理得，而成位乎其中矣。

【本義】

成位，謂成人之位；讚述天地，以成人之位。**其中，謂天地之中。**人得天之覆地之載，成其中也，故必行中道。**至此則體道之極功，**體，身體之踐行之。**聖人之能事，可以與天地參矣。**讚述天地，而與天地參。**此章以造化之實，明作經之理，**作經以順造化，故聖人作經，述而已。西人自作經，非述，乃自作也。**又言乾坤之理，分見於天地，**天以健為理，坤以順為理。**而人兼體之也。**人體天之健，又體地之順，兼體之也。

【釋義】

天下之理何以得之？行簡易則得之，非說要推理論證。行而得之，在身，睟面盎背施諸於四體，真有之；推理得之，在腦，抽象而有，非真得。

易簡者，天地之道也。道非由口說而明之，乃是順由而明之在己一身，故易簡者，乃順由易簡、行簡易之道也。順由易簡之道，則天下之理得之於己。天下之理在己一身，則人處於天地之正位而得其中矣。

天地人為三才，人行其中乃為人道，故人之道乃尊天敬地，贊順天地而行其中，陰陽不過也。

第二章

聖人設卦觀象，繫辭焉而明吉凶，

【本義】

象者，象與形相對，在天成象，在地成形；象以不定而變化不居為義，故言其為象乃暫住也。此處象兼形。**物之似也，**象近於物而非物。**此言聖人作易，觀卦爻之象，而繫以辭也。**

【釋義】

設，設置也。設卦觀象，聖人設置其卦以顯象之所以然之理。繫，縛、附也；繫辭，附辭於卦象之後，以明凶吉之兆。

剛柔相推而生變化。

【本義】

言卦爻陰陽迭相推蕩，此推則彼蕩，彼推則此蕩。陽推則陰蕩，陰推則陽蕩。推以進言，蕩以退言。春夏則陽推而進，秋冬則陰推而陽退。推蕩乃消息也，推為息，蕩為消。**而陰或變陽，**陽推陰，則陰位為陽，陰推陽，則陽位為陰。**陽或化陰，聖人所以觀象而繫辭，眾人所以因著而求卦者也。**《說文》:「蓍，蒿屬。從草，耆聲。生千歲三百莖。」古人常用其莖占卜。

【釋義】

剛，陽也。柔，陰也。推者，勢強則推弱，勢弱則被推；如陽盛之時，陽推陰，春夏之時；陰盛之時，陰推陽，秋冬之季。生變化者，晝夜、四季之變，萬物隨之也變，皆陰陽相推所至。陰陽強弱不同，萬物生生不一，而成春生夏長秋收冬藏之變化。

是故吉凶者，失得之象也；悔吝者，憂虞之象也。

【本義】

吉凶悔吝者，吉凶言事之順逆，悔吝言己之行忒。**《易》之辭也；失得憂虞者，**失得言事，憂虞言心。**事之變也；得則吉，失則凶，憂虞雖未至凶，然已足以致悔而取羞矣。蓋吉凶相對，而悔吝居其中間，悔自凶而趨吉，**自反則反凶為吉。**吝自吉而向凶也。**不能自反則吉而轉凶。**故聖人觀卦爻之中，或有此象，**吉凶憂虞之象。**則繫之以此辭也。**

【釋義】

事順為吉，不順為凶，吉為得，凶為失。得，事順而通；失，事不順而阻。《周易》言凶吉，或以善否為論，不論時之順否；或以時之順否而言，不言善惡；然追究到底，天道為善，故天佑善人，以善惡為凶吉之根本，時之順否為外輔。行有過中則生悔吝，凶吉不顯，非為得失也。

變化者，進退之象也；剛柔者，晝夜之象也。六爻之動，三極之道也。

【本義】

柔變而趨於剛者，退極而進也；陰消於上則生於下，陰退極而陽進也。**剛化而趨於柔者，進極而退也。**陽盛於下則消於上，陽進極而退也。**既變而剛，則晝而陽矣；既化而柔，則夜而陰矣。六爻，初二為地，三四為人，五上為天。**六爻之位況三才之道。**動，即變化也，極，至也，三極，天地人之至理，三才各一太極也。**太極，大中之道也。**此明剛柔相推以生變化，**剛推柔，柔推剛，晝夜四季流行，而萬物生息。**而變化之極，復為剛柔，**變化之極則全剛全柔，又復為有剛有柔。**流行於一卦六爻之間，而占者得因所值，**值，遇也。遇得某一爻，所值也，以斷凶吉。**謀以斷吉凶也。**

【釋義】

分析而言，變與化各有所屬：變為天變，化為地化，陽以「變」言，陰以「化」言；變為始作，化為承順。天變即陽變，地化即陰化，天變地化也。天有四時之變，地有四時之化，變則生物，化則成物。天變為男，地化為女，天變地化，男女之道成；男女之道成，則夫婦父子君臣上下皆得以成，人道立矣。

陰陽之變化，即陰陽之進退，陽進則陰退，陰進則陽退，陰陽進退不以一方勝一方為義，兩者相容相讓、相推相蕩，此消彼長而已，無有非此即彼二元對立之義。

陽以自立，其象為剛；陰以謙順，其象為柔。剛柔相蕩，晝夜更替。

六爻變動而成六十四卦，象天地人，三才之道備。三才即三極：天極以健，地極以順，人極以中。極者，至高至中也。人極乃乃效天地之中，為仁義，行之則為人道，唯有反己則可得人道，不能反己，放之不收，人道滅矣。

是故君子所居而安者，《易》之序也；所樂而玩者，爻之辭也。

【本義】

樂，音洛。《易》之序，謂卦爻所著事理當然之次第。著，明也。見《序卦》，如「物畜然後可養，故受之以頤。」，故大畜之後有頤卦。**玩者，觀之詳。**

【釋義】

君子所居者而安者，人極也；人極者，仁義也。君子以仁義為安宅，居之而後能安，此《易》所以序人倫。

玩者，審察也。玩之態，乃不以名利為心，心寬而反覆審察。君子觀卦爻之象，反覆審察卦爻辭，體之在己，行諸於身。

是故君子居則觀其象而玩其辭，動則觀其變而玩其占，是以自天佑之，吉无不利。

【本義】

象辭變已見上，凡單言變者，化在其中。言變即有化，不必另說化，若天變地必有化。**占，謂其所值吉凶之決也。**決對疑，有疑則占，占則決疑。值，遇也。

此章，言聖人作易，君子學易之事。

【釋義】

居，燕居也，君子不為官、不行政、不做事皆為居。動，居之反也，君子做事、行政、為官皆為動。

居則無所為，不做事，故無疑慮生，觀象玩辭即可；動則有所為，做事，故有疑慮生，有疑則當觀其爻象之變，而玩其占之吉凶，以斷事決疑也。

觀象觀變、玩辭玩占，靜居奮作，凡有所動，凡有出入，一是皆以順天為則。順天則天，則天佑之；順巽而純如，篤恭而不已，無不吉也，无不利也。

第三章

彖者，言乎象者也；爻者，言乎變者也。

【本義】

彖，謂卦辭，文王所作者。爻，謂爻辭，周公所作者。象，指全體而言。論一卦之義，故言全體。**變，指一節而言。**論一爻之義，故言一節。變，爻變也。

【釋義】

孔穎達：「夫子所作彖辭，統論一卦之義，或說其卦之德，或說其卦之義，或說其卦之名。」又云「彖，斷也。斷定一卦之義，所以名為彖也。」

文王所作之辭為彖辭，孔子從而述之為彖傳，今人以彖辭為卦辭，以彖傳為彖辭，方便之故也。彖以斷一卦之象，故朱子以為「指全體而言」。爻辭為周公所作，繫於一爻之後，朱子以為「指一節而言」。

吉凶者，言乎其失得也；悔吝者，言乎其小疵也；无咎者，善補過也。

【本義】

此卦爻辭之通例。吉凶繫得失，悔吝生消疵，補過則无咎，皆通例。

【釋義】

事不順為失，失則凶，事順則得，得則吉。事有小疵則生悔吝，有過則有咎，補過則无咎，善反己也。小疵，過中之謂。

是故列貴賤者存乎位，齊小大者存乎卦，辨吉凶者存乎辭。

【本義】

位，謂六爻之位。齊，猶定也。小謂陰，大謂陽。

【釋義】

一般而言，內卦之爻為卑賤，外卦之爻為尊貴；內卦之中，又以初二為卑賤，三為下之尊貴；爻與爻之間，又以上爻為貴，下爻為賤，如二貴初賤；爻之陰陽之間，又以陽為貴，陰為賤。這些皆常道，非一定如此，如六五為尊，九四為賤；六四為尊，九三為賤。

齊，正也、定也。陽卦為大，陰卦為小，如乾大坤小，泰大否小，為尊崇君子之道。辨，決也。決吉凶在於卦爻之辭。

憂悔吝者存乎介，震无咎者存乎悔。

【本義】

上悔，乎罪反。下悔，呼對反。介，虞翻：「介，纖也。」初始之時，極言其善惡之微，為介。謂辨別之端，蓋善惡已動而未形之時也，動於心而未形著於事。於此憂之，則不至於悔吝矣。不遠而反也。震，動也，程子釋「震」為「震懼」，存惕厲之心則无咎，義更深遠。若只是「動」而後有悔，淪為常人，動悔分為兩截，非若夫子造次顛沛之義，也非曾子時時臨淵履冰之義。君子修身，必時時存其惕懼，故動必惕懼也，方可過則旋改。知悔則有以動其補過之心，而可以无咎矣。動而有過，若悔之，則无咎。

【釋義】

憂、悔、吝存於纖微之始，故君子當慎其始作也。動而有過咎，然終得无咎者，乃能反悔復正也。

《朱子語類》：「問：憂悔吝者存乎介，悔吝未至於吉凶，是乃初萌動，可以向吉凶之微處，介又是悔吝之微處，介字如界至界限之界，是善惡初分界處，於此憂之，則不至於悔吝矣。曰：然。」

趙玉泉：「介在事前，悔在事後。」甚當。

是故卦有小大，辭有險易。辭也者，各指其所之。

【本義】

易，以豉反。小險大易，陰卦險難，陽卦平易。各隨所向。此章釋卦爻辭之通例。

【釋義】

陽卦大陰卦小，平易之辭繫乎大，險難之辭繫乎小。各者，凶、吉、悔、吝、无咎之謂。凶、吉、悔、吝、无咎之五者，分別繫於卦爻之平易與險難，各指其所之也。

第四章

《易》與天地準，故能彌綸天地之道。

【本義】

《易》書卦爻，具有天地之道，與之齊準。彌，如彌縫之彌，有終竟聯合之意。綸，有選擇條理之意。

【釋義】

聖人作易，以準合天地，先天而天弗違，後天而順天時，天地之行，不過於易，故能彌綸天地之道，為天地立法則也。

彌，彌滿，言無所不至。綸，梳理、治理也。彌天地之道，言易道與天地之道無所不合，易道彌滿天地，拐拐角角，無所不至，無所不周；綸天地之道，言易道即天地之道之條理，為天地梳其條理。

蘇軾曰：「準，符合也。彌，周浹也。綸，經緯也。所以與天地準者，以能知幽明之故，死生之說，鬼神之情狀也。」

《朱子語類》云：「凡天地間之物，無非天地之道，故易能彌綸天地之道。彌如封彌之彌，糊合使無縫罅。綸如綸絲之綸，自有條理。言雖是彌得外面無縫罅，而中則事事物物，各有條理。彌如大德敦化，綸如小德川流，彌而非綸而空疏無物，綸而非彌則判然不相干，此二字見得聖人下字甚密也。」

仰以觀於天文，俯以察於地理，是故知幽明之故；原始反終，故知死生之說；精氣為物，遊魂為變，是故知鬼神之情狀。

【本義】

此窮理之事。以者，聖人以易之書也；朱子以為「仰俯」乃從「《易》與天地準」過來，故如此說：聖人以易之道理仰觀俯察，然後見天地萬物無不有易理，故能知幽明之所以然。易者，陰陽而已。幽明、幽明，隱顯也。死生、鬼神，伸縮、消息也。神為伸為息，鬼為縮為消。皆陰陽之變，天地之道也。天文，則有晝夜上下；地理，則有南北高深。原者，推之於前；反者，要之於後。要，探求；求取。陰精陽氣，陰之精魄、陽之魂氣。聚而成物，神之伸也；魂遊魄降，遊、降，皆言離散也。散而為變，

鬼之歸也。歸於地。

【釋義】

孔穎達：「天有懸象而成文章，故稱文也。地有山川原隰，各有條理，故稱理也。」聖人仰觀天、俯察地，而能知天地之序。能條理、順序天地，則知幽明隱顯之所以然。天文、地理，不過天地之序而已。

原始反終：推原其始生之時，探求其終亡之際，皆為陰陽一道。生，陰陽聚合，精氣為物也；死，陰陽離散，遊魂為變也。

精氣為物：陰為形下，陰之精細者與陽氣相合，則成有生命之物。此處「物」，當指生命體。

《朱子語類》：「問：原始反終故知死生之說。曰：人未死，如何知得死之說，只是原其始之理，將後面折轉來看，便見得，以此之有，知彼之無。」「又云：魄為鬼，魂為神，《禮記》有孔子答宰我問，正說此理甚詳。宰我曰：吾聞鬼神之名，不知其所謂。子曰：氣也者，神之盛也。魄也者，鬼之盛也。合鬼與神，教之至也。注氣，謂噓吸出入者也。耳目之聰明為魄。《雜書》云：魂，人陽神也。魄，人陰神也。亦可取。」

與天地相似，故不違。知周乎萬物而道濟天下，故不過。旁行而不流，樂天知命，故不憂。安土敦乎仁，故能愛。

【本義】

此聖人盡性之事也，天地之道，知仁而已。知無不周，仁無不及。**知周萬物者，天也**。知，言其如天之明；周，言其如天之覆蓋。**道濟天下者，地也。知且仁，則知而不過矣**。不過中道。**旁行者，行權之知也。不流者，守正之仁也。既樂天理，而又知天命，故能無憂而其知益深，隨處皆安而無一息之不仁，故能不忘其濟物之心，而仁益篤。蓋仁者愛之理，愛者仁之用，故其相為表裏如此。**

【釋義】

聖人性於天地相合，行似天地而不違，智慧周備萬物而無所遺逸，故其道至廣至大，能濟天下萬物各安其位，故其所行，皆不過於中道。權而行之，皆不出離於正。樂天之所予，順受其正，無憂也。君子食無求飽，居無求安，所遇皆安，無所擇決，故能敦厚其仁而安土，大其心而泛愛眾。

旁與正對，正對經，旁對權；旁行，不行於常經之道；不流，不流放於世俗，是旁行而不離於正也。

仁自天地，敦厚其仁，博厚其愛，則不擇而處，不擇而愛，似天地。

範圍天地之化而不過，曲成萬物而不遺，通乎晝夜之道而知，故神無方而易無體。

【本義】

此聖人至命之事也。範，如鑄金之有模範。圍，匡郭也。範圍皆言約束。天地之化無窮，而聖人為之範圍，不使過於中道，所謂裁成者也。通，猶兼也。晝夜，即幽明死生鬼神之謂，晝為明為生為神，夜為幽為死為鬼。如此然後可見至神之妙，不測為妙。無有方所。神無形，故無方所。易之變化，無有形體也。

此章言易道之大，聖人用之如此。

【釋義】

範圍，猶導之、約束。約束、引導萬物，使之生生而各安其位，不過於中也。聖人曲盡萬物而使之生成皆盡其性，不遺一物。曲成，猶老子之無為，任萬物自生、自成。不遺，猶天之覆蓋、地之承載，萬物盡在其中，見其道之廣大。《九家易》:「範者，法也。圍者，周也。言乾坤消息，法周天地，而不過於十二辰也。」

通，知曉。晝夜乃一道，非二道，故「通」，也作貫通解。貫通非僅指智力可知其所以然，也必以身體力行此晝夜之道，如此方當得起為「知道」。晝夜之道若不能體踐之，如何「知道」？那不過知道別人知道而已。

範圍、曲成、通乎，皆言道通乎萬物與己，如神之無方，如易之無體。神所以無方者，在樹木，則以樹木為方；在禽獸，則以禽獸為方；在人，則以人為方，故神無一定之方所，萬物皆能通貫之，範圍以道，曲成以道，通乎以道。

易無體，易乃形而上，無有方體，以萬物為體，與神無方相似。

第五章

一陰一陽之謂道。

【本義】

陰陽迭運者，氣也，其理則所謂道。

【釋義】

道至簡，不過一陰一陽相推蕩，萬物皆可由之；其變至繁，曲盡萬物而不遺。《子夏易》:「一其陰，陰則易也；一其陽，陽則易也。」陰至極，則陰易則為陽；陽至極，則陽易則為陰。

《朱子語類》云:「理則一而已，其形者則謂之器，其不形者則謂之道。然而道非器不形，器非道不立，蓋陰陽亦器也。而所以陰陽者道也，是以一陰一陽，往來不息，而聖人指是以明道之全體也。」不立，不能成物之用；立以規矩。

程子曰：離了陰陽，便無道，所以陰陽者，是道也。陰陽，氣也，氣是形而下者，道是形而上者。

繼之者善也，成之者性也。

【本義】

道具於陰而行乎陽。道具於陰，言道落定在陰上，在行跡上見。具，顯也。道行以陽，陰只是輔助，見陽之生物行跡而已，如四季只是陽之消息，成物在陰上。**繼，言其發也。**始發也。天始發生生之用，繼之者皆如天。**善，謂化育之功，陽之事也。成，言其具也。**具於物。**性，謂物之所受，言物生則有性，而各具是道也，陰之事也。周子程子之書，言之備矣。**

【釋義】

人以善繼天之道，以性成天之道。繼，乃繼承其志，似天之所為，其志在生物，故名為善；成，乃落實篤定，似地之所為，其行在成物，故名為性。合而言之，善即性，性即善，生物之善於性中。

仁者見之謂之仁，知者見之謂之知，百姓日用而不知，故君子之道鮮矣。

【本義】

仁陽知陰，各得是道之一隅，故隨其所見而目為全體也。日用不知，則莫不飲食，鮮能知味者，又其每下者也。然亦莫不有是道焉。或曰：上章以知屬乎天，仁屬乎地，與此不同，何也？曰：彼以清濁言，此以動靜言。

【釋義】

仁者體踐此道，故為仁。「仁者見」之「見」，當讀「現」，仁者顯現此道在己，其名為仁，道不在己，不可稱為仁也。見之為顯，自然而然，充盈而顯，故仁者之仁乃為其固有之。智者見此道在他人身上，故為智。「知者見」之「見」，讀 jian，望見在己在外有此道。也可讀為 xian，智者有意顯現此道，人為做作。

百姓順由此道而不能反己而察，故日用而不知。鮮，鮮能知之。

程子曰：「道者，一陰一陽也。動靜無端，陰陽無始，非知道者孰能識之。動靜相因而成變化，順繼此道則為善也。成之在人，則謂之性也，在眾人則不能識，隨其所知，故仁者謂之仁，知者謂之知，百姓則由之而不知，故君子之道，人鮮克知也。」

顯諸仁，藏諸用，鼓萬物而不與聖人同憂，盛德大業至矣哉！

【本義】

顯，自內而外也。仁，謂造化之功，德之發也。藏，自外而內也。用，謂機緘之妙，業之本也。程子曰：天地無心而成化，天地無心於仁愛萬物，而萬物自成其化。**聖人有心而無為。**有仁心於萬物，而無私意繫於一物，故言無為：無有繫於一物之所為。

【釋義】

陰陽之變，顯諸於生物之仁，藏諸於成物之用。鼓者，振奮萬物以從陰陽之化也。萬物順由天之道，奮作而生生不息，各盡其性，聖人無與，故不與同憂。

不與聖人同憂者，聖人廓大其心，公天下萬物，不繫於私。聖人任萬物之自由，不繫於私，故能成萬物而不競於心，盛德之大業也。言聖人之盛德，只是聖人與陰陽之道相似，不假私意而已。

富有之謂大業，日新之謂盛德。

【本義】

張子曰：富有者，大而無外。日新者，久而無窮。恒也。

【釋義】

自天地而言，範圍天地萬物，使之生生不息，富有也；陰陽變化無窮，日新不已，盛德也。自人而言，德言新，自修也；業言廣，成物也。聖人修己不怠，乾乾日新，功業自然富有廣大。

生生之謂易。

【本義】

陰生陽，陽生陰，陰起則陽生，陽起則陰生。**其變無窮，理與書皆然也。**

【釋義】

「生」而又疊加之，生之又生，生生不已，陰陽相摩相蕩，消息循環，故謂之易。

成象之謂乾，效法之謂坤。

【本義】

效，呈也。法，謂造化之詳密而可見者。

【釋義】

天以氣成象，變化不居，難以效法；地流形，可定而固，故可效法。

極數知來之謂占，通變之謂事。

【本義】

占，筮也。事之未定者，屬乎陽也。陽以生物，不以成物，為事之未定，據此而言，占乃占陽之志欲。**事，行事也，占之已決者，屬乎陰也。極數知來，所以通事之變，張忠定公言公事有陰陽，意蓋如此。**

【釋義】

孔穎達曰：「謂窮極蓍策之數，逆知將來之事，占其吉凶也。」徐在漢曰：「一陰一陽，無時而不生生，是之謂易。成此一陰一陽生生之象，是之謂乾，效此一陰一陽生生之法，是之謂坤，極一陰一陽生生之數而知來，是之謂占。通一陰一陽生生之變，是之謂事。」

極數，窮極蓍策之數。通變，道通於時變。

通其道而應時之變，謂事。通，道通行於事為通，若不以道通變於事，則事未能有成，即或有「成」，也非事功之正。

陰陽不測之謂神。

【本義】

張子曰：兩在故不測。一則無變，兩在則有變化，故不測。在，在此發生作用。**此章言道之體用不外乎陰陽，**體陰陽而用乎陰陽。**而其所以然者，則未嘗倚於陰陽也。**

【釋義】

陰陽變化，無自家之方所，而以萬物為方所，在方為方，在圓為圓，不有自己，故不能測度而為神也。

第六章

夫《易》，廣矣大矣！以言乎遠則不禦，以言乎邇則靜而正，以言乎天地之間則備矣。

【本義】

夫，音扶，下同。不禦，言無盡。靜而正，敬言順。靜而正，順正也。順正，順由易道。言即物而理存。備，言無所不有。

【釋義】

禦，違逆也。《新書》：「天下服而無禦，四境靜而無虞。」易道廣大，範圍天地萬物：言其至遠，則無一物違逆於易道；言其至近，萬物得之，各自靜守其正，安處其位。靜，專也，安也；萬物得易則安，不出其位，專篤於己而不它往，故能得其正。天地萬物變化之理，皆備盡於易道。

「遠則不禦，邇則靜正」：言於政事，則遠者服，近者順。

夫乾，其靜也專，其動也直，是以大生焉。夫坤，其靜也翕，其動也闢，是以廣生焉。

【本義】

翕，虛級反。闢，婢亦反。乾坤各有動靜，於其四德見之。乾之動為主動，坤之動為順動。乾之靜為潛伏，坤之靜為柔伏。靜體而動用，朱熹認同周敦頤，以為靜為本體。靜別而動交也。陰陽之靜別有不同。乾一而實，故以質言而曰大；坤二而虛，故以量言而曰廣。蓋天之形雖包於地之外，而其氣常行乎地之中也。易之所以廣大者以此。

【釋義】

宋衷曰：「乾靜不用事，則清靜專一，含養萬物矣。動而用事，則直道而行，導出萬物矣。一專一直，動靜有時，而物無夭瘁，是以大生焉。」

乾言「靜」，當指秋冬：陽極衰之時，陽剛潛伏，清靜專一，不紛亂，不它往，以含養萬物，不如此，物不能得一線之陽，則不得續存生機。乾言「動」，當為春夏，直道而往，大亨其行，以生育萬物。乾無所不覆，裹著地與物，無以加，故言大。

坤言「靜」，當為春夏：陰靜伏、翕藏，柔順於陽，陽剛大行其道，萬物生生不息。坤言「動」，乃為秋冬：陰闢開，大行其道，陽潛伏晦隱。陰翕闢順時，故能廣生萬物。

《朱子語類》:「乾畫奇，便見得其靜也專，其動也直，坤畫耦，便見得其靜也翕，其動也闢。」陽爻一畫，一則專，不二往則直。陰爻則分兩截，故有翕闢之動：翕時，兩截合起來閉藏，萬物不生；闢時兩截張開，生生萬物。坤承載萬物，不遺一物，故言廣。

俞樾以為「專」當作「摶」，摶乃圜義，《說文》:「摶，圜也。」圜為周轉之義，天道周轉則無遺一物。《楚辭・天問》:「圜則九重，孰營度之？」《呂氏春秋・圜道》:「圜，天道也。」《說文》:「圜，天體也。」「靜也圜」對應下文的「動也直」，意思也通。

美國漢學家夏含夷以為，乾之靜專動直，坤之靜翕動闢，乃述男女交合之狀：男性，交則動直，未交，專彎也；女性，未交則翕合，交則闢張。

【補遺】

乾之靜專言其純一不雜，動直言其直道不它往。坤之靜翕言其伏藏而待，動辟言其承物而養也。

廣大配天地，變通配四時，陰陽之義配日月，易簡之善配至德。

【本義】

《易》之廣大變通，變，陰陽迭替；通，陰陽對應。**與其所言陰陽之說、易簡之德，配之天道人事則如此。**

【釋義】

易道之大以配天，易道之廣以配地，陰陽消息配四時，陽健陰順配日月。易道之易知、易從，以配至德。

虞翻曰:「變通趨時，謂十二月消息也。泰、大壯、夬，配春；乾、姤、遯，配夏；否、觀、剝，配秋；坤、復、臨，配冬，謂十二月消息相變通，而周於四時也。」

第七章

子曰:「易其至矣乎！夫易，聖人所以崇德而廣業也。知崇禮卑，崇效天，卑法地。

【本義】

知，音智。《十翼》皆夫子所作，不應自著「子曰」字，疑皆後人所加也。**窮理，則知崇如天而德崇；**「知」取「明」義，其知明如日月，故配天。**循理，**山川原澤，各有文理。**則禮卑如地而業廣，**禮以遜讓為義，其卑如地，唯其卑順，故能通行於眾而業廣也。**此其取類，又以清濁言也。**清配天，濁配地。

【釋義】

「至」釋易之「廣大、變通、陰陽、易簡」諸德。聖人崇德廣業皆源自易。虞翻曰：「崇德效乾，廣業法坤也。」德高如崇，效天也；禮謙如卑，效地也。德之源頭，皆源自天，所以言德為崇。地法天，人法天地，皆是取法而有得。

天地設位，而易行乎其中矣。成性存存，道義之門。」

【本義】

天地設位而變化行，設，猶置。天地不設而自成其位。天尊地卑，天地設位也。天地位正，則變化流行，反之則不行也。**猶知禮存性而道義出也。**朱熹以禮、性譬天地、陰陽。知其君臣上下之禮，存養其四端之性，如此則道義流行發用也。出，乃自正而出，故先有知禮存性，而後道義出。**成性，**虞翻：「成性，謂成之者性也。」天地命降「性」於事事物物，成性也。人則反己修道以成其性。**本成之性也。存存，謂存而又存，不已之意也。**存天之健，存地之順，亦為存存之義。

【釋義】

天高地卑，六位時成，天地設位也。天尊地卑，陰陽交合而行，易道無處不在，行乎其中也。易行乎其中，萬物得之而存養其性：得天之性而存養其健，得地之性而存養其順，兩存之而得其中，存存也，亦謂存之又存，存之不已，猶君子之修身，修之又修，修之不已。性乃生生，物生生不已，則存其天地之性亦當不已，故言成性存存也。

易行其道而物存其性，乃所以入道義之門也。

第八章

聖人有以見天下之賾，而擬諸其形容，象其物宜，是故謂之象。

【本義】

賾，雜亂也。按朱熹「賾」為雜亂義，則「聖人有以見天下之賾」，當釋為：聖人用六十四卦象統攝天下雜亂之物，故能見萬物之理則。見，顯現。見天下之賾，使得天下雜亂之物而顯有理則。不能顯物於有序之理，則不可見天下之賾也。**象，卦之象，如《說卦》所列者。**

【釋義】

虞翻：「賾，謂初。」聖人因象而見天地初始、根本之簡易：天地萬物雖雜多，然其初始之本，不過八卦象、重之六十四象，分之三百八十四義，合言之陰陽而已。虞翻之謂「初」，不外於此。

《子夏易》釋「賾」為「至奧」：「聖人見天地之至奧而為後世之傳。」陰陽相錯成八卦、成六十四象、成三百八十四爻，又兼卦之錯綜之變易，故為「至奧」。

朱熹釋為「雜多」，聖人設象以規範萬物之雜多，因象以見天下之賾，使雜多之物而成有序之象，類似康德人類理性給自然客觀化、規律化。

萬物得天地之性而各安其位，聖人見萬物之繁多，以卦象擬諸物象。

【補遺】

「有以見」，為「有之以見」，「之」指代「《易》」，聖人通過《易》來見「天下之賾」。賾，釋為「雜多」、「深奧」、「初」，皆不影響大義。

聖人有以見天下之動，而觀其會通，以行其典禮，繫辭焉以斷其吉凶，是故謂之爻。

【本義】

會，謂理之所聚而不可遺處；通，謂理之可行而無所礙處，如庖丁解牛，會則其族，族與會義通。族，聚也。**而通則其虛也。**不虛則不通。

【釋義】

天下之動，主要指士君子之動，猶指天子巡狩、諸侯朝聘、諸侯之間的往來。會，聚會也，通，款通也。觀天子諸侯聚會款通之況，乃知其會通之道，則行其會通之典禮，又繫辭於卦爻象之後，以斷其會通吉凶之象，此謂爻之用也。

人有動則有會聚，有會聚則有通塞之用，何以通人之情？禮也、義也。

事有義而人履禮，則上下會通矣。聖人觀士君子所以會聚之理，定制度而行禮樂，圖畫卦爻象，繫辭斷凶吉。

言天下之至賾而不可惡也，言天下之至動而不可亂也。

【本義】

惡，猶厭也。惠棟《周易本義辯證》：「惡讀亞，訓為次。至賾故不可次，至動故不可治。亂，治也。擬諸其形容，所以次之也。觀其會通以行其典禮，所以治之也。」按，次，條理也。單獨看，意思不錯，若聯繫「觀其會通，以行其典禮」，則前後文義不能貫通，若物至為雜多而不可條理，置六十四卦於何處？

【釋義】

聖人設八卦、六十四象範圍天下雜多之物事，簡易、次序天下之物，物得其理，萬化周流於其中，聖人觀其則而撮其要，物雖多而不厭也。聖人作制度、定禮樂以範圍君臣上下之交往，故人倫交往雖頻仍，然自有禮則在其中，君臣上下長幼所動皆有則，自不可亂也。

不可惡、不可亂，皆是承接上面幾句：「擬諸其形容」、「觀其物宜」、「行其典禮」、「斷其吉凶」，因是之故，而不可惡、不可亂也。

【補遺】

逐物於外，則見天下之物雜多而可厭也；如反己而思，察胸中之理，則條暢明白，豈有可惡乎？「至動」也可言萬物化育之至動，至動中有至靜之理則，以理則範圍物之化育，其可亂乎？

擬之而後言，議之而後動，擬議以成其變化。

【本義】

觀象玩辭，觀變玩占，而法行之，此下七爻，則其例也。

【釋義】

觀萬物之變，比擬於卦爻之象，會通二者，而後言之；與同道商榷，無疑慮而後見諸於行。擬之於象，議之於眾，而後行之，擬議以成其變化，易道之成也。成者，行易道之理，在諸己也。

擬之，比擬萬物之變於卦爻之象，所謂以卦象範圍天下之賾者。

鳴鶴在陰，其子和之，我有好爵，吾與爾靡之。子曰：「君子居其室，出其言善，則千里之外應之，況其邇者乎？居其室，出其言不善，則千里之外違之，況其邇者乎？言出乎身，加乎民。行發乎邇，見乎遠。言行，君子之樞機。樞機之發，榮辱之主也。言行，君子之所以動天地也，可不慎乎？」

【本義】

釋中孚九二爻義。中孚九二：「九二：鳴鶴在陰，其子和之，我有好爵，吾與爾靡之。」

【釋義】

君子，乃指在位之君子，言出乎身，加乎民，響應千里之外。

在位君子之言，政令也。在位君子之行，乃行政於百姓。若君子側微，雖有嘉言善行，雖有千里之應，然影響不廣大，其言未能深入百姓日常生活，如孔子之處卑。

言行乃君子之樞機，君子凡有所動，必風行於百姓，影響風俗，民風之變化盡在於此，故在位之君子必謹其所言，慎其所行，不可不慎。

【補遺】

鳴鶴在陰，喻君子處卑而不息其志，故在陰而鳴也。君子居其室，如鶴之在陰，不居位也。邇者，當指臨民之君子，密近於百姓，故曰邇。見乎「遠」，與「邇」對應，乃君子居其室也。

同人先號咷而後笑。子曰：「君子之道，或出或處，或默或語。二人同心，其利斷金。同心之言，其臭如蘭。」

【本義】

釋同人九五爻義。言君子之道，初若不同，出、處、默、語，初始或有不同。**而後實無間。**君子和而不同，然道一也。**斷金如蘭，**斷金，言無阻隔。**言物莫能間，**蘭獨立而不改其道，故不能間也。**而其言有味也。**

【釋義】

同人九五：同人遇阻，先號咷也；然二五正應，義同必相遇，後笑也。君子之道，出處語默，其跡雖殊，然道同而理通，其心不隔，百慮一致，終必遇合。

出，為政。處，居家。默，見諸於容貌行止；語，見諸於政策號令。同心之言，義合而非利合，故久之則聞其香，如蘭之芬芳而漸浸人心，君子之交，獨立而志同。

《孔子家語．在厄》：「芝蘭生於深林，不以無人而不芳；君子修道立德，不謂窮困而改節。」蘭花之香，言其處幽而不改其道。

初六，藉用白茅无咎。子曰：「苟錯諸地而可矣，藉之用茅，何咎之有？慎之至也。夫茅之為物薄，而用可重也。慎斯術也以往，其無所失矣。」

【本義】

釋大過初六爻義。

【釋義】

措置祭品於地，斯可矣，又以白茅藉之，慎之又慎，敬順其道，出門如見大賓，使民如承大祭，敬慎畏懼，則事無不順，行無所失矣。白茅以潔柔為用。

勞謙，君子有終，吉。子曰：「勞而不伐，有功而不德，厚之至也。語以其功，下人者也。德言盛，禮言恭。謙也者，致恭以存其位者也。」

【本義】

釋謙九三爻義。「德言盛，禮言恭」，言德欲其盛，禮欲其恭也。

【釋義】

任勞謙讓，君子有終也。任勞不伐，謙讓不居，厚德之至。「語以其功，下人者也」，歸功勞於人，謙讓居後，以下於人。崇德以為盛，謙恭以為禮。盛，高大之義；德言盛，故能為人所尊崇。

致恭，行謙順之道，所以能保存其位也。

亢龍有悔。子曰：「貴而無位，高而無民，賢人在下位而無輔，是以動而有悔也。」

【本義】

釋乾上九爻義，當屬《文言》，此蓋重出。

【釋義】

「賢人在下位」五字釋「貴而無位，高而無民」。「無輔」對應「無位」、「無民」。「動」與「居」對應，「動」乃指君子參政，「居」為君子賦閒燕居，無位、無民之君子當宜居不宜動。剛居至高而不謙順，又處無位之地，居處又不正，故動皆有悔。

不出戶庭，无咎。子曰：「亂之所生也，則言語以為階。君不密則失臣，臣不密則失身，幾事不密則害成。是以君子慎密而不出也。」

【本義】

釋節初九爻義。

【釋義】

處節之初，當慎節度以立本，然陽剛處兌體之下，上應於四，躁動欲上而不安於卑微，故戒之不出戶庭。不出戶庭，有慎密不出之象。為官者，慎密於口，括囊无咎，則遠禍矣。密者，不輕言事，不輕方人也。

子曰：作易者其知盜乎！易曰：「負且乘，致寇至。」負也者，小人之事也；乘也者，君子之器也。小人而乘君子之器，盜思奪之矣。上慢下暴，盜思伐之矣。慢藏誨盜，冶容誨淫。易曰：「負且乘致寇至。」盜之招也。

【本義】

釋解六三爻義。

【釋義】

小人而乘君子之器，位不當，誨盜寇也。上慢，居上不敬；下暴，處下不順。上慢下暴，君子、小人皆居處失位，則國亂而危，盜思伐之矣。

慢藏者，藏之不密也。慢，怠慢也。負且乘，居處不正，以招盜至。

第九章

天一地二，天三地四，天五地六，天七地八，天九地十。

【本義】

此簡本在第十章之首。這條竹簡文字本當在第十章首句。**程子曰：宜在此，今從之。此言天地之數，陽奇陰耦，即所謂河圖者也。**先儒關於河圖洛書，解讀紛紜，莫衷一是，大略皆是漢之後的推測，本義已無從知曉。**其位一六居下，二七居上，三八居左，四九居右，五十居中。**以數配方位，與五行掛搭，一六為水，二七為火，三八為木，四九為金，五十為土。**就此章而言之，則中五為衍母，**大衍之數之母之本，為生數，五為天地生數。**次十為衍子，**六至十五個數，皆是由一至五衍生出來的。五為衍母，五加一為六，加二為七，加三為八，加四為九，加五為十。**次一二三四為四象之位，**一二三四為四方。**次六七八九為四象之數，二老位於西北，**老陽九，老陰六，位於西北。**二少位於東南，**少陽七，少陰八，位於東南。**其數則各以其類交錯於外也。**

【釋義】

天地之數十，以成萬物之變。天數陽為奇，地數陰為偶，故「天一地二，天三地四，天五地六，天七地八，天九地十。」奇者，首出也；偶者，匹而從之也。地匹配於天而從屬於天，天率先以奇，地從後以偶，乾坤定位，萬物安矣。

郭雍：「天數五，地數五者，此也。《漢志》言天以一生水，地以二生火，天以三生木，地以四生金，天以五生土，故或謂天一至五為五行生數，地六至地十為五行成數，雖有此五行之說，而於易無所見。故五行之說，出於曆數之學，非易之道也。」易與五行相合為漢學者普遍之風氣，卻難以實證為易學之固有。

天數五，地數五，五位相得而各有合。天數二十有五，地數三十，凡天地之數，五十有五，此所以成變化而行鬼神也。

【本義】

此簡本在大衍之後，今按宜在此。天數五者，一三五七九皆奇也。地數五者，二四六八十皆耦也。相得，謂一與二，三與四，五與六，七與八，九與十，各以奇耦為類而自相得。有合，謂一與六，二與七，三與八，四與九，五與十，皆兩相合。二十有五者，五奇之積也。三十者，五耦之積也。變化，謂一變生水，天一生水。**而六化成之。**一六相合，一生六成。**二化生火，**地二生火。**而七變成之。**二七相合，二生七成。**三變生木，而八化成之。四化生金，而九變成之。五變生土，而十化成之。**其餘皆以此類推。**鬼神謂凡奇耦生成之屈伸往來者。**奇為神，偶為鬼，生為神，成為鬼，伸為神，屈為鬼，來為神，往為鬼。

【釋義】

一三五七九，天數五也，因天生萬物，也為生數。二四六八十，地數五也，因地成萬物，也為成數。

五位相得者，天地之數相匹也：一對二，三對四，六對七，八對九，五對十。

相合者，天地之數相合而居一方也：一六相合而處北，二七相合而處南，三八相合而處東，四九相合而處西，五十相合而居中，奇偶相合，各居一方。

天數二十有五，一三五七九，和為二十五；地數三十，二四六八十，和為三十。天數二十五地數三十，合五十有五，天地奇偶相形，而成鬼神之變化也。

程頤云：「數只是氣，變化鬼神亦只是氣。天地之數五十有五，變化鬼神，皆不越於其間。」鬼為陰氣，神為陽氣，成變化而行鬼神，不過陰陽二氣此消彼息而已。

大衍之數五十，其用四十有九。分而為二以象兩，掛一以象三，揲之以四以象四時，歸奇於扐以象閏。五歲再閏，故再扐而後卦。

【本義】

揲，時設反。音舌。**奇，紀宜反。扐，郎得反。**音勒。**大衍之數五十，蓋以**

河圖中宮天五乘地十而得之。朱熹：「天地之數五十有五，虛其中『金木水火土』五數，便只五十。又，虛天一，故用四十有九，此一說也。三天兩地，便是虛去天一，只用天三對地二耳。又，五是生數之極，十是成數之極，以五乘十，以十乘五，亦皆五十，此一說也。又，數始於一，成於五，小衍之成十，大衍之成五十，此又一說也。」**至用以筮，**大衍之數，其至用乃為筮占。**則又止用四十有九，**去一不用，則筮占所用者四十有九根蓍草。**蓋皆出於理勢之自然，**五十為盈滿，故去其一乎？不可解。**而非人之知力所能損益也。**智力。傳之而已，不可知曉。**兩，謂天地也。**四十九根蓍草任意分而為兩，以象天地。**掛，懸其一於左手小指之間也。**無名指與小指之間。**三，三才也。揲，**揲蓍之法。**間而數之也。**揲，分組而數，以四根蓍草為一組，揲之以四。**奇，所揲四數之餘也。**奇，蓍草四根一組，分後所剩餘數。孔穎達：「奇謂四揲之餘，歸此殘奇於所扐之策而成數，以法象天道，歸殘聚餘，分而成閏也。」**扐，勒於左手中三指之兩間也。**勒左手揲四之餘數於左手中三指之間。**閏，積月之餘日而成月者也。五歲之間，再積日而再成月，故五歲之中，凡有再閏，然後別起積分，如一掛之後，左右各一揲而一扐，**左右手的蓍草各揲一次，而所剩餘數皆各勒一次。**故五者之中，凡有再扐，然後別起一掛。**

乾之策二百一十有六，策，蓍草。按揲蓍法，得一陽爻，用蓍草三十六根，六爻為乾則為二百一十六策。**坤之策百四十有四，**得一陰爻，用蓍草二十四根，六爻為坤則為一百四十四策。**凡三百有六十，**六陽六陰爻，共用蓍草三百六十根（策）。**當期之日。**一年之日。期，年也。

【釋義】

推極天地萬物之變，其數五十，大衍之數也。

天地生數一二三四五，其極為五；成數六七八九十，其極為十；五、十相乘為五十，大衍之數也。

朱熹：「中數五，衍之而各極其數以至於十者，一個衍成十個，五個便是五十。」又說：「天地之數五十有五，虛其中『金木水火土』五數，便只五十。」或以為八卦之數為五十，為大衍之數。崔憬：「艮為少陽，其數三。坎為中陽，其數五。震為長陽，其數七。乾為老陽，其數九。兌為少陰，其數二。離為中陰，其數十。巽為長陰，其數八。坤為老陰，其數六。八卦之數，總有五十。故云：大衍之數五十也。」

大衍之數，各家記法不同，今已不詳古義。

其用四十有九，注家亦各異。京房：「天之生數將欲以虛求實，故用四十有九焉。」馬融：「太極北辰」居中不動，是不可用者，故去其一為四十有九。

荀爽：「潛龍勿用」為不用者，故為四十九。王弼云：「演天地之數者五十也，其用四十有九，則其一不用也。不用而用以之通，非數而數以之成，斯易之太極也。」劉牧認為「天五」居十數之中，退藏於密，不用之一也。

注家大略皆以「不用之一」為不變者或不可用者。推究原文，似不盡允合，不用之一大略為揲蓍素常手法，傳之已久，不至如此拔高玄遠。

四十有九任意分析為二，以象兩儀。取左手蓍草中一根置於左手小指間，以配兩儀，象三才。兩組中，分揲其蓍，皆以四為數，以象四時。取左邊的蓍草，執於左手，以右手四四一組揲之，以象一年的春夏秋冬。視所餘的策數，或一，或二，或三，或四，即將此策數扐在左手的三、四指之間，此即「歸奇於扐以象閏。」

取右邊之策執於右手，而以左手四四揲之，視所餘之策，扐在左手的二、三指之間。此即「五歲再閏，故再扐而後掛。」

乾之策二百一十有六，坤之策百四十有四，凡三百有六十，當期之日。

【本義】

凡此策數，生於四象，蓋河圖四面。太陽居一而連九，少陰居二而連八，少陽居三而連七，太陰居四而連六。此四象數圖：一六居下，二七居上，四九居右，三八居左，五十居中，和為五十有五，天地之數也。五為生數、衍母，為金木水火土，去之得五十，大衍之數也。**揲蓍之法，則通計三變之餘，**四營成一變，三變成一爻。計算三變之後，所得掛扐與過揲之策數之和，為通計三變之餘。**去其初掛之一，**初掛之一：一變之時，掛於小指的蓍草。**凡四為奇，**四根蓍草為奇，**凡八為耦，**八根蓍草為耦。**奇圓圍三，**陽之象圓，圓者徑一而圍三。徑，直徑；圍，周長。三近似圓周率。**耦方圍四，**陰者象方，方之象方，方者徑一而圍四。方的直徑一、周長四。**三用其全，**圍三者以一為一，故參其一陽而為三。陽數為奇，以一為一，故為三，所謂用其全。**四用其半，**圍四者以二為一，故兩其一陰而為二。陰數為偶，以二為一，故為二，所謂用其半。**積而數之，則為六七八九，**二、四相加為六，三四相加為七，一七相加為八，一、三、五相加為九。或者，一五相加為六，二五相加為七，三五相加為八，四五相加為九。朱熹云：「七八九六，因五得數。」又云：「天地生數，到五便住。那一二三四遇著五，便成六七八九。」「一對五而成六，二對五而成七，三對五而成八，四對五而成九。」**而第三變揲數策數，亦皆符會，蓋餘三奇則九，而其揲亦九，策亦四九三十六，是為居一之太陽。**三變得策十三，四十九減十三，得三十六，再除以四，揲蓍得九。**余二奇一耦則八，而其揲亦八，策亦四八三十二，是為居二之少陰。**三變得策十七，四十九減十七，得三十二，再除以四，揲蓍得八。**二耦一奇**

則七，而其揲亦七，策亦四七二十八，是為居三之少陽。三變得策二十一，四十九減二十一，得二十八，再除以四，揲蓍得七。**三耦則六，而其揲亦六，策亦四六二十四，是為居四之老陰，**三變得策二十五，四十九減二十五，得二十四，再除以四，揲蓍得六。**是其變化往來進退離合之妙，皆出自然，非人之所能為也。**六、七、八、九，揲蓍法也可以得之。

少陰退而未極乎虛，少陽進而未極乎盈，故此獨以老陽老陰計乾坤六爻之策數，餘可推而知也。期，週一歲也。凡三百六十五日四分日之一，此特舉成數而概言之耳。

【釋義】

策，蓍草。按揲蓍法，得一陽爻，用蓍草三十六根，六爻為乾，為二百一十六策；得一陰爻，用蓍草二十四根，六爻為坤，為一百四十四策。乾坤十二爻，共計用三百六十策，合一年之數，當期之日也。期，一年也。陽率先，用數九，陰謙退，用數六。陽數九乘以四時之四，為三十六；陰數六乘以四時之四，為二十四，分別乘以六，再相加，也得三百六十，當期之日也。

陸績曰：「日月十二交會，積三百五十四日，有奇為一會。今云三百六十當期，則入十三月六日也。十二月為一期，故云當期之日也。」

二篇之策，萬有一千五百二十，當萬物之數也。

【本義】

二篇，謂上下經。凡陽爻百九十二，得六千九百一十二策，陰爻百九十二，得四千六百八策，合之得此數。

【釋義】

兩篇六十四卦三百八十四爻所用蓍草，共一萬一千五百二十策。

上下經六十四卦、三百八十四爻，陰陽爻各占一半，陽爻一百九十二，每得一陽爻，用蓍草三十六策，一百九十二乘三十六，共用蓍草六千九百一十二策。陰爻一百九十二，每得一陰爻，用蓍草二十四策，一百九十二乘二十四，共用蓍草四千六百零八策。兩數相和，為一萬一千五百二十，當萬物之數也。

是故四營而成易，十有八變而成卦。

【本義】

四營，謂分二、掛一、揲四、歸奇也。易，變易也，謂一變也。四營為一變。三變成爻，十八變則成六爻也。

【釋義】

四營謂分二、掛一、揲四、歸奇。易，變也。成易，成一變。四營成一變，成易也。三變成一爻。一卦六爻，十八變成六爻，成卦也。

八卦而小成。

【本義】

謂九變而成三畫，得內卦也。六畫卦，自下生成，先成內卦，次成外卦，內卦為小成，外卦為大成。

【釋義】

四營成一變，三變成一爻，九變得三爻，三爻合為經卦，為別卦之內卦，小成也。

引而伸之，觸類而長之，天下之能事畢矣。

【本義】

謂已成六爻，而視其爻之變與不變，以為動靜，則一卦可變而為六十四卦，乾變而生坤，乾坤生六子，復兩兩相重生六十四卦，一卦變六十四卦。**以定吉凶，凡四千九十六卦也。**六爻卦兩兩相重，成十二爻卦，共四千九十六卦。

【釋義】

引而伸之，觸類而長之，舉一反三之謂。如四象引而伸之，變八卦；八卦引而伸之，變六十四卦，小成變大成。又如乾為元、為天，引而伸之又為始、長，又為圓、神，又為君、父，觸此類而長其義，天下之能事畢矣。

顯道神德行，是故可與酬酢，可與佑神矣。

【本義】

行，下孟反。道因辭顯，朱熹：「道是個無形影底物事。因卦辭說出來，道這是吉，這是凶；這是可為，這是不可為。」**行以數神。**朱熹：「德行是人做底事，因素推出來，方知得這不是人硬恁地做，都是神之所為。」又說：「此說蓍卦之用也，道理因此顯著。德行是人事，卻須取決於蓍。」**酬酢，謂應對。佑神，謂助神化之功。**

【釋義】

道隱而無形，繫辭顯其吉凶，人尊奉而行，雖為人事，乃神德之行，故可以贊助於神，酬酢往來也。

子曰：「知變化之道者，其知神之所為乎？」

【本義】

變化之道，即上文數法是也，朱熹以為揲蓍法，自然成數，神鬼莫測，非假於安排。**皆非人之所能為，故夫子歎之，而門人加「子曰」，以別上文也。此章言天地大衍之數，揲蓍求卦之法，然亦略矣。意其詳，具於大卜筮人之官，而今不可考耳。其可推者，《啟蒙》備言之。**

【釋義】

用揲蓍之法，可知變化之道。聖人用揲蓍來描摹神道，而不能確斷是否為神之所為，因故發問：用揲蓍之法，可以知神之所為乎？其，推測語氣。

第十章

《易》有聖人之道四焉，以言者尚其辭，以動者尚其變，以製器者尚其象，以卜筮者尚其占。

【本義】

四者皆變化之道，變化自天地。**神之所為者也。**四者皆人取法天道，描摹而成，非自家造作。天地陰陽，變化不測，況之曰神。非說有一個神如此作為，那豈非有為乎？

【釋義】

聖人德合天地，智周萬物，行其道有四焉：言者尚其辭，得易之理也；動者尚其變，得易之時也；製器者尚其象，得易之智也；卜筮者尚其占，得易之數也。

是以君子將有為也，將有行也，問焉而以言，其受命也如響，無有遠近幽深，遂知來物。非天下之至精，其孰能與於此？

【本義】

向，許兩反。與，音預，下同。此尚辭尚占之事，言人以蓍問《易》，問易，求鬼神之決也。**求其卦爻之辭，**求，猶得也。求得上上簽，同其求義。**而以之發言處事，**之者，卦爻之明示，鬼神之意也。發言，發布行動號令也。**則《易》受人之命而有以告之，如響之應聲，**響之應聲，極言其速，喻指筮占者精誠專一以聽命，無瞬間猶豫。佛祖拈花於眾，迦葉微笑，無瞬間隔阻遲鈍，不思而應，不慮而行，如響之應聲也。**以決其未來之吉凶也。以言，**言，居位者之言，為號令、政令也。**與「以言者尚其辭」之以言義同。命，則將筮而告蓍之語。冠禮，**成人加冠之禮。**筮日宰自右贊命，**筮日，筮占之日。贊者，助也。贊命，助天之明命，此處乃為助祭。助祭者，宰也。自右，助祭者立於右側。左為尊，自右，卑之也。**是也。**

【釋義】

君子，為政者。將有行，行大政也。問焉，疑而不決，筮占以問鬼神也。君子有為有行，然後疑惑生，疑惑生而不能自決，故求之於筮占。以言者，決疑之後，發諸於政令也。其受命如響者，尊奉鬼神之命，如音響回應之速也。無有遠近幽深，遂知來物者，鬼神決其疑，故知遠近幽深，知事變之幾也。來物者，事變之幾微。

非純粹精一以事鬼神者，孰能受命如響，而知遠近幽深來物也。

參伍以變，錯綜其數。通其變，遂成天地之文。極其數，遂定天下之象。非天下之至變，其孰能與於此。

【本義】

參，七南反。錯，七各反。綜，作弄反。此尚象之事，變則象之未定者也。參者，三數之也；以三為一組而數之。**伍者，五數之也。**以五為一組而數之。**既參以變，又伍以變，**以三數之，則遇五而齊，計五組則齊計一下，即十五總計一下。以五數之，則遇三而會，計三組則會計一下，即十五總計一下。**一先一後，更相考核，**三一組記之，續五一組記之，一先一後，更相考核也。**以審其多寡之實也。**兩個標準皆用，以審查數目確否。**錯者，交而互之，一左一右之謂也。**橫向之交錯。**綜者，總而挈之，一低一昂之謂也。**縱向之交錯。一底一昂，也謂一上一下。**此亦皆謂揲蓍求卦之事，**參伍之變，蓋喻四營之錯綜。**指蓋通三揲兩手之策，**三揲，三次揲蓍。兩手，兩次掛一也。**以成陰陽老少之畫，**六七八九，分指老陰、少陽、少陰、老陽，即為四象。**究七八九六之數，**陰陽老少也。**以定卦爻動靜之象也。「參伍錯綜」皆古語，而「參伍」尤難曉。按荀子云：「窺敵制變，欲伍以參。」韓非曰：「省同異之言，以知朋黨之分。**考察同異之言論，便知黨朋之分界。**偶參伍之驗，**用參伍兩種方法去驗證。偶參伍，用參又用伍。**以責陳言之實。」**責，求也。**又曰：「參之以比物，**用參之標準比對事物。**伍之以合參。」**又用伍之標準核對參之所驗。**《史記》曰：「必參而伍之。」**必記之以參，又驗之以伍，相互參驗，則不失其真。**又曰：「參伍不失。」**以參記之，又以五記之，相互考較，則不失其真。即用兩個標準相互驗證，如皆為一樣，則記數不失實。**《漢書》曰：「參伍其賈，以類相準。」**用參伍兩種方法，核對計算其價格。**此足以相發明矣。**若先用「伍」計驗事物，則必用「參」驗證「伍」之結果，反之亦然，相互發明也。

【釋義】

以三為一組記數，以五個一組記數，參五以變。變乃變其記數之法，參伍兼雜，錯綜其數也。錯，橫向交互；綜，縱向交互。錯綜其數，此處乃指記數之法有變。

參伍之變，錯綜其數，此處非指以三五記數，而指代揲蓍之法：分二、揲四、掛一、歸奇，四營變化，錯綜用之，如參伍錯綜而通其變也。

天地自然之文，日月星辰山川河流是也。通其變，通其數之錯綜變化之道，而成天地之人文，八卦是也。窮極錯綜變化之數，遂定六十四卦象。大衍之數，曲盡萬物之情，天下之至變也。

【補遺】

朱熹：「《易》所謂「參伍以變」者，蓋言或以三數而變之，或以伍數而變之，前後多寡，更相反覆，以不齊而要其齊。如河圖、洛書、大衍之數，伏羲文王之卦，曆象之日月五星、章蔀紀元，是皆各為一法，不相依附，而不害其相通也。」又說「問：「『參伍以變』，先生云：『既三以數之，又伍以數之。』譬之三十錢，以三數之，看得幾個三了，又以五數之，看得幾個五。兩數參合，方可看得個成數。」

以參與伍兩種方式驗證一種結果，若結果一致，則不害其相通。小時候，大人數麻花，五個一組去數，一五、二五、三五，數得便快。數完，另一人又去數，有時還是五個一組，有時一個個數或三個三個數，還有十個十個數，兩次參驗，若都一致，則一、三、五、十相錯綜數數，驗證結果，而不害其相通。

易，無思也，無為也。寂然不動，感而遂通天下之故。非天下之至神，其孰能與於此？

【本義】

此四者，《易》之體所以立，而用所以行者也。立之斯立，用之斯行。易，指蓍卦。蓍卦，揲蓍以成卦，總括易道。無思無為，言其無心也。寂然者，感之體；心有雜擾，則不能感之深，故當寂然。感通者，寂之用。此周敦頤所謂的靜為動之本。人心之妙，其動靜亦如此。

【釋義】

無思者，順隨萬物，不自思也；無為者，順隨萬物，不自為也。易本為天地之道，非天地萬物之外別有一道為「易」，故朱熹說「無思無為」乃是「無心」。易道不為堯存，不為桀亡，似老子天地不仁以萬物為芻狗之說。揲蓍法本無心，故無思無為。

寂然不動者，澄澈湛然，無有作為。感而遂通天下者，物動則隨感隨應，不疾而速，不行而至，故能通天下之志。

至神無己，唯順由萬物而不相離。

夫《易》，聖人之所以極深而研幾也。

【本義】

幾，音機，下同。研，猶審也。幾，微也。所以極深者，至精也。所以研幾者，至變也。

【釋義】

《易》，乃聖人極察萬物之精奧、變化之幾微而作也。

唯深也，故能通天下之志。唯幾也，故能成天下之務。唯神也，故不疾而速，不行而至。

【本義】

所以通志而成務者，神之所為也。天地所以可以通萬物生育之志而長育萬物，乃覆載而能卑順之也。

【釋義】

唯極研其深奧，故能與天下百姓通其志慮、同其心志。唯極研變化之幾微，故能成就天下諸多事務。

不疾而速：神者與物並存，不先於物而行，亦不後於物而行，故不疾而速，言其及時也。不先於物，然也與物並行，速也。

不行而至：神不自家獨行，不行也；神與物並行，與物終始，故不行而至。不行而至者，言神一直與物相伴，未曾離去，故不行而至。

子曰：易有聖人之道四焉者，此之謂也。

【本義】

此第十章。承上章之意，言易之用有此四者。

【釋義】

聖人之道四：言者尚其辭，動者尚其變，製器者尚其象，卜筮者尚其占。

第十一章

子曰：夫《易》何為者也？夫易開物成務，冒天下之道，如斯而已者也。是故聖人以通天下之志，以定天下之業，以斷天下之疑。

【本義】

開物成務，生物成物也。**謂使人卜筮，以知吉凶而成事業。冒天下之道，**冒，覆蓋。萬物之道皆能囊括易道之中，冒天下之道也。**謂卦爻既設，而天下之道皆在其中。**六十四卦、三百八十四爻囊括天下之道。

【釋義】

開物成務者，元亨利貞之謂也。冒天下之道者，易覆蓋萬物，無所不包，萬物皆由之，萬物皆有「元亨利貞」。

聖人體易，知百姓日用生息也不離「元亨利貞」，故能通百姓之志，定萬邦之業，決斷萬民之惑。

【補遺】

「開物成務」四個字不必拘泥，朱熹以為「使人卜筮，以知吉凶而成事業」，又如「《易》有聖人之道四焉，以言者尚其辭，以動者尚其變，以製器者尚其象，以卜筮者尚其占。」也皆是「開物成務」之義。合言之，不過聖人行其道於百姓日用之中，無不是「開物成務」之義。

是故蓍之德圓而神，卦之德方以知，六爻之義易以貢，聖人以此洗心，退藏於密，吉凶與民同患。神以知來，知以藏往，其孰能與於此哉！古之聰明睿知，神武而不殺者夫。

【本義】

圓神，謂變化無方。無方則不測，如圓神。圓乃周而復始，有生生不息之義。變化無方，也是老子天地不仁之義，若易道有方，則有私繫而偏也。**方知，謂享有定理。易以貢，謂變易以告人。聖人體具三者之德，**德通圓神、方知、吉凶。**而無一塵之累，**洗心也。**無事則其心寂然，**心與物無感應，寂然也。**人莫能窺。**無應之心，湛然不波瀾，無行跡可言，若藏於密也。**有事則神知之用，**有事，聖人知應於物若神，不速而至。**隨感而應。所謂無卜筮而知吉凶也。**與鬼神合其吉凶也。**神武不殺，得其理而不假其物之謂。**

【釋義】

圓，動而不窮，無所不周。神，無所不應，無所不至。圓神，周應萬物之變而無不契合，周備而莫測。蓍之數四十有九，盡天道之變，有圓神之周備。

方，行有所止，義也；知，明也，智也。德方以知，不變之明德。方、知言確定之德，聖人繫辭於卦，故言「卦之德方以知」。

易以貢：韓康伯：「貢，告也。六爻變易，以告吉凶。」三百八十四爻，以示吉凶，六爻之義易以貢也。

聖人體天道之圓神，盡地道之方知，合鬼神之吉凶，純粹不雜，聖人以此清慮滌思，無自家心跡之顯，退藏於密也，與民共吉凶。聖人生知大道，非有私心可洗，而言洗心，乃權宜之說，以常人觀之若以是修身也。夫子言「七十心有所欲而不逾矩」，是聖人七十之前也有心慮未能滌淨，尚有大過，也未能盡仁智勇三達德。

聖人不速而應萬物，事未萌而合於幾微，故能知來。往者熟之在心，知以藏往也。

神武，概言聖人道德功業；殺，凋零；不殺，不凋零，不滅也。謂聖人聰明睿知，其德圓神、方知、與鬼神同吉凶，故其道能傳繼後世，神武不殺也。朱熹釋為「得其理而不假其物」，不妥。

【補遺】

退藏於密：聖人盡天地之道、合鬼神吉凶，滌除私慮，心同天下萬民，無自家心跡可顯，在百姓看來，似是聖人退藏自心於私密處。朱子以寂感釋之，寂則心無漣漪，若退藏於密，感則動若神應，通天下之志。陽明岩花之說，也以寂感釋之。

知來：常人見事蹟顯發而後能知，聖人見幾則知，故曰知來。

是以明於天之道，而察於民之故，是興神物以前民用。聖人以此齋戒，以神明其德夫。

【本義】

神物，謂蓍龜。以妙合造化而知來，為神物。**湛然純一之謂齋，**不起雜念。**肅然警惕之謂戒。**嚴立界限為肅。**明天道，故知神物之可興。察民故，故知其用之不可不有以開其先，是以作為卜筮以教人，而於此焉齋戒以考其占，使其心神明不測，如鬼神之能知來也。**

【釋義】

承接上文之義，聖人圓神、方知、與鬼神同吉凶，其明德同於天道，而能周察於百姓之疾苦，故能作蓍龜神器，先民之用。

齋戒，此處宜解讀為「持守」。齋，敬慎也；戒，貞固也。

此節大義為：聖人順天道而察民用，興物為民，以此持守，則其德燦若神明。

是故闔戶謂之坤，闢戶謂之乾，一闔一闢謂之變，往來不窮謂之通。見乃謂之象，形乃謂之器，制而用之謂之法。利用出入，民咸用之謂之神。

【本義】

闔闢，動靜之機也。先言坤者，先言坤者，坤闔戶以待命，待乾之動而承之，非指由靜而動。**由靜而動也。乾坤變通者，化育之功也。見象形器者，生物之序也。**象天為先，形地乃後，人取法象形而作器。**法者，聖人修道之所為。而神者，百姓自然之日用也。**百姓咸用此道而不知其所以然，謂之神。

【釋義】

闔，閉也；闢，開也。一闔一闢謂之變：一陰一陽以成變化。往來者，陰來則陽往，陽來則陰往；不窮者，陰陽循環不盡；通者，陰陽通萬物之變，生生不息之謂也。象，可見而不可固者，在天成象，日月星辰是也。古人以為日月星辰乃為氣類，其形不可固，名之曰象。形，可見而可固者，在地成形。聖人觀天之象，察地之形，傚之以製器，法也。

出入者，出入由戶也。入，居家；出，在外。利用出入，居家在外皆用之。神者，百姓日用而不知，故謂之神也。

【補遺】

出入者，出入由戶也。戶者，天僻地闔之道也，夫子云「誰能出不由戶，何莫由斯道也。」百姓出入於天闢地闔之道，順由天道，故能利用萬物。

是故易有太極，是生兩儀，兩儀生四象，四象生八卦。

【本義】

一每生二，自然之理也。易者，陰陽之變。太極者，其理也。兩儀者，始為一畫以分陰陽。四象者，次為二畫以分大少。大通太，太陰、太陽、少陰、少陽。**八卦者，次為三畫而三才之象始備，此數言者實聖人作易自然之次第，有不假絲毫智力而成者，畫卦揲蓍，其序自然，詳見序例《啟蒙》。**

【釋義】

太極者，大中之道也。兩儀者，一陰爻，一陽爻也。太極生兩儀，太極生大中之道於兩儀中，兩儀一太極。四象者，兩爻疊加，陰陽爻重為四象，象四時、四方位。三爻疊成八卦，象三才、象八方。

【補遺】

極，屋脊，因處於屋至中，故極也為中，像標準、規則。太極，至大之標準、規則，名之曰道，天地陰陽之道，大中也。

八卦定吉凶，吉凶生大業。

【本義】

有吉有凶，是生大業。

【釋義】

來知德：「定者通天下之志，生者成天下之務。蓋既有八卦，則剛柔迭用，九六相推，時有消息，位有當否，故定吉凶，吉凶既定，則吉者趨之，凶者避之，變通盡利，鼓舞盡神，故生大業。若無吉凶利害，則人謀盡廢，大業安得而生。」

是故法象莫大乎天地，變通莫大乎四時，縣象著明莫大乎日月，崇高莫大乎富貴。備物致用，立成器以為天下利，莫大乎聖人。探賾索隱，鉤深致遠，以定天下之吉凶，成天下之亹亹者，莫大乎蓍龜。

【本義】

富貴，謂有天下，履帝位。虞翻云：「謂乾正位於五，五貴坤富，以乾通坤，故高大富貴也。」乾在五位為貴，坤在五位為富。**立下疑有闕文。亹亹，**侯果：「亹，勉也。」亹，偉音。亹亹，兩字相疊，勉之又勉，勤勉不倦貌。**猶勉勉也。疑則怠，**疑不定，則殆慢不進，**決故勉。**決疑，則知所從事而勤勉也。

【釋義】

法象，有象可法者。象之大者莫大於天地，法之先者莫先於天地，君子觀之，體健履順，所以法天地也。變通之大者，四時也；陽息陰消，四時變通之跡，君子觀之，與時進退，所以法四時也。

天象，日月星辰之謂，最著明者為日月，象明德；日月相推，君子知明德不可息。盛德以為富，尊道以為貴，崇高莫大乎富貴。或者，富以德言之，貴以位言之，有德者居高位，德位相配，崇高也；君子思以修德進業也。

虞翻云：「乾為物，坤為器用。」乾元生物，坤元成物，成物為用，故云坤為器用。物與器可作一處看，不必區別；也可分析去看，則物乃天地自有，器乃聖人作之。聖人順贊天地，備天地之物為人所用，作器物以利天下。立，猶作義。器本無，聖人作之，立也。

來知德：「事為之大多者曰賾，事幾之幽僻者曰隱，理之不可測度者曰深，事之不可驟至者曰遠，探者討而理之，索者尋而得之，鉤者曲而取之，致者推而極之，四字雖不同，然以蓍龜探之索之鉤之致之，無非欲定吉凶昭然也。亹亹者，勉勉不已也。吉凶既定，示天下以從違之路，人自勉勉不已矣。」

蓍龜有「探賾索隱，鉤深致遠」之用，決疑以定吉凶，天下人見之，知所從事，而勉勉不怠矣。

是故天生神物，聖人則之。天地變化，聖人傚之。天垂象，見吉凶，聖人象之。河出圖，洛出書，聖人則之。

【本義】

此四者，聖人作易之所由也，河圖洛書，詳見《啟蒙》。

【釋義】

神物，蓍龜也。聖人則之，取法卜筮以決疑。日月陰陽往來相推，四時之變，天地變化也。分言之，天主變，地主化。聖人傚之者，與時消息、化育萬物。天垂日月星辰之象，如日月薄蝕、五星亂行之象，而見人事之吉凶，聖人作九六爻位以象之，以見吉凶。

侯果云：「聖人法河圖、洛書，制曆象以示天下也。」曆法是古代生民之本、治道之根，聖人取法河圖、洛書以制曆法，此說較為穩妥。

【補遺】

河圖洛書，學者爭議大，今已不詳。

鄭玄：「《春秋緯》云：河以通乾，出天苞。洛以流坤，吐地符。河龍圖發，洛龜書成。河圖有九篇，洛書有六篇也。」孔穎達：「孔安國以為河圖則八卦是也，洛書則九疇是也。」朱震：「河圖洛書，象數也。」皆不知孰是。

易有四象，所以示也。繫辭焉，所以告也。定之以吉凶，所以斷也。

【本義】

斷，丁亂反。四象，謂陰陽老少。六為老陰，八為少陰；九為老陽，七為少陽。**示，謂示人以所值之卦爻。此章專言卜筮。**

【釋義】

四象，此處非指四象八股之四象，乃上所述四者：神物、四時、日月星辰、河圖洛書。示者，示易之道也。繫辭於卦爻之後，所以告吉凶也。吉凶定，則可斷決疑。

第十二章

《易》曰：「自天佑之，吉无不利。」子曰：「佑者，助也，天之所助者順也，人之所助者信也。履信思乎順，又以尚賢也，是以自天佑之，吉无不利也。」

【本義】

釋「大有」上九爻義。然在此無所屬，或恐是錯簡，宜在第八章之末。

【釋義】

言人君之道：順天之道，履人之信，尊尚賢達，則獲天之佑而无不利也。推之可及常人。思順履信，順則不悖天，信則不違人，行諸二德在己，乃修身之本、行世之通則也。

履信，行信也。思順，順天道、順君上之謂。

子曰：「書不盡言，言不盡意，然則聖人之意其不可見乎？」子曰：「聖人立象以盡意，設卦以盡情偽，繫辭焉以盡其言，變而通之以盡利，鼓之舞之以盡神。」

【本義】

言之所傳者淺，象之所示者深，觀奇耦二畫，包含變化，無有窮盡，則可見矣。變通鼓舞以事而言，兩「子曰」字宜衍其一，蓋「子曰」字皆後人所加，故有此誤，如近世《通書》，乃周子所自作，亦為後人每章加以「周子曰」字，其設問答處，正如此也。

【釋義】

詩書所記，不能盡傳聖人之言；詩書中聖人所言，不能盡達聖人之意，因其不能立卦象傳天地萬物之情。聖人立八卦之象，以盡天地萬物之意；設六十四卦，曲盡人情之真偽。本乎性者為情，違乎性者為偽。聖人又繫辭於卦爻象之後，吉凶得失在其中，以盡其言。窮則變，變則通，通則久，能久者，則能成大業澤萬民，以盡天下之利。《子夏易》：「申之以孝慈，道之以忠敬，陳之以德義，示之以好惡，鼓其情性而民自樂其道，而不知其所以也，可謂其神矣。」

【補遺】

所謂「書不盡言」，「書」特指詩書之類，絕非泛指圖書典籍，否則《周易》卦爻辭為何能「盡其言」？《周易》所以能盡聖人之言，此「言」乃繫於卦爻之象，卦爻能盡天地萬物、三才之道，故聖人慾言說天地人，盡在卦爻象之中，故繫辭於卦爻，方能盡聖人慾說之言。

鼓舞，乃是天地鼓舞萬物，聖人鼓舞百姓。神是生生之意。萬物在天地之鼓舞下，順天道而行；百姓在聖人的鼓舞下，盡人倫而行，天地生生之神則能盡其極致矣。鼓，激之使奮起也；舞，隨天地而舞，與天地同節拍，順應天道也。鼓，含一個「奮」義；舞，含一個「隨」義。天地奮萬物，聖人奮百姓，萬物隨天地而舞，百姓隨聖人而舞。

乾坤，其易之緼邪？乾坤成列，而易立乎其中矣。乾坤毀，則無以見易，易不可見，則乾坤或幾乎息矣。

【本義】

緼，與藴同。邪，於遮反。幾，音機。緼，所包蓄者，猶衣之著也。易之所有，陰陽而已，凡陽皆乾，凡陰皆坤，畫卦定位，則二者成列，乾坤成列，餘六十二卦皆成列。**而易之體立矣。**乾坤為易之本體，六十二卦為易之枝幹。**乾坤毀，謂卦畫不立。乾坤息，謂變化不行。**

【釋義】

侯果：「緼藏也。易麗乾藏坤，故為易之緼也。」麗，依附。

八卦、六十四卦，皆由乾坤二卦變化而來，舉乾坤，則盡括諸卦，故言乾坤乃易道之所藏也。藏，即包畜之義。乾坤成列，即天地正位，生生自然流傳，元亨利貞四德便行，易道之諸變盡在其中，故言「易立乎其中矣」。

乾坤毀，則天地不能正位，易準於天地，天地不能正位，豈有易道乎？易道不可見，則乾坤之生物四德息，萬物生生之變化不行矣。

是故形而上者謂之道，形而下者謂之器，化而裁之謂之變，推而行之謂之通，舉而錯之天下之民謂之事業。

【本義】

卦爻陰陽皆形而下者，其理則道也，因其自然之化而裁制之，變之義也。變通二字，上章以天言，此章以人言。

【釋義】

易道不可見，而見諸於陰陽四時之變，見諸於萬物之生成寂滅。不可見者，形而上之道也，可見者，形而下之器也。

化而裁之：萬物生生，皆由易道，然易道流行於萬物，當各有裁成，各盡其性。裁，乃萬物裁成易道，成自家獨特之易道，道雖一，萬物受之則各異，此之謂變。

此處講「變」，大略指聖人弘道之舉，聖人裁成易道而成人道，生育百姓而成「變」。人倫之道，雖與天地之道為一道，然也有變有別，斷無拿來便用。

「裁」與「推」，皆為弘道。推其裁成之道行諸於百姓日用之中，方能使此道通達無礙。若無裁成，不盡力推行之，此道如何「通」？錯置此裁成之道於萬民日用之中，則為事業。

【補遺】

「化而裁之」四個字從「道、器」兩句來的，天地之道、自然之器，不能直接去用，需「化而裁之」之後，方可用，這叫變，變天地之道、變自然之器，為我所用。

通，因變而久長，方為通，通，時宜也。通字，自天道而達人事，通三才也。不變天地之道為人所用，不可為通。

事業要義有二：需順天道而裁成之；為百姓謀幸福為唯一之內涵，此為中國仁政的大義，捨此不得為事業。

是故夫象，聖人有以見天下之賾，而擬諸其形容，象其物宜，是故謂之象。聖人有以見天下之動，而觀其會通，以行其典禮，繫辭焉以斷其吉凶，是故謂之爻。

【本義】

重出以起下文。

【釋義】

聖人通過八卦六十四象，才能顯現天下雜多之物之本質。八卦六十四卦，皆是擬諸萬物之形容，象其物之所宜，謂之象。

天下之動，上自天子諸侯往來、下至萬民日用。觀其會通，觀天子諸侯往來、萬民日用之交通。行其典禮：定制度、作禮樂，以規範人倫，制其常履也。繫辭，繫辭於諸爻。斷其吉凶，承接上文「天下之動」，為「天下之動」而斷其吉凶，才方為「爻」之作用。

極天下之賾者存乎卦，鼓天下之動者存乎辭。

【本義】

卦即象也，辭即爻也。

【釋義】

六十四卦見天下情偽之賾，三百八十四爻見天下動之吉凶。辭，主為爻辭，爻辭見吉凶，吉則人趨之，凶則人避之，鼓天下之動也。

化而裁之存乎變，推而行之存乎通，神而明之存乎其人。默而成之，不言而信，存乎德行。

【本義】

卦爻所以變通者在人，人之所以能神而明之者在德。

【釋義】

「化而裁之存乎變，推而行之存乎通」見諸上文。存，猶見義。「鼓之舞之以盡神」，《子夏易》釋為：「申之以孝慈，道之以忠敬，陳之以德義，示之以好惡，鼓其情性而民自樂其道，而不知其所以也，可謂其神矣。」故「神而明之存乎其人」，神之，行不測之易道於百姓。明之，發明易道。其人，謂聖人。

默而成之：行諸於己，百姓仰而順之，自能化育，革其風俗，聖人行不言之教。「成」字，需成德於己，而見諸於百姓日用之間，所謂「舉而錯之天下之民謂之事業」。行德在己，惠及萬民，不言而百姓信從之，存乎德行也。

繫辭傳下

第一章

八卦成列，象在其中矣。因而重之，爻在其中矣。

【本義】

成列，列成序。**謂乾一兌二，離三震四，巽五坎六，艮七坤八之類。**序八卦成，八卦生成次序為：太極生兩儀，一陽一陰，一陽爻先，一陰爻後；兩儀生四象，其次序為——陽爻上生一陽爻為太陽，生一陰爻為少陰；陰爻上生一陰爻為少陽，生一陰爻為太陰。四象生八卦，其次序為——太陽上生一陽爻為乾，生一陰爻為兌，乾一兌二也；少陰上生一陽爻為離，生一陰爻為震，離散震四也；少陽上生一陽爻為巽，生一陰爻為坎，巽五坎六也；太陰上生一陽爻為艮，生一陰爻為坤，艮七坤八也。

象，八卦之象。**謂卦之形體也。因而重之，謂各因一卦而以八卦次第加之為六十四也。**乾卦，八卦次第加之，以成八個別卦；推之，每一卦依次加之均生成八個別卦，共六十四別卦。**爻，六爻也。既重而後，卦有六爻也。**

【釋義】

天地山澤，雷風水火，天下之大象，成列於八方，序而不亂，象在其中矣。鄭玄：「卦始於三畫，未有爻也。因而重之，其體有上下，其位有內外，其時有初終，其序有先後，而爻在其中矣。」體有上下，上卦下卦。位有內外，爻居內卦為內，居外卦為外。時有初終，初爻與上爻。爻自初至上，漸次生成，序有先後也。

【補遺】

爻在其中，指爻有六位之用，如剛上柔下、來內往外、比應相求之類。八卦雖有三爻，然只是成象，諸爻無剛柔比應之用，故無吉凶悔吝之顯，故八卦之爻不言「爻在其中」。

剛柔相椎，變在其中矣，繫辭焉而命之，動在其中矣。

【本義】

剛柔相推，如比、應之類。推，有互助之義，非西人二元對立相仇不下。**而卦爻之變，往來交錯，**上卦之爻來內為來，下卦之爻往外為往。交錯者，爻上下變動，交相錯置，上爻錯於下，下爻錯於上。**無不可見，**悔吝吉凶無不可見，皆由剛柔相推所至。**聖人因其如此而皆繫之辭，以命其吉凶，則占者所值當動之爻象，**值，遇也。**亦不出乎此矣。**

【釋義】

剛柔相推，卦爻往來交錯，而成六十四卦，變在其中矣。聖人見卦爻所處之位，繫辭以定爻之吉凶，順而行之，動在其中矣。動，乃謂人占得此爻，觀繫辭所顯吉凶，順命而行，吉則趨之，凶則避之。

【補遺】

命之，本是鬼神命之，聖人與鬼神同其吉凶，觀吉凶之象，繫辭以命之吉凶，為所以尊奉鬼神而命之。虞翻：「鼓天下之動者存乎辭。」居位之聖人奉筮占之旨，以占之吉凶，號令天下百姓順令而行，鼓天下之動也。

吉凶悔吝者，生乎動者也。

【本義】

吉凶悔吝，皆辭之所命也。顯乎辭。聖人雖繫之辭，然辭所繫之吉、凶、悔、吝乃為天意，不可違，故謂之「命」。**然必因卦爻之動而後見。**六爻雖各居其位，然有動靜比應之舉，而吉凶繫乎其中。見，顯也。

【釋義】

吉凶悔吝者，皆生乎卦爻之動，見諸於人之所為：吉則趨之，凶則避之，悔則反之，吝則改之，皆生乎動者也。

剛柔者，立本者也。變通者，趣時者也。

【本義】

一剛一柔，各有定位，定位者，立本也。剛有剛之本，獨而健也；柔有柔之本，依而順也。**自此而彼，**剛居柔位或柔居剛位，自此而彼也。**變以從時。**剛柔變其常居之位，當便宜行事。剛居柔，則行柔順之舉；柔居剛，則有晉進之行。

【釋義】

自大化言之，天地只是一剛一柔，陰陽交合，四時流行，皆是剛柔所為，為變化之本。自爻言之，乾剛坤柔，以生六子，為八卦之本。推之，六十四卦雖多，不過一剛一柔，剛柔相推而成吉凶悔吝，剛柔乃為其根本。

變通者，剛柔趣時則為變通，四時相因，往來不窮也。自卦爻言，有卦時、有爻時：居乾則有乾時，當行乾之事；居坤則有坤時，當行坤之事；居屯則有屯時，當行屯之事。六爻自初至上，皆各有其時，當其爻位，行其爻時，其他諸如剛居柔、柔居剛，也當趣時而行。趣，趨附也。趣時，趨而付諸時命，動不違時也。

【補遺】

君子立剛，小人立柔，立剛則不欲，立柔則順隨。然君子也有柔處，潛龍勿用也；小人也有剛時，龍戰於野也。只是君子以剛為率為主腦，小人以柔為率為主腦，此為大本大是處。

吉凶者，貞勝者也。

【本義】

貞，正也，常也。順常道為正。**物以其所正為常者也。**居位則正，離位則不正，正則常，不正則非常道也。**天下之事，非吉則凶，**吉言順，凶言逆，順逆皆以道言之；事順則吉，事不順則凶。**非凶則吉，常相勝而不已也。**朱熹訓「貞」為「常」，以為凶吉循環，常相勝不已，為貞勝。「貞」之義可通「常」，然「貞」不可訓為「常」。虞翻：「貞，正也。勝，滅也。陽生則吉，陰消則凶者也。」

【釋義】

《子夏易》云：「從其時而歸其貞，可貞勝矣。夫貞者，得其分，恒其一，不徇於外也。」貞，守正篤志之謂。貞勝，乃所以吉凶之道也。「貞勝」二字並非解讀何為「吉凶」，而乃處吉凶之道：貞固篤誠，則吉；不能貞固，則凶。

天地之道，貞觀者也。日月之道，貞明者也。天下之動，貞夫一者也。

【本義】

觀，示也。觀也所以示，天下觀聖人，聖人示天下，角度差異而已。**天下之動，其變無窮，然順理則吉，逆理則凶，**理者，貞夫一也。動而順乎貞夫一則吉，動而逆乎貞夫一則凶。**則其所正而常者，亦一理而已矣。**

【釋義】

天地之道，乃所以正天下之觀，為天下之正觀，以「貞正」示天下，正君王、百姓之觀，使天下人皆仰以化之。

日月之道，天下之正明也，以「明德」示天下，正天下之明。

制動天下以順遜於正者，乃貞固於純一至善之道也。「貞夫一」乃聖人之所為，以此臨觀天下，範圍天下之動。

【補遺】

天下之動，當為制天下之動。制，有控制、導向之義。至善之道，乃所以鼓動天下順正之法。此章從「天地之道」下至「天下之動」，一層層落地，由天地而至於人世，故天下之動，當為聖人制天下之動，聖人以貞一之德師範天下。

虞翻曰：「一謂乾元。萬物之動，各資天一陽氣以生，故『天下之動，貞夫一者也』。」乾元乃萬物動之根本，意思也甚好。

夫乾確然示人易矣，夫坤隤然示人簡矣。

【本義】

確然，健貌。乾德獨立健行，故有確然不疑之貌。**隤然，**音 tuí。《說文解字》：「隤，下墜也。」地下墜則安，隤者安也。**順貌，所謂貞觀者也。**正天下人之觀也。乾正天下健觀，坤正天下人順觀，當健則健，當順則順，則觀貞也。

【釋義】

確，剛健之貌；隤，柔順之貌。天道剛健，確然獨立，純粹貞一，不為私繫，不為物改，易則易知也。地道馴順，待命行後，承命任重，直方大而不易，簡則易從也。

爻也者，效此者也。象也者，像此者也。

【本義】

此謂上文乾坤所示之理，爻之奇耦，卦之消息，所以傚而像之。

【釋義】

六十四卦、三百八十四爻，不過一剛一柔，雖有六爻異時，三百八十四爻變，不過效此剛柔，剛確柔隤、乾易坤簡也。六十四卦以象天地萬物，天地萬物雖雜多，歸其要，不過一剛一柔，故象者像此剛柔，效者效此剛柔，剛確柔隤、乾易坤簡也。

爻象動乎內，吉凶見乎外，功業見乎變，聖人之情見乎辭。

【本義】

內，謂蓍卦之中。外，謂蓍卦之外。蓍卦之外，見諸事也。變，即動乎內之變。動乎內，行有本也。變雖趣時，然根本不變。辭，即見乎外之辭。

【釋義】

爻象動乎蓍卦之中，而吉凶見諸於行事之外。功業成於時變，聖人之情見諸於卦爻辭。見，顯也。聖人之情，不過讚述天地，成就萬物。

天地之大德曰生，聖人之大寶曰位。何以守位？曰仁。何以聚人？曰財。理財、正辭、禁民為非，曰義。

【本義】

曰人之人，今本作仁。呂氏從古，蓋所謂非眾罔與守邦。罔者，無也。無人同與守邦家者。此章言卦爻吉凶，造化功業。

【釋義】

天地之大德，元亨利貞是也。元、亨、利、貞，不過「生生」而已。四時行焉，萬物生焉，天地之元亨利貞也。

聖人不居位，則不能行其志，不能行其志，則不能利天下蒼生，故居位為大寶。仁愛百姓，安定四海，可以守位。散財於眾，與民共利，可以聚人。通天下之關，疏天下之財貨，正其交易，庶民富民，行其正令，約民於正，敦化風俗，為義。

【補遺】

或謂聖人之大寶為德，此本無疑義，然「曰位」二字如何解讀？德位相配，聖人方能行其志，如乾之諸爻，初、上皆失位無民，中間四爻居位行道，二五又為最佳，聖人居位趣時，方可便利行事。

第二章

古者包犧氏之王天下也，仰則觀象於天，俯則觀法於地，觀鳥獸之文，與地之宜，近取諸身，遠取諸物，於是始作八卦，以通神明之德，以類萬物之情。

【本義】

王昭素曰：「與地之間，諸本多有天字。」「與地之宜」或作「與天地之宜」。俯仰遠近，所取不一，然不過以驗陰陽消息兩端而已。神明之德，如健順動止之性。健動為乾，順止為坤。萬物之情，如雷風山澤之象。

【釋義】

包犧氏，又為伏羲氏，其通三才之道，順而守之，所以王天下也。

包犧氏作八卦，仰觀俯察遠近諸物，觀象而反諸已而已。通神明之德，一陰一陽，通生物之心也。類萬物之情者，八卦成列，象生育之意也。

取，作取法解。觀，夫子云：「視其所以，觀其所由，察其所安」，此處「觀」當囊括「視、觀、察」三者。天以取象，取不可定形之謂。地以取法，取形定可以為法。地之宜，當類似「禹乃行相地宜所有以貢，及山川之便利。」

【補遺】

神明，乾坤二卦，自天言之，乃乾之德，主生物；自地言之，乃坤之情，主養物。萬物，震、巽、坎、離、艮、兌六卦，像萬物。

伏羲作八卦，最終落實在生養萬物之上——「通神明之德，以類萬物之情」，即八卦各在其位，此也是他所以王天下的緣故。

作結繩而為網罟，以佃以漁，蓋取諸離。

【本義】

罔，與網同。罟，音古。兩目相承而物麗焉。目，網眼。承，連接。麗，麗附。

【釋義】

胡瑗曰：「蓋者疑之辭也，言聖人創立其事，不必觀此卦而成之，蓋聖人作事立器，自然符合於此之卦象也，非準擬此卦而後成之，故曰蓋取。」是為確論。

離以附物為義，結繩網罟乃所以附物，取離附之義，非是仿襲離卦之象以制作網罟。下文「斲木為耜，揉木為耒，耒耨之利，以教天下，蓋取諸益。」顯係取益卦之義，非取益之象。

包犧氏沒，神農氏作，斲木為耜，揉木為耒，耒耨之利，以教天下，蓋取諸益。

【本義】

斲，涉角反。耜，音似。古代農具，似鍬。二體皆木，上入下動，天下之益，莫大於此。

【釋義】

神農氏，炎帝也。斲，《說文》：「斫也。」教天下「斲木為耜，揉木為耒」，以上益下，聖人製器以利天下，取諸益卦。揉，猶曲義。耒，狀似木叉的翻土農具。耨，音 nòu，古時鋤草的農具。

包犧氏作八卦，神農氏順八卦之義製作器物，先聖後聖，道相傳遞。

按其文義，似自神農氏始，中華農耕文明開始。

日中為市，致天下之民，聚天下之貨，交易而退，各得其所，蓋取諸噬嗑。

【本義】

日中為市，上明而下動，噬嗑，上離下震。明德之政在上，則下民順正而動，交合而成正利也。**又借噬為市，**噬，為交義。**嗑為合也。**嗑，為成義。噬嗑，交易成也。

【釋義】

日中為市，《子夏易》：「上古人質而自守其居，自費其用，而不相往來。」又云「日中者，明也。萬物皆相見，而不相昧。」日中為市，取不藏物於己、交易於市之義，日中萬物皆相見，百姓相見於市。「日中」，也有公平交易之義，如日中之高明，無暗黑可藏，至公明則不欺，取離上震下之象。

致天下之民：因日中為市，交易公平，而能致天下之民來聚。「交易而退，各得其所」，皆為「日中為市」之注腳：能得其所者，因日中交易之公平也。

噬嗑取「合」義，動於明正則合。天下之民，居非一處，往來交易，正其利而能聚合百姓，取「合」義。

神農氏沒，黃帝、堯、舜氏作，通其變使民不倦，神而化之，使民宜之。易窮則變，變則通，通則久，是以「自天佑之，吉无不利」。黃帝、堯、舜垂衣裳而天下治，蓋取諸乾坤。

【本義】

乾坤變化而無為。天不運而自行，地不處而自止，天地不仁而遍仁於萬物，行其所行而無為於施與也。聖人居位而行其正，做那覆載之事，不自作擾民，似天地無為。天地凡有作為，皆在分上，不於分上增一分，不去分上減一分，聖人若做的此步，又何所為乎？

【釋義】

作，興起也。黃帝、堯、舜興起，作制度，垂範後世，作也。

乾則生民，坤則載民，天覆地載，民安其中，乾坤之大德也，黃帝、堯、舜取法之。垂衣裳，非說不作為，乃定制度任賢明，率由百姓順正而動，民各從其事，各安其性，勞其民而不怨，故民不知倦怠，而能如此者，乾坤之德也。

【補遺】

天地只行他事，民在天地間，勞一分得一分，盡其所願為，日作夜息，求則得之，不求則不得，各取所需，故勞而不倦。

刳木為舟，剡木為楫，舟楫之利，以濟不通，致遠以利天下，蓋取諸渙。

【本義】

刳，口姑反。剡，以冉反。木在水上也，致遠以利天下，疑衍。

【釋義】

「渙」取疏通之義，上巽下坎，巽木坎水，行舟於水上，通天下之財也。

渙者，渙離也，民心渙離，聖人治渙，復聚人心，本是不好的意思，然此處不取「離渙」之義，僅取木漂流於水上，通天下之財。

聖人觀象，非一定如此，此學《易》之緊要處，不能客觀地、定性地看《易》，若說某一卦只是此義為真，如此則悖逆道在己身之義。《易》之理，只是在某人某身方為理，且在某人某身之理又當與時消息，隨時而變，不拘一時一地，不可拘為確定不移之義，《易》之變易在此也，然千變萬化，易道只是一個。

服牛乘馬，引重致遠，以利天下，蓋取諸隨。

【本義】

下動上說。下震動，上兌悅。

【釋義】

牛強壯而能負重，馬健速而能致遠，服牛乘馬，疏通財物，以利天下。動而能悅，有悅隨之象。

隨者，陰順陽，柔順剛，少女隨長男，順正而動，隨之正也。牛、馬皆坤順之物，服而乘之，隨人之意，順之又順。引重致遠以利天下，也為坤順之德，乃臣子之當為，臣順隨君，必當任責負重，順隨王令而動，蓋取諸隨也。

重門擊柝，以待暴客，蓋取諸豫。

【本義】

重，直龍反。柝，他各反。豫，備之意。

【釋義】

內以重門，外以擊柝，內嚴以待，外鳴以惕，以待暴客。

重門，重重門戶，嚴之又嚴，慎之又慎。柝，tuò，打更的梆子。擊柝以鳴，巡夜以備暴客。取諸豫，取諸預備也。俞琰曰：「坤為闔戶，重門之象也。震，動而有聲之木，擊柝之象也。」

斷木為杵，掘地為臼，臼杵之利，萬民以濟，蓋取諸小過。

【本義】

斷，丁緩反。下止上動。下止，臼也；上動，杵也。

【釋義】

斷木製為杵，掘地作為臼，持杵以擊，至臼底而止，百姓賴以生，上震下艮，小過之象也。

杵動直似君，臼承順似民，君民共濟，上下一心，萬民以濟也。

弦木為弧，剡木為矢，弧矢之利，以威天下，蓋取諸睽。

【本義】

睽乖，睽合其乖違之事物，若弧與矢也。然後威以服之。

【釋義】

弦木，使木曲也。剡，yǎn，銳利也。剡木，使木直而銳。弧為曲，矢為直，曲與直，道本相睽，然合之以為弧矢之利，以威服天下，取諸合睽之道也。

弧曲為柔道，矢直為剛道，一曲一直，一剛一柔，相睽而合，剛柔並濟，以威服天下也。

上古穴居而野處，後世聖人易之以宮室，上棟下宇，以待風雨，蓋取諸大壯。

【本義】

處，上聲。壯固之意。

【釋義】

上棟下宇：上有棟木，下復益之以椽，堅固其宮室，取壯固居室之義。

從卦象看，大壯艮上乾下，何以像上棟下宇？大約聖人只是就「大壯」之意推想宮室之固，後人過於拘泥，一定要從大壯的卦中尋找宮室之象，無異於緣木求魚。

司馬光曰：「風雨，動物也，風雨動於上，棟宇健於下，大壯之象也。」天健何為像棟宇之壯固？

古之葬者，厚衣之以薪，葬之中野，不封不樹，喪期無數，後世聖人易之以棺槨，蓋取諸大過。

【本義】

衣，去聲。送死大事而過於厚。

【釋義】

大過，兌上巽下，木沒入於水澤，像葬棺槨於泉下，蓋取諸大過之象。

古之喪葬，以薪木厚覆於屍，葬於郊野之中，不封土不樹碑，無有喪期之限。後世易以棺槨，厚葬之，生則孝順，死則不忘，雖有過中之弊，然文明以承。

上古結繩而治，後世聖人易之以書契，百官以治，萬民以察，蓋取諸夬。

【本義】

明決之意。五陽決一陰，明決之意也。**此章言聖人制器尚象之事。**

【釋義】

夬，斷決也。百官以治，萬民以察，皆需斷決。結繩而治，《九家易》：「古者無文字，其有約誓之事，事大大其繩，事小小其繩，結之多少，隨物眾寡，各執以相考，亦足以相治也。」結繩大小多寡以記其事。

第三章

是故易者象也，象也者像也。

【本義】

易卦之形，理之似也。

【釋義】

易者，聖人設象以擬天地萬物之情，以通萬物之意，八卦六十四卦皆象也。象者，擬像於物，假象以寄易理也。

彖者材也。

【本義】

彖，言一卦之材。總言一卦之材。來知德：「木梃曰材，材，幹也，一卦之材，即卦德也。」

【釋義】

彖者，言一卦之材，統言一卦之義。

爻也者，效天下之動者也。

【本義】

效，放也。放效也。

【釋義】

一卦六爻，六爻各處其時而各行其事，六爻之動、三百八十四爻變，其得失吉凶，皆擬諸人情之變，以傚天下萬邦之動。

是故吉、凶生而悔、吝著也。

【本義】

悔吝本微，因此而著。此，爻辭也。悔吝本諸心，則微而不可見，然繫於辭則可見而著。

【釋義】

爻動而顯諸於吉、凶、悔、吝。見諸於事者為吉、凶，見諸於心者為悔、吝。悔吝本隱藏於心，不易為人所察見，然繫辭於爻而見之，故曰悔吝著也。

第四章

陽卦多陰，陰卦多陽。

【本義】

震、坎、艮為陽卦，長男、中男、少男。**皆一陰二陰。**陽主陰輔。**巽、離、兌**

為陰卦，長女、中女、少女。**皆一陰二陽。**陰主陽輔。

【釋義】

乾坤生六子，三男皆一陽兩陰，故陽卦多陰；三女皆一陰兩陽，故陰卦多陽。

其故何也？陽卦奇，陰卦耦。

【本義】

奇，紀宜反。凡陽卦皆五畫，凡陰卦皆四畫。與下文一君二民、二君一民不能對應，故不取。

【釋義】

韓康伯：「夫少者多之所宗，一者眾之所歸，陽卦二陰，故奇為之君，陰卦二陽，故耦為之主。」陳夢雷：「陽卦雖一奇二偶，而以奇為主；陰卦雖一偶二奇，而以偶為主也。陰二畫止當陽一畫，不必雲陽卦五畫陰卦四畫。」

其德行何也？陽一君而二民，君子之道也。陰二君而一民，小人之道也。

【本義】

行，下孟反。君，謂陽。民，謂陰。君陽唱先，定制度也；民陰隨後，順教令也。

【釋義】

其德，陰陽之德也。陽為君，陰為民，陽為君子，陰為小人，陽主陰從，此易道之常。陽一君而二民，陽一陰二，公明天下，其道一也。若陰二君而民一，則政出多門，相交爭利，如西方之民主制度，大資本、大財團、功利之小人當道也。

第五章

易曰：「憧憧往來，朋從爾思。」子曰：「天下何思何慮，天下同歸而殊塗，一致而百慮，天下何思何慮。」

【本義】

此引咸九四爻辭而釋之。言理本無二，而殊塗百慮，莫非自然，莫非皆從歸於自然之天理。**何以思慮為哉？**思慮不能於道上增一分，亦不能於道上減一分，又何思何慮哉！**必思而從，則所從者亦狹矣。**若必思以權衡利弊而後行之，所行者皆為利，故狹也。

道，從之而已，何必思也。

【釋義】

道如門戶，誰能出不由戶，何莫由斯道也。大道至廣，憧憧往來者竭其思慮，皆必由此道，何如無思無慮？天下同歸而殊途也。生於斯世，日所接之事繁多，事多則多憂，然所致之道則一，順之由之，畔之逆之，皆必由此道，必經此途，天下又何思何慮也！

【補遺】

思或不思，慮或不慮，皆在道中，敬順之則得天佑而久長，忤逆之則鬼神不佑。雖忤逆，也在此道之中，萬般騰挪，皆不出如來掌中。

日往則月來，月往則日來，日月相推而明生焉。寒往則暑來，暑往則寒來，寒暑相推而歲成焉。往者屈也，來者信也，屈信相感而利生焉。

【本義】

信，音申。言往來、屈信皆感應自然之常理，加憧憧焉，志不堅、心不定之謂。**則入於私矣，**不加「憧憧」，乃自然之理，加之則增私意藤葛。**所以必思而後有從也。**思，反諸己，克去「憧憧」之私也。後有從，別公私而從公也，任屈信自然之相感而不增一絲私意。與朱熹上文「必思而從」意思不同。

【釋義】

此言陰陽伸縮循環不已，相推相助以生育萬物，主一個相生而和，陽為主宰，陰為附屬，而非陰陽二元對立。推，有助之義，你推而助我，我推而助你，「屈信相感而利生焉」，即有感而互助之義。往者：屈、縮、歸、消、鬼也。來者：信、伸、生、息、神。

【補遺】

日往則月來，月往而日來，擬諸於六爻之變，則陽往行於外，則陰來居於內，陰往行於外，則陽來居於內。寒往暑來，暑往寒來，皆可以如此觀。

尺蠖之屈，以求信也。龍蛇之蟄，以存身也。精義入神，以致用也。利用安身，以崇德也。

【本義】

蠖，蛾的幼蟲。**紆縛反。蟄，真立反。因言屈信往來之理，而又推以言學亦有自然之機也。**學也有屈信往來之理。**精研其義，至於入神，**入理之微也。精義入神：按照朱熹的理解，當為統攝貫通諸理，形成體繫之理解。**屈之至也。**神不可見，故言屈之至也。屈，乃隨物宛轉，不有自己。屈之至者，乃屈順萬物而盡其理。**然乃所以為出而致用之本，利其施用，無適不安，信之極也。**信，發用於外者，行道而惠及萬物，利用而信也。**然乃所以為入而崇德之資，**所入，屈也。**內外交相養，**利用，養外也；安身，養內也。**互相發也。**

【釋義】

屈以求信，蟄以存身，神以致用，崇德以安身，天人一道也。

精，粹然不雜也。精義，非說研究此等道理非常純熟，乃是修此道義在身，純粹不雜。入神者，此道義行諸於外，純粹自然，不知所由也。君子修其身，至純至粹，以至於與之渾然一體，故其發用，神妙莫測，一言一動無不中節，無一絲勉強做作，精義入神也。

此處的「義」乃陰陽消息之義，承上文「尺蠖之屈，以求信也。龍蛇之蟄，以存身也。」精義入神，行此陰陽屈伸之道在身，乃至於與造化合一，入神也。

利用安身，也為陰陽屈伸之理。「利用」乃「信」之道，行道為利用；「安身」乃「屈」之道，晦藏乃安身，見諸尺蠖之屈信而體之也。順陰陽之屈伸，利用於萬物，安身於性命，所以崇德也。崇，推高而尊奉之也。

過此以往，未之或知也。窮神知化，德之盛也。

【本義】

下學之事，盡力於精義利用，精義可思至，利用可行至，此皆下學之事。**而交養互發之機，**內外兼修，**身不能已。**學習不能已也。**自是以上，則亦無所用其力矣。**自是以上，非學可至，故言無所用其力矣。**至於窮神知化，**窮盡其神變之妙，體知其化育之功。**乃德盛仁熟而自致耳，**盛德需修的，仁熟需習的，此自然而然漸進之道，非強力可為。**然不知者往而屈也，**不知此道，往而求之，則此道屈藏而晦隱也。**自致者來而信也，**求諸在己，道德嫻熟，此道自然伸顯於汝之一身。**是亦感應自然之理而已。**有此德必能感應此道，不勉而自至。**張子曰：氣有陰陽，推行有漸為化，**化者，陰陽相推，四時發育，萬物漸次化生。**合一不測為神。**神者，行合於大道，然不知所以為之。

【釋義】

常人之所知，見諸於陰陽屈伸，皆形而下者，過此以往者，乃形而上之道，唯盛德者可體踐之，不可以淺知逆推也。

《易》曰：「困於石，據於蒺蔾，入於其宮，不見其妻，凶。」子曰：「非所困而困焉，名必辱，非所據而據焉，身必危。既辱且危，死期將至，妻其可得見邪？」

【本義】

釋困六三爻義。

【釋義】

困之六三柔居剛，上下承乘皆剛，居無可居，行無可行，故有此凶困。

《易》曰：「公用射隼於高墉之上，獲之，无不利。」子曰：「隼者，禽也。弓矢者，器也。射之者，人也。君子藏器於身，待時而動，何不利之有？動而不括，是以出而有獲，語成器而動者也。」

【本義】

射，石亦反。隼，恤允反。括，結礙也。此釋解上六爻義。

【釋義】

君子乾乾礪德，待時而動，無所不獲也。藏器，藏德也。德以謙隱，故為藏。君子成器之後而動，則凡動皆有獲，是動而不括，出而有獲也。成器，成德也；動者，施政於天下也。括，阻礙也。動而不括，順性而動，無不暢達。

君子成器在己，有動皆自性分中來，直道而行，無所滯礙，故凡動皆合矩，無不中節而合乎中道。

子曰：「小人不恥不仁，不畏不義，不見利不勸，不威不懲，小懲而大誡，此小人之福也。《易》曰：『屨校滅趾无咎，此之謂也。』」

【本義】

校，音教。此釋噬嗑初九爻義。

【釋義】

小人不仁，不以為恥，不恥於行不仁也；小人不義，不以為懼，不懼於行不義也；小人見利方能勸勉，此小人行動之狀，順之則亂生，故必當阻懲之，勿使放而不反。

懲戒於初始，小懲大誡，使小人畏威而不敢為，乃小人之福，屨校滅趾之義也。

「善不積，不足以成名。惡不積，不足以滅身。小人以小善為無益而弗為也，以小惡為無傷而弗去也，故惡積而不可掩，罪大而不可解。《易》曰：『何校滅耳，凶。』」

【本義】

去，羌呂反。何，河可反。此釋噬嗑上九爻義。

【釋義】

惡積不可已，罪大不可釋，小人不戒幾微之不善，而漸成大惡，何校滅耳也。

子曰：「危者安其位者也，亡者保其存者也，亂者有其治者也，是故君子安而不忘危，存而不忘亡，治而不忘亂。是以身安而國家可保也。《易》曰：『其亡其亡，繫於苞桑。』」

【本義】

此釋否九五爻義。

【釋義】

危者安之，亡者保之，亂者治之，君子居安思危，日乾夕惕，行諸於身，終其身而安，行諸於國，保其國而無虞。苞桑之繫，念念不忘，則常保不失也。

身安而國家可保：修身安於道義，身安也；推其安身之道而行諸於國家，則國家可保。

子曰：「德薄而位尊，知小而謀大，力小而任重，鮮不及矣。《易》曰：『鼎折足，覆公餗，其形渥，凶。』言不勝其任也。」

【本義】

知，音智。鮮，仙善反。折，之設反。餗，音速。渥，烏角反。勝，音升。此釋鼎九四爻義。

【釋義】

四居大臣之位，德不匹位，智淺力小，才德不勝，不思修德進賢，卻私應於初之小人，故有折足之凶。

餗，美食也。形渥：因羞愧而身體出汗；渥，沾濡也。

子曰：「知幾其神乎？君子上交不諂，下交不瀆，其知幾乎！幾者，動之微，吉之先見者也。君子見幾而作，不俟終日。《易》曰：『介於石，不終日，貞吉。』介如石焉，寧用終日？斷可識矣！君子知微知彰，知柔知剛，萬夫之望。」

【本義】

幾，音機。先見之見，音現。斷，丁玩反。望，無方反。此釋豫六二爻義，《漢書》「吉之」之間有凶字。「吉凶之」

【釋義】

幾者，正邪之端始也。動之微而見諸吉凶，慎正邪之端也。

君子「上交不諂，下交不瀆」，皆是敦德厚行之事，君子居位守分，則知幾也。君子見幾微之不正，而能反善，非修身純粹精一者不能為之，故知幾以修德為本。有此本立，則見事發之幾微，而知利弊之正邪。

【補遺】

君子修身至於純粹精一，凡有微末之動皆灼照而慎戒之，勿使越節，故能見微小而知進退。

子曰：「顏氏之子，其殆庶幾乎？有不善，未嘗不知。知之，未嘗復行也。」《易》曰：「不遠復，無祇悔，元吉。」

【本義】

幾，音機。復行之復，芳服反。只，因其。殆，危也。庶幾，近意，近復之義也。言近道也。此釋復初九爻義。

【釋義】

復卦，一陽在初，其餘五陰。陽動於初始為幾。虞翻：「陽見初成震，故動之微。復初元吉，吉之先見者也。」幾者，慎動乎善始也。

修身精一純粹者，則能於事事物物用功紮實篤厚，對不善有高度之敏感，才有不善，則如探湯，速反諸己，故能慎察幾微之失，事未至顯跡而反諸正，不至於悔生也。

天地絪縕，萬物化醇。男女構精，萬物化生。《易》曰：「三人行則損一人，一人行則得其友。」言致一也。

【本義】

絪，音因。縕，紆云反。絪縕，交密之狀。無時不生，狀之為「絪縕」。醇，謂

厚而凝也。厚，生物之厚；凝，化育成形。**言氣化者也。化生，形化者也，此釋損六三爻義。**

【釋義】

天地、男女，陰陽之二也，能交合而致於一，故能生生。三人非二，不能致一，故必有一損。

子曰：「君子安其身而後動，易其心而後語，定其交而後求，君子修此三者故全也。危以動，則民不與也。懼以語，則民不應也。無交而求，則民不與也。莫之與，則傷之者至矣。《易》曰：『莫益之，或擊之，立心勿恒，凶。』」

【本義】

易其之易，去聲。此釋益上九爻義。

【釋義】

安其身，立德也，立德而後行事，則事合於義而有本。平易其心而後語，則所言者坦蕩蕩，非出於利欲之心。定其交而後求，則所求皆在交往之分內，何求而不得乎？君子修此三者，則能功成身全。

動於利則履危而行，故民不從。心險而僻，必畏懼民意，閃爍其詞，發諸於號令，則民疑之而不應也。上下無善交，勞民則怨，以此求之，則民不與也。此數者，皆居上者立心不恒，凶莫大焉。

第六章

子曰：「乾坤，其易之門邪？」乾，陽物也。坤，陰物也。陰陽合德而剛柔有體，以體天地之撰，以通神明之德。

【本義】

邪，於遮反。撰，仕勉反。諸卦剛柔之體，皆以乾坤合德而成，故曰「乾坤易之門」。六十四卦皆由乾坤。**撰，猶事也。**

【釋義】

乾坤生六子，八卦又重為六十四，天地變化盡在乾坤，故曰乾坤乃易道變化之門戶也。陰陽交合以生物，陰陽合德也。天剛健以行，地柔順以載，剛柔有體也。天地之撰，乃天地之行事也，如四時行焉，百物生焉。隱而不測為神，公而顯明為明。生生見諸於萬物，通神明之德也。

其稱名也，雜而不越，於稽其類，其衰世之意邪？

【本義】

萬物雖多，無不出於陰陽之變，陰陽統攝萬物。故卦爻之義，雖雜出而不差繆，雜多者皆不出陰陽，不差謬也。然非上古淳質之時思慮所及也，故以為衰世之意，蓋指文王與紂之時也。中古之時，道德衰敗，人心險僻，天下混戰。

【釋義】

乾陽坤陰，其稱名也，泛指天下萬物，可謂雜多；然物物皆乾坤，物物皆陰陽，以體天地之撰，以通神明之德，故物物皆合乎陰陽，不越其分。然考諸其類，如龍戰於野其血玄黃、師或輿尸之類，皆非上古淳樸之風，乃後世之衰也。「易之興也，其於中古乎？作易者，其有憂患乎？」此之謂也。

夫易，彰往而察來，而微顯闡幽。開而當名辨物，正言斷辭，則備矣。

【本義】

夫，音扶，去聲。「而微顯」，恐當作「微顯而」，「開而」之「而」，亦疑有誤。

【釋義】

彰顯以往之陳跡，明察未來之發生，微者顯之，幽者明之。開，開物之開，生物也，乃易之所以為用。名，君臣父子、上下長幼諸名分。當名，稱其名也，名副其實，使名各稱其分。辨物，萬物之雜多，皆歸類於八卦、六十四之中，「聖人有以見天下之賾」也。正言，言以正出之，正其言也，如元亨利貞、直方大之類。斷辭，繫辭以斷爻之吉凶。

【補遺】

往、微，為陰為鬼；來、顯，為陽為神。當名辨物，也可合起來解：辨物而當其卦象之名，以卦名辨歸其物。辨物，歸類之義。

其稱名也小，其取類也大。其旨遠，其辭文，其言曲而中，其事肆而隱。因貳以濟民行，以明失得之報。

【本義】

中，丁仲反。行，下孟反。肆，陳也。貳，疑也。此章多闕文疑字，不可盡通，後皆放此。

【釋義】

如井卦，其稱名也小，乃一物事，然往來井井而不改其德，推其旨又大矣；

又如乾以健名則小，又以象父、君、馬、首之類，推其類又廣矣。取類，舉一反三之謂，類推其理於事事物物，取類之事。

旨意遠，推極於眾類也；其辭文，有條理文章也。曲，隱幽也。言曲而中，用語雖隱幽，而合於中道。肆，因成列而顯明。所言之事顯明，然其神奧伏藏其中。貳，疑也，一則果決，二則迷惑。因疑而筮占，斷其吉凶，而後則行確，以便民用，以濟民行，故以明得失之應也。

第七章

易之興也，其於中古乎？作易者，其有憂患乎？

【本義】

夏商之末，易道中微。文王拘於羑里而繫彖辭，繫彖辭與卦象。朱熹對文王重卦有疑慮。夏商之易也有彖辭，只是卜筮之用，未及道德。文王演易，重列卦序，新撰彖辭，使易歸於修身之道。**易道復興。**

【釋義】

連山、歸藏本是卜筮之書，文王拘於羑里，憂患世道之衰微、人倫之喪敗，重列六十四卦次序，上經乾坤以序天地，下經咸恒以正男女，又繫辭焉以浣新《易》理，《易》自卜筮之術而蛻變為君子成德之學，易之興也。

下文列九卦，明易道如何復興，易道根本轉彎，專於修德。

是故履，德之基也。謙，德之柄也。復，德之本也。恒，德之固也。損，德之修也。益，德之裕也。困，德之辨也。井，德之地也。巽，德之制也。

【本義】

履，禮也。上天下澤，陰陽之位不易。**定分不易，**定分，分位也。**必謹乎此，**謹不逾分。**然後其德有以為基而立也。謙者，自卑而尊人，又為禮者之所當執持而不可失者也。九卦皆反身修德以處憂患之事也，而有序焉。基所以立，柄所以持，復者心不外而善端存，恒者守不變而常且久，懲忿窒欲以修身，遷善改過以長善，困以自驗其力，井以不變其所，然後能巽順於理以制事變也。**以理節度事變。

【釋義】

履禮而行，非禮不動，德之基也。

持謙以行，恭己尊人，德之柄也。

復其善根，德之本也。

守分不僭，貞固上下，德之固也。

損其非分之欲，懲忿窒欲，日新其德，德之修也。

損上厚下，培育根本，利物則心寬，德之裕也。

君子處困而不窮，小人窮斯濫矣，德之真偽辨也。

姚信：「井養而不窮，德之地也。」德在己故不窮，修明德之己，立住腳跟，不逐物外求，德之地也。

虞翻：「巽風為號令，所以制下，故曰德之制也。」君子德風，小人德草，風行草上而偃，以德治國、以德統攝諸事，德之制也。

以上九卦皆以尊德性為上，易道自卜筮之術變為君子進德之基，自文王始也。

履和而至，謙尊而光，復小而辨於物，恒雜而不厭。損先難而後易，益長裕而不設，困窮而通，井居其所而遷，巽稱而隱。

【本義】

易，以豉反。長，丁丈反。稱，尺證反。**此如書之九德，禮非強世，**禮者，履也，行諸於己，非勸勉於人。強世，勸勉人也。**然事皆至極。謙以自卑，而尊且光。**自卑者尊，自隱者光。**復陽微而不亂於群陰，**復卦一陽復始，與五陰判然有別，不亂於群陰也。**恒處雜而常德不厭。**恒卦，三陽三陰，三陽處三陰之中，處雜也。不厭者，不改剛健也。**損欲先難，**減損其欲，初始則難。**習熟則易。**習熟成性，則順之而已，故易。**益但充長，而不造作。困身困而道亨，**困於身而亨於道，乃顏子簞食瓢飲之樂。**井不動而及物，**井雖不遷而惠及於眾物。**巽稱物之宜而潛隱不露。**巽卑於己，而稱物之宜，不顯己德，故能潛隱不露。

【釋義】

君子以禮行諸己，和處於人，遠人自來服；若不至，當反己更進益其德。

有其功而不居，謙讓於人，人必尊己而己德益光大也。

復其初，善端雖微，然貞固不失，不流於眾，處正而自辨於非，終久必大。

君子恒處於小人之間，貞固不失，不厭其德。

損己則逆人情之私，故先則難，久之則心體寬大，由性順道，順之而已，故後易。

益者，震下巽上，雷震動則萬木生，順其天性之固有而擴充之，純乎自然，非人為造作，何設之有？

困者，澤在水上，澤枯而竭，窮者，君子道不行於世而身困也，通者，道通於一身也，身困而道不窮於一身，窮而通也。

井以中德不遷而惠及來者。遷者，化育來人之德也。如君子立德而淳化風俗，立德是如井一般居其所不變遷，遷是淳化風俗。

君子巽順於眾，稱物之宜，百姓各安其所，各行其是，莫知君子之行，故莫名君子之德，巽稱而隱也。蘇東坡：「稱，舉也。舉而人莫見者風也。」巽稱，風行而上舉也。行其德而莫之見，如風過而莫見其行跡，意思也好。

履以和行，謙以制禮，復以自知，恒以一德，損以遠害，益以興利，困以寡怨，井以辨義，巽以行權。

【本義】

和行之行，下孟反，遠，袁萬反。寡怨，謂少所怨尤。辨義，謂安而能慮。此章三陳九卦，以明處憂患之道。

【釋義】

禮以和為貴，不和則上下貴賤無交通，天地否、人倫絕也。

制約於禮，以謙為要，行禮而不以謙出之，如禮何？

復者，復歸於正也，其始甚微，然有不善而未嘗不知，蓋能反己也。

恒則不改，立不易方，終始一道也。

損其爭忿之心，懲其非分之欲，使合於仁義，所以遠害也。

德光被及人則能益眾，故以興眾利也。

困而反諸己，無怨天尤人，則寡怨。

井能居其素常，居常則能靜，靜而能安，安而能慮，安其位而能慮以正，能辨義也。

巽者，巽順於時也，故能與時消息，而行其權變。

第八章

易之為書也，不可遠。為道也屢遷，變動不居，周流六虛。上下無常，剛柔相易，不可為典要，唯變所適。

【本義】

遠，袁萬反。上，上聲。下，去聲。遠，猶忘也。周流六虛，謂陰陽流行於卦之六位。

【釋義】

易之為書也，「廣大悉備，將以順性命之理，通幽明之故，盡事物之情，而示開物成務之道也。」（伊川語）其旨甚遠，然「君子居則觀其象而玩其辭，動則觀其變而玩其占。」君子察諸己而體行之，行易於一身，又豈遠哉？

易道範圍天道，天以四時為道，四時更替故屢遷不居也。易行於萬物之中，又不居止於萬物，攖而寧，不繫於物，獨立不改，變動不居也。易行於上下四方，無所不至，無物不及，周流六虛也。剛上而柔下，柔上而剛下，六爻變動，上下無常也。剛居柔位，柔居剛位，剛柔相易也。易以變為常，凡有所至，物皆順由而變，不可為典要也。

其出入以度，外內使知懼。

【本義】

此句未詳，疑有脫誤。

【釋義】

易道出入無常，然皆有法度可循，如乾之六爻各有其位、各有其事、各有其時，皆有度也。因之，易之變雖無方所，鬼神莫測，然法度森然在列，一言以蔽之——道德以時出之，順之則吉，逆之則凶。

【補遺】

韓康伯：「明出入之度，使物知外內之戒也。出入猶行藏，外內猶隱顯。遯以遠時為吉，豐以幽隱致凶，漸以高顯為美，明夷以處昧利貞，此外內之戒也。」釋義甚好。

出，行於眾者、外者、顯者；入，行於己者、內者、隱者。出入皆有度，常在規矩中，行於規矩，道不離身，乃所以知懼也。

又明於憂患與故，無有師保，如臨父母。

【本義】

雖無師保，而常若父母臨之，戒懼之至。干寶：「言易道以戒懼為本，所謂懼以終始，歸无咎也。外為丈夫之從王事，則夕惕若厲。內謂婦人之居室，則無攸遂也。雖無師保切磋之訓，其心敬戒，常如父母之臨己者也。」

【釋義】

虞翻：「神以知來，故明憂患。知以藏往，故知事故。」事蹟未顯而憂患之，智通於神也。故，往故之事。如臨父母，猶祭神如神在，敬誠在心，如尊者觀臨也。

初率其辭而揆其方，既有典常，苟非其人，道不虛行。

【本義】

方，道也。始由辭以度其理，觀察人，開始因其言辭以測度其理。**則見其有典常矣，**見其人行有典常，所行皆合乎常則。**然神而明之，則存乎其人也。**

【釋義】

率，由也；揆，度，考量也；方，則也。教化於人，初始當率由其言辭，觀其言，以考量其行為準則，若不正，則約而束之，使之漸歸於正，則終必行有典常也。然若非其人，此教化之道不可行也。道不虛行，乃指必有其人，而後能行其道，苟無其人，則道無著落。

道非在虛空中自行，有人擔當則道行，無其人，道也不行，故曰「人能弘道，非道弘人」，道不虛行也。

第九章

易之為書也，原始要終以為質也。六爻相雜，唯其時物也。

【本義】

質謂卦體，卦必舉其始終而後成體，並兼顧六爻方可言一卦之體。**爻則唯其時物而已。**爻以位、時論，一爻有一爻之位，一爻有一爻之時，在其位行其事，故稱時物也。

【釋義】

原，推究。要，求也。質，一卦之體也。

自初爻至終而考究之，考察該卦六爻之特性，以為一卦之體，一卦之體以象一事之終始，如乾之六爻皆說乾事，坤之六爻皆說坤事，原始要終以為質也。

剛柔相錯，六爻相雜也。一卦六爻，每爻皆有其位、有其時，時位不同，爻義也大別，故言「唯其時物」。物，猶事也。

其初難知，其上易知，本末也。初辭擬之，卒成之終。

【本義】

此言初上二爻。

【釋義】

初始行跡未顯則難知，終則行跡成敗顯露則易知，初、上，本末也。初始，不見行跡，繫辭擬之而已，則難知；卒終，則事物已成形跡，故易知。

若夾雜物撰德，辨是與非，則非其中爻不備。

【本義】

此謂卦中四爻。

【釋義】

上論卦之初終，此論中間四爻。

二五為上下卦之中，或為正體之中爻；三四為一卦之中，或為互體之中爻。夾雜物，爻之陰陽夾雜。物，爻之陰陽也。撰，述也。德，陰爻之德順止，陽爻之德健動。是非者，陰陽爻正不正、中不正、居位或不居位，則生是非。

若只論初終爻，未及中四爻，則「雜物撰德，辨是與非」不能備述之。

噫！亦要存亡吉凶，則居可知矣。知者觀其彖辭，則思過半矣。

【本義】

知者之知，音智。彖，統論一卦六爻之體。六爻之體，即卦德。

【釋義】

上兩章分別言初終與中四爻，此章總論六爻之義。

要，求也。居，安處也。「亦要存亡吉凶，則居可知矣」：推求一卦之德，六爻之吉凶，不別旁求遠尋，安處居室即可知也。智者觀彖辭，知一卦之德，不必觀爻之變化，即知凶吉過半矣。

二與四同功而異位，其善不同。二多譽，四多懼，近也。柔之為道，不利遠者。其要无咎，其用柔中也。

【本義】

此以下論中爻，同功，皆居柔用柔。謂皆陰位。異位，爻位不同。謂遠近不同。四近君，故多懼，柔不利遠，柔以依附，依附以近為利，遠則難以依附。而二多譽者，以其柔中也。

【釋義】

二與四皆居陰位，同功也，然居位不同，善亦不同。二居下卦之中，有柔中之德，故多譽；四尊高而居近君之側，故多懼。陰柔之為道，以利近為要，非以利遠。四无咎，以用柔；二无咎，以柔中。

三與五同功而異位。三多凶，五多功，貴賤之等也。其柔危，其剛勝邪？

【本義】

三五同陽位，而貴賤不同，三居下為賤，五居上為貴。然以柔居之則危，惟剛則能勝之。

【釋義】

三與五皆居陽位，同功也。三居剛而處下卦之上，多躁進而凶；五處上卦之中，居君位有中德，則多功。三居臣位而賤，五居君位而貴，凶與功不同，貴賤之等也。大概言之，剛居柔地則勝，柔處剛地則危。

第十章

易之為書也，廣大悉備。有天道焉，有人道焉，有地道焉，兼三才而兩之，故六。六者非它也，三才之道也。

【本義】

三畫已具三才，重之故六，而以上二爻為天，五、上為天道。中二爻為人，三、四為人道。下二爻為地。初、二為地道。

【釋義】

易道廣大悉備，囊括天、地、人也。一為道，二為變，三才而兩之，以盡其變，故六。六爻，三才具而成變化。

道有變動，故曰爻。爻有等，故曰物。物相雜，故曰文。文不當，故吉凶生焉。

【本義】

道有變動，謂卦之一體。等，謂遠近貴賤之差。相雜，謂剛柔之位相間。不當，謂爻不當位。

【釋義】

道之變，顯於六爻之變。爻有上下貴賤之差等，顯諸於事，故「爻之等」稱之為物。物，陰陽剛柔也。物相雜，剛柔相雜也，故為文。剛柔居處不正，文不當也，則吉凶生焉。

第十一章

易之興也，其當殷之末世，周之盛德邪？當文王與紂之事邪？是故其辭危，危者使平，易者使傾。其道甚大，百物不廢。懼以終始，其要无咎，此之謂易之道也。

【本義】

危懼故得平安，持危懼之心，則能防微杜漸也。**慢易則必傾覆，**輕慢而忽易，必有傾覆之凶。**易之道也。**

【釋義】

作易者有憂患之心，故推測易興之期當在殷末周初，乃周之盛德所聚積。辭危者，繫辭以戒懼也。能戒懼惕厲，則危者平夷而安，不知戒懼而慢易之，則安平者傾覆，此所以辭危也。

物，猶事也；百物不廢，不廢百事也。易之道廣大，推諸於事事物物，則事事物物皆得其正，而不得廢也。君子乾乾惕懼，終始不怠，要旨在行己无咎，易之道也。

第十二章

夫乾，天下之至健也，德行恒易以知險。夫坤，天下之至順也，德行恒簡以知阻。

【本義】

至健則所行無難，至健，則確而不疑，勇而無畏，故所行無難。**故易。至順則所行不繁，故簡。**至順則順之而已，不增一絲私意，直道而行，故簡。**然其於事，皆有以知其難，**惕懼也。**而不敢易以處之，**易，忽怠也。**是以其有憂患，則健者如自高臨下，而知其險。**知其險，乃惕懼也。**順者如自下趨上，而知其阻，蓋雖易而能知險，**敬慎而行。**則不陷不險矣，既簡而又知阻，則不困於阻矣，**能以簡御繁，知險阻之難，則不困於阻也。**所以能危能懼而無易者之傾也。**能以危懼之心待之，則無變易之傾覆。

【釋義】

乾德至健，其行恒確，故易。坤德至順，其行恒從，故簡。以簡易御繁多，則知繁多之要；以簡易御險阻，則知險阻之要，知其要而惕懼不怠，則不困於險阻。君子行天地之德，無往而不健，無往而不順，要在簡易。

知險知阻的「知」也可解讀「管控」，如知縣知府的「知」——知險知阻，管控險阻。

能說諸心，能研諸侯之慮，定天下之吉凶，成天下之亹亹者。

【本義】

「侯之」二字衍。應為「能研諸慮」。**說諸心者，**諸心，萬民之心。**心與理會，乾之事也。研諸慮者，理因慮審，坤之事也。**朱熹分心、慮為乾、坤。心主理，無形而通乾；慮主事，有形而通坤；通達於理而周慮於事，「能說諸心，能研諸慮」。**說諸心，故有以定吉凶。**義理定吉凶。**研諸慮，故有以成亹亹。**音 wěi，勤勉不怠也。

【釋義】

簡易似天地，天覆地載，莫大之仁，聖人行簡易，似天地仁愛，故能悅百姓之心；能悅百姓之心，則能慮其所慮；能慮其所慮，道之以正，可定天下之吉凶，如此，則能勸勉天下人勞而不倦。

簡易是天地的把手，聖人執之，則能如天地覆載，無所不照，故能統攝人心，體貼民情，成天下之亹亹。

是故變化云為，吉事有祥，象事知器，占事知來。

【本義】

變化云為，故象事可以知器。吉事有祥，國家將興，必有禎祥。**故占事可以知來。**《中庸》：「見乎蓍龜，動乎四體，禍福將至，必先知之。」筮占而知來。

【釋義】

變化，易也。變化云為，易之所為也，下文三事皆為是：「吉事有祥，象事知器，占事知來。」

象事知器，高亨注：「用《易經》象事，則知製器之方法。」

效天以知人事，即以卦爻之義制度人事，簡言之，用卦爻的道理來解讀、規範人事。象事，以卦爻之象人間之事，聖人又從而繫諸於卦爻之義。

【補遺】

陳夢雷把「變化云為」截為天道與人道：「變化者，陰陽之所為。云為者，人事之所作。」對應下三事：「吉事有祥，象事知器，占事知來。」三事也可分為天人：吉事順天，凶事逆天，象事為天，知器為人，占事為天，知來為人。一一對應，意思也甚好。

天地設位，聖人成能。人謀鬼謀，百姓與能。

【本義】

天地設位，天地自設其位，不假人手安排，故天尊地卑乃非由人尊天為高、順地為卑。今人把「設」字解讀為人為天地而設，則非順自然之義了。**而聖人作易以成其功**，聖人作易以象天地設位、讚述萬物。**於是人謀鬼謀，雖百姓之愚**，百姓不能身體君子之道，故為愚蒙。**皆得以與其能**。百姓順應之，即與能也。

【釋義】

天上地下，天尊地卑，天生地養，天地各在其位，各盡其事，天地設位也。

聖人成能者，聖人讚述天地之道，作易而成就人世之功。

人，居位者，卿大夫也。人謀，謀於卿大夫，所其謀者不過尊聖人成能而已。人謀於明，鬼謀於幽，皆讚述天地之道。不可謀之於卿大夫，則筮占鬼神，謀於鬼神之幽也。

「百姓與能」之「能」：聖人成能、人謀於明也。與者，百姓不能成能、謀明，其所與者唯順由其道而已。

或以為，百姓與能，乃是謀於庶人。古時，為官者施政，為民者順成，官有官之事，民有民之事，不相及也。為官者不謀於庶人，夫子所謂「民可由之、不可使知之」。

八卦以象告，爻彖以情言。剛柔雜居，而吉凶可見矣。

【本義】

象，謂卦畫。三畫卦、六畫卦皆是。**爻彖，謂卦爻辭**。辭繫聖人之情。

【釋義】

崔憬曰：「伏羲始畫八卦，因而重之，以備萬物而告於人也。爻，謂爻下辭。彖，謂卦下辭。皆是聖人之情，見乎繫辭，而假爻彖以言，故曰爻彖以情言。六爻剛柔相推，而物雜居，得理則吉，失理則凶，故吉凶可見也。」

八卦畫天地萬物之象，以象告也。爻辭彖辭繫聖人之情，以情言也。剛柔正與不正，以見吉凶。

崔憬把「剛柔雜居」分開言，剛柔乃陰陽相推，雜居乃物事雜處。剛柔雜居當為剛柔相雜。

變動以利言，吉凶以情遷，是故愛惡相攻而吉凶生，遠近相取而悔吝生，情偽相感而利害生。凡易之情，近而不相得則凶。或害之，悔且吝。

【本義】

不相得，謂相惡也。凶害悔吝，皆由此生。

【釋義】

六爻變動，不過屈信，屈信相感而利生焉。聖人斷之以吉凶，繫辭焉而情隨之遷也。情遷，即下文愛惡相攻之事。情遷於「攻」則凶，遷於「相」則吉。相，助、與也。愛惡相攻：愛之則相與，惡之則相攻，相與則生吉，相攻則生凶。此乃一般而言，非一概如此，也有相與凶、相攻吉者。小人相與則凶，夬之五陽相攻一陰則吉。

遠近相取而悔吝生，崔憬曰：「遠，謂應與不應。近，謂比與不比。或取遠應而捨近比，或取近比而捨遠應，由此遠近相取，所以生悔吝於繫辭矣。」

情真以感物則生利，情偽以蔽人則害至，誠與不誠，信與不信之謂。凡物不相得，近則彌凶，或害之而悔吝生。

將叛者其辭慚，中心疑者其辭枝。吉人之辭寡，躁人之辭多。誣善之人其辭遊，失其守者其辭屈。

【本義】

卦爻之辭，亦猶是也。

【釋義】

將叛者，中心有歉，巧言以求信，文飾其辭以掩其實，故其辭慚而不實。中心疑者，心惑而不能斷，其辭支離不定，不知所擇也。吉人沉穩，安其位則不尚於言，故其辭寡；躁人煩急，不安則辭費。偽作善人，心無誠愨，其辭不據實而篤定，則飄忽不定、浮遊不實。無有操守者，逐物於外，內無誠意，則外必閃爍其辭，理窮辭屈而不敢伸也。

《中庸》曰：「微之顯，誠之不可掩也。」微者心也，顯者辭也，心跡必顯乎辭，顯微無間，不可不慎乎！

說卦傳

《隋書．經籍志》：「秦焚書，《周易》獨以卜筮得存，唯失《說卦》三篇，後河內女子得之。」現在學者根據清華竹簡，認為《說卦》三篇本應包括《序卦》、《雜卦》，後人一分為三，為今天的《說卦》。

孔穎達曰：「孔子以伏羲畫八卦後重為六十四卦，《繫辭》中略明八卦小成，引而伸之，又曰：『八卦成列，象在其中矣，因而重之，爻在其中矣。』又曰：『觀象於天，觀法於地，觀鳥獸之文，與地之宜，近取諸身，遠取諸物，始作八卦，以通神明之德，以類萬物之情。』然引而伸之，重三成六之意，猶自未明。仰觀俯察，近身遠物之象，亦為未見，故於此更備說重卦之由，及八卦所為之象，謂之說卦焉。」按照孔穎達的說法，孔子於《繫辭》中對八卦象之因由與重卦之意尚未說盡，故復增《說卦》以繼續討論。

昔者聖人之作易也，幽贊於神明而生蓍。

【本義】

幽贊神明，猶言贊化育。神明之功乃是化育萬物，故朱熹言「贊化育」。**《龜筴傳》曰：「天下和平，王道得，而蓍莖長丈，其叢生滿百莖。」**蓍草叢生，一叢達百根之多。

【釋義】

程子曰：「『幽贊於神明而生蓍』，用蓍以求卦，非謂有蓍而後畫卦。」

幽，不顯、不測也。贊，讚述。聖人讚述神明生育之德而生揲蓍之法，其述作之由幽深而不可知。生，作也。揲蓍之法乃聖人所作，曰為生。項安世曰：「生蓍，謂創立用蓍之法，神不能言，以蓍言之，所以贊神出命，故謂之幽贊神明，即大衍所謂佑神也。」

蘇軾以為「贊」為介紹傳命：「介紹以傳命謂之贊，天地鬼神不能與人接也，故以蓍龜為之介紹。」意思也通。

【補遺】

「幽贊於神明而生蓍」，來知德：「言蓍草乃神明幽助方生。」蓍草，即揲蓍之法。揲蓍之法得神明助之而生，非純為聖人思考所得。高亨也云：「言聖人作《易》，暗中受神明之贊助，故生蓍草，以為占筮之用。」金景芳則謂：「聖人在暗地裏進行贊助。」金的說法偏了。

參天兩地而倚數。

【本義】

天圓地方，圓動而不息，方止而載物。**圓者一而圍三，**圓的直徑一周長三。**三各一奇，故參天而為三。**參其一陽而為三。陽數為奇，以一為一，故為三。**方者一而圍四，**

方的直徑一周長四。**四合二耦，故兩地而為二。**陰數為偶，以二為一，故為二。**數皆倚此而起，故揲蓍三變之末，其餘三奇，則三三而九，三耦則三二而六。兩二一三則為七，兩二一二則為八。**六七八九皆畏揲蓍所得之數。

【釋義】

天數奇以參，地數偶以兩，何以如此？

孔穎達云：「蓋古之奇耦，亦以參兩而言之，且以兩是耦數之始，三是奇數之初故也。」

天數參，地數兩，為何多於地數？

孔穎達云：「有一以包兩之義，明天有包地之德，陽有包陰之道。」

倚，依也，天地生成之數可以「參」、「兩」二數生之，倚數也。猶如西方人說，上帝是喜好數學，用數學創作宇宙。

蘇軾：「天數五，地數五，其曰三兩何也？自一至五，天數三，地數二，明數之止於五也。自五以往，非數也，皆相因而成者也，故曰倚數，以是知大衍之數五十。」一二三四五是天地生數，六七八九十為天地成數，成數不算天地之數，天地生萬物，一二三四五即可，大衍之數即一二三四五敷衍而成。倚數，即倚一二三四五。

【補遺】

金景芳：「參天兩地而倚數」就是筮法所說的『天數五，地數五，五位相得而各有合，天數二十有五，地數三十，凡天地之數五十有五，此所以成變化而鬼神也。』」

觀變於陰陽而立卦，發揮於剛柔而生爻，和順於道德而理於義，窮理盡性以至於命。

【本義】

和順從容，無所乖逆，統言之也。理謂隨事得其條理，析言之也。窮天下之理，盡人物之性，而合於天道，此聖人作易之極功也。

【釋義】

八卦不言變，六爻始言變，六爻變化以成卦。立，猶成立之立。六爻發揮，旁通情也。剛柔發揮見其爻情。生，有發生、作用之義。爻情之變，或剛或柔，或亢或伏，如此爻之情用顯現無遺，生爻也。虞翻：「發，動。揮，變。」孔穎達：「發謂發越也，揮謂揮散也。」發揮二字無需分別看，剛柔之情發揮，而見爻之用乃生成。

陰陽之變、剛柔發揮，皆需順於道而和於德，不得與之違逆。發而見諸於情，與時適宜，也需義不背理。窮其天理而盡萬物之性，順命而為也。命，即是窮理盡性。窮理盡性至極處，方知天降命於我，命我之所當為，文不在茲乎。

窮理是知道，盡性是弘道，兩邊一起做，合窮理與盡性，便是「以至於命」，方可達到聽順天命之境界。

昔者聖人之作易也，將以順性命之理，是以立天之道曰陰與陽，立地之道曰柔與剛，立人之道曰仁與義。兼三才而兩之，故易六畫而成卦。分陰分陽，迭用柔剛，故易六位而成章。

【本義】

兼三才而兩之，總言六畫，又細分之，則陰陽之位，間雜而成文章也。

【釋義】

天理在人、在物為性命，行諸己即盡性命之理，盡性命即是弘道。陰陽、剛柔、仁義，三才皆具備，分別言之，則有如此之別。合而言之，剛柔仁義皆為陰陽，陰為柔為義，陽為剛為仁。陰陽至仁義，一層又別一層，有體用之序：陰陽為體，發用為剛柔，發用為仁義。六爻兼三才，分陰分陽，分柔分剛，故曰「兩之」。三才而兩之，則成六畫之卦。

「成章」乃區別之義，陰陽各居其位，一三五、二四上，陰陽分析，剛柔又迭用，自然有文章。

天地定位，山澤通氣，雷風相薄，水火不相射，八卦相錯。

【本義】

邵子曰：此伏羲八卦之位，乾南坤北，離東坎西，兌居東南，震居東北，巽居西南，艮居西北，於是八卦相交而成六十四卦，所謂先天之學也。

【釋義】

此伏羲八卦之位：天地定位，乾南坤北也；山澤通氣，離東坎西也；雷風相薄，兌居東南，震居東北也；水火不相射，巽居西南，艮居西北也。乾坤定位而成夫婦，以生六子，長男配長女，雷風相薄也；中男配中女，水火不相射也；少男配少女，山澤通氣也。八卦相錯，相配而交合也。

薄，靠近。射，擊、傷也。錯，對也，乾坤、離坎、兌艮、巽震皆相對而居，相錯也。

數往者順，知來者逆，是故易逆數也。

【本義】

數，並上聲。起震而歷離兌以至於乾，數已生之卦也。震四、離三、兌二、乾一，數自大至小為數往者順。**自巽而歷坎艮以至於坤，推未生之卦也。**巽五、坎六、艮七、坤八，數自小至大為知來者逆。**易之生卦，則以乾兌離震巽坎艮坤為次，故皆逆數也。**此朱熹「爻畫加一倍生卦法」所產生的八卦順序，所謂逆數，乾一、兌二、離三、震四、巽五、坎六、艮七、坤八，數自小到大，為逆數。

【釋義】

《周易折衷》:「蓋邵子本意，以三陰三陽，追數至一陰一陽處為順。自一陰一陽，漸推至三陰三陽處為逆。」

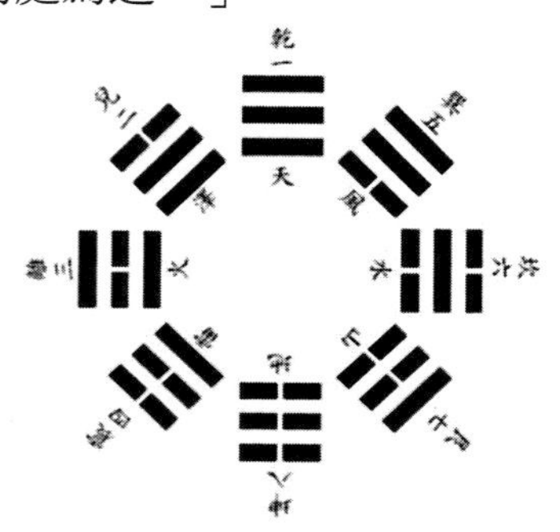

伏羲先天八卦圓圖

朱熹的順逆從圓圖看：從震到乾，數自四到一，是往者順。從巽到坤，數自五到八，是來者逆。

【補遺】

陳埴：「易本逆數也，有一便有二，有二便有四，有四便有十六，以至於六十四，皆由此可以知彼，由今可以知來，故自乾一以至於坤八，皆循序而生，一如橫圖之次。今欲以圓圖像渾天之形，若一依此序，則乾坤相併，寒暑不分，故伏羲以乾坤定上下之位，坎離列左右之門，艮兌震巽，皆相對而立，悉以陰陽相配，自一陽始生起冬至節，歷離震之間為春分，以至於乾為純陽，是進而得其已生之卦，如今日複數昨日，故曰『數往者順』。自一陰始生起夏至節，歷艮兌之間為秋分，以至於坤為純陰，是進而推其未生之卦，如今日逆計來日，故曰『知來者逆』。然本易之所成，只是自乾一而坤八，如橫圖之序，與圓圖之右方而已，故曰『易逆數也』。」按，陳埴為朱熹門人，恪守乃師易學。

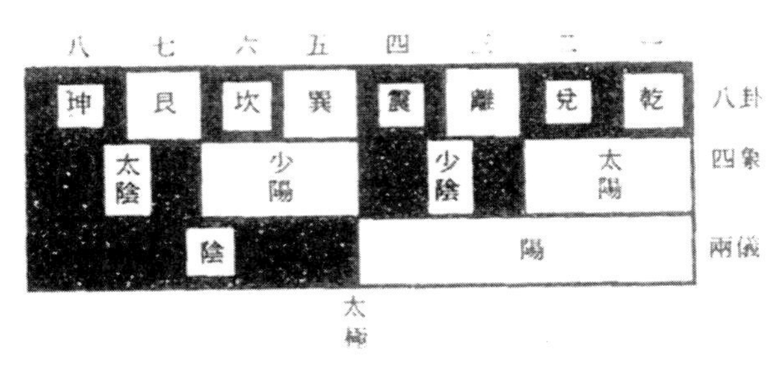

伏羲先天八卦橫圖

朱熹在《易學啟蒙》中解釋橫圖的八卦生成次序：「大極之判，始生一奇一偶，而為一畫者二，是為兩儀；其始生一奇一偶，而為一畫者三，是為兩儀。其數則陽一陰二……邵子所謂一分而為二者」、「兩儀之上，各生一奇一偶，而為二畫者四，是謂四象……所謂二分為四者」；「四象之上，各生一奇一偶，而為三畫者八。於是三才略具而有八卦之名矣。其位則乾一兌二離三震四巽五坎六艮七坤八。」

按照橫圖之八卦生成，乾之盛夏直接與坤之隆冬連接在一起，不類四季運行，故又以圓圖像四時運行，且圓圖的卦，皆為陰陽爻相反，如乾對坤、離對坎、震對巽、艮對兌。

來知德：「乾一兌二離三震四，前四卦為往。巽五坎六艮七坤八，後四卦為來。數往者順，數圖前四卦，乾一至震四，往者之順也。知來者逆，知圖後四卦，巽五至坤八，來者之逆也。是故易逆數者，言因錯卦之故，所以易逆數。巽五不次於震四，而次於乾一也。惟八卦既相錯，故聖人立圓圖之卦。數往者之既順，知來者之當逆，使不逆數，而巽五即次於震四之後，則八卦不錯矣。是故四卦逆數，巽五復回次於乾一者以此。」

雷以動之，風以散之，雨以潤之，日以晅之，艮以止之，兌以說之，乾以君之，坤以藏之。

【本義】

晅，同烜。音 xuǎn，火旺盛。**說，音悅。此卦位相對，**「雷以動之，風以散之」對應「雷風相薄」；「雨以潤之，日以晅之」對應「水火不相射」；「艮以止之，兌以說之」對應「山澤通氣」；「乾以君之，坤以藏之」對應「天地定位」。雷風相薄，立體也；雷以動之，風以散之，成用也，以此類推皆如此。**與上章同。**

【釋義】

此按圓圖兩卦對應：震巽、坎離、艮兌、乾坤。

前章「天地定位，山澤通氣，雷風相薄，水火不相射。」乃父母生六子，本末體用，依次為：乾父坤母，少男少女，長男長女，中男中女。此章乃六子歸父母，復於初始，依次為：長男長女，中男中女，少男少女，乾父坤母。

父母生六子，六子歸父母，往復不窮，終始循環也。

帝出乎震，齊乎巽，相見乎離，致役乎坤，說言乎兌，戰乎乾，勞乎坎，成言乎艮。

【本義】

說，音悅，下同。帝者，天之主宰。邵子曰：「此卦位乃文王所定，所謂後天之學也。」

【釋義】

此章言「帝」主宰萬物生成。

崔憬以八氣節對應八卦，以詳言萬物生成之序：「帝者，天之王氣也，至春分則震王，而萬物出生。立夏則巽王，而萬物潔齊。夏至則離王，而萬物皆相見也。立秋則坤王，而萬物致養也。秋分則兌王，而萬物所說。立冬則乾王，而陰陽相薄。冬至則坎王，而萬物之所歸也。立春則艮王，而萬物之所成終成始也。以其周王天下，故謂之帝。」

帝在八個方位，主八個時節：帝在春分化為震，在立夏為巽，在夏至為離，在立秋為坤，在秋分為兌，在立冬為乾，在冬至為坎，在立春為艮。此與先天圓圖的八卦四季的順序不同。

萬物出乎震，震，東方也。齊乎巽，巽，東南也。齊也者，言萬物之潔齊也。離也者，明也，萬物皆相見，南方之卦也。聖人南面而聽天下，嚮明而治，蓋取諸此也。坤也者，地也，萬物皆致養焉，故曰致役乎坤。兌，正秋也，萬物之所說也，故曰說言乎兌。戰乎乾，乾，西北之卦也，言陰陽相薄也。坎者，水也，正北方之卦也，勞卦也，萬物之所歸也，故曰勞乎坎。艮，東北之卦也，萬物之所成終而所成始也，故曰成言乎艮。

【本義】

向，讀作向。說，音悅。薄，音博。上，言帝，此言萬物之隨帝以出入也。

【釋義】

此為八卦後天圖方位，乾巽相對、坎離相對、艮坤相對、震兌相對，詳見下圖。

震主生，巽主順，離主明，坤主養，兌主悅，乾主戰，坎主勞，艮主歸。

鄭康成曰：「萬物出乎震，雷發聲以生之也。齊乎巽，風搖動以齊之也。潔，猶新也。萬物皆相見，日照之使光大。萬物皆致養，地氣含養，使秀實也。萬物之所說，草木皆老，猶以澤氣說成之。戰言陰陽相薄，西北，陰也，而乾以純陽臨之。坎勞卦也，水性勞而不倦，萬物之所歸也。萬物自春出生於地，冬氣閉藏，還皆入地。萬物之所成終而所成始，言萬物陰氣終，陽氣始，皆艮之用事也。」

文王八卦後天圖

神也者，妙萬物而為言者也。動萬物者莫疾乎雷，橈萬物者莫疾乎風，燥萬物者莫熯乎火，說萬物者莫說乎澤，潤萬物者莫潤乎水，終萬物始萬物者莫盛乎艮。故水火相逮，雷風不相悖，山澤通氣，然後能變化，既成萬物也。

【本義】

此去乾坤而專言六子，以見神之所為，然其位序亦用上章之說，未詳其義。

【釋義】

此章專言萬物之生。

神以生言，神者伸也，其生萬物，乃妙盡萬物之性而任物之自生，無跡象可言，莫名其主宰，名之為神。神即乾，言乾則坤自在其中。其下六用——「動、橈、燥、悅、潤、終始」萬物，以成變化，皆「神」之妙用。

橈，彎曲。橈萬物者莫疾乎風，言整齊萬物莫如風，君子以德整齊天下，亦如風。熯，音 hàn，乾燥。艮為山，山以生物為仁，物生於山，也成於山，生曰始，成曰終，故言「終萬物始萬物莫盛乎艮。」

乾健也，坤順也，震動也，巽入也，坎陷也，離麗也，艮止也，兌說也。

【本義】

此言八卦之性情。《朱子語類》云：「震巽坎離艮兌，又總於乾坤，曰動曰陷曰止，皆健底意思。曰入曰麗曰說，皆順底意思。」乾攝震、坎、艮三子，則健有動、陷、止三義，坤攝巽、離、兌三女，順有入、麗、悅三義。

【釋義】

此言八卦之性情：乾健進不息，自勝剛強；坤遜順承物，承乾而行；震以始發，鼓動萬物；巽以一陰入，遜順於陽；坎一陽陷於兩陰，陷而不得出也；離則附也，火附於物，一柔附麗兩剛，附而不得離也；艮一陽在上，安止兩陰，陽畜止陰則能生生；兌一陰在上，悅順於兩陽。

乾為馬，坤為牛，震為龍，巽為雞，坎為豕，離為雉，艮為狗，兌為羊。

【本義】

遠取諸物如此。

【釋義】

馬以健，象乾。牛以順，象坤。龍興而物應，象震。雞鳴而齊物，象巽。豕喜污濕，象坎。雉有文章，象離。狗能止物（防外邪侵），象艮。羊內狠外悅，象兌。

乾為首，坤為腹，震為足，巽為股，坎為耳，離為目，艮為手，兌為口。

【本義】

近取諸身如此。近就身而言。

【釋義】

乾首出庶物，象首。坤包藏含容，象腹。震動以行，似足。股隨足而動、順而伏，象巽。離主視為目。手持物不動，似艮，為象手。兌言說，為口。

乾，天也，故稱乎父。坤，地也，故稱乎母。震一索而得男，故謂之長男。巽一索而得女，故謂之長女。坎再索而得男，故謂之加中男。離再索而得女，故謂之中女。艮三索而得男，故謂之少男。兌三索而得女，故謂之少女。

【本義】

索，求也，謂揲蓍以求爻也。《朱子語錄》云：「乾求於坤而得震坎艮，坤求於乾而得巽離兌。一二三者，以其畫之次序言也。」謂不當作揲蓍看。**男女指卦中一陰一陽之爻而言。**

【釋義】

索，求也、交也。乾求坤，乾坤交合也。一索、再索、三索，初交合、再交合、三交合也，皆是爻自下而上生。乾求坤，一求而得震，一陽交自下，生長男；再求而得坎，一陽交自中，生中男；三求而得艮，一陽交自上，生少男。坤求乾，一求而得巽，一陰自下生，為長女；再求而得離，一陰升至於中，為中女；三求而得兌，一陰升至於上，為少女。

乾為天，為圜，為君，為父，為玉，為金，為寒，為冰，為大赤，為良馬，為老馬，為瘠馬，為駁馬，為木果。

【本義】

《荀九家》此下有為龍，為直，為衣，為言。龍取乾之神妙，直取健上，衣取在上。

【釋義】

乾為天之性情，為天。周而復始，取圜。乾尊坤卑，生育萬物，乾似君父。玉圓潤又剛硬，似乾。金剛不變，似乾。乾位西北寒冰之地，為寒為冰。乾乃盛陽，色大赤。良馬行健為乾。老馬行健，恒久似乾。骨多陽，肉多陰，瘠馬多陽能行健，為乾。宋衷：「天有五行之色，故為駁馬也。」木果取生生不已，似乾。

坤為地，為母，為布，為釜，為吝嗇，為均，為子母牛，為大輿，為文，為眾，為柄，其於地也為黑。

【本義】

荀《九家》有「為牝，為迷，為方，為囊，為裳，為黃，為帛，為漿。」牝取任重而順，迷戒其不敢在先，方取不變，囊取包容，裳取在下，黃取坤土色黃，帛取順道而裁成。

【釋義】

地方直大，生育萬物，為母，似坤。坤裁成乾道，似布。釜，取其化生成熟。陳夢雷：「陰性吝嗇，女子小人未有不吝嗇者也，吝嗇者翕之守。」均，取生育萬物，不擇美惡。孔穎達：「為子母牛，取其多蕃育而順之也。為大輿，取其載萬物也。為文，取其萬物之色雜也。為眾，取其載物非一也。為柄，取其生物之本也。為黑，取其極陰之色也。」崔憬：「萬物依之為本，故為柄。」

震為雷，為龍，為玄黃，為旉，為大塗，為長子，為決躁，為蒼筤竹，為萑葦。其於馬也，為善鳴，為馵足，為作足，為的顙。其於稼也，為反生，其究為健，為蕃鮮。

【本義】

荀《九家》有「為玉、為鵠、為鼓。」鼓取鼓動萬物。

【釋義】

孔穎達：「此一節廣明震象。為玄黃，取其相雜而成蒼色也。為旉，取其春時氣至，草木皆吐，旉布而生也。為大塗，取其萬物之所生也。為長子，震為長子也。為決躁，取其剛動也。為蒼筤竹，竹初生色蒼也。為萑葦，竹之類也。其於馬也，為善鳴，取雷聲之遠聞也。為馵足，馬後足白為馵，取其動而見也。為作足，取其動而行健也。為的顙，白額為的顙，亦取動而見也。其於稼也，為反生，取其始生戴甲而出也。其究為健，極於震動則為健也。為蕃鮮，取其春時草木蕃育而鮮明。」

震乃一陽在下，有潛龍之象。震為陰陽始交，相敵而其血玄黃。陽氣始生，則旉生萬物。一陽震動於下，兩陰闢開於上，前無所阻，為大塗。剛進而決於陰，躁而易動，為決躁。俞琰曰：「陽長而不已，則其究為乾之健。」究，到底、終點。

巽為木，為風，為長女，為繩直，為工，為白，為長，為高，為進退，為不果，為臭。其於人也，為寡髮，為廣顙，為多白眼，為近利市三倍。其究為躁卦。

【本義】

荀《九家》有「為楊，為鸛」。巽有順義，楊概取楊樹枝條隨風而順。

【釋義】

孔穎達曰：「此一節廣明巽象。巽為木，木可以揉曲直，巽順之謂也。為繩直，取其號令齊物也。為工，亦取繩直之類。為白，取其潔也。為長，取其風行之遠也。為高，取其木生而上也。為進退，取其風性前卻。為不果，亦進退之義也。為臭，取其風所發也。為寡髮，風落樹之華葉，則在樹者稀疏，如人之少發。為廣顙，額闊發寡少之義。為多白眼，取躁人之眼，其色多白也。為近利，取躁人之情多近於利也。市三倍，取其木生蕃盛於市，則三倍之利也。

其究為躁卦，取其風之勢極於躁急也。」

巽而自處污下，污者所以能白也，如孟之反之不伐。巽遜卑下，所以能長於人。謙處下者，所以能高也。巽退以進，為進退。巽而謙，謙讓而不果進也。寡髮：巽志於柔，內精不足，故寡髮。《子夏易》：「巽志於柔，其體虛，其精薄，其道虧也，故於首則寡髮矣。」寡髮則額廣，廣顙也。精氣少，則多白眼。

陳夢雷：「陽義陰利，陰主於內，近利之至，如賈之得利三倍也。」

其究為躁卦，陳夢雷：「三爻皆變，則為震之決躁，故究為躁卦也。然震變乾，變上二畫而已。巽不言中上之變為坤，而以三畫盡變為震者。蓋陰欲變為陽，陽又欲變為純陽。此又聖人扶陽抑陰之意也。」

坎為水，為溝瀆，為隱伏，為矯輮，為弓輪。其於人也，為加憂，為心病，為耳痛，為血卦，為赤。其於馬也為美脊，為亟心，為下首，為薄蹄，為曳。其於輿也，為多眚，為通，為月，為盜。其於木也，為堅多心。

【本義】

荀《九家》有「為宮，為律，為可，為棟，為叢棘，為狐，為蒺藜，為桎梏」。棟，取中剛而高，似兩陰夾一陽。叢棘、蒺藜、桎梏，皆取險難。

【釋義】

孔氏穎達曰：「此一節廣明坎象。坎為水，取其北方之行也。為溝瀆，取其水行無所不通也。為隱伏，取其水藏地中也。為矯輮，使曲者直為矯，使直者曲為輮。水流曲直，故為矯輮也。為弓輪，弓者激矢如水激射也，輪者運行如水行也。為加憂，取其憂險難也。為心病，憂險難故心病也。為耳痛，坎為勞卦，聽勞則耳痛也。為血卦，人之有血，猶地有水也。為赤，亦取血之色。其於馬也，為美脊，取其陽在中也。為亟心，亟，急也，取其中堅內動也。為下首，取其水流向下也。為薄蹄，取水流迫地而行也。為曳，取水磨地而行也。其於輿也，為多眚，取其表裏有陰，力弱不能重載也。為通，取行有孔穴也。為月，月是水之精也。為盜，取水行潛竊也。其於木也，為堅多心，取剛在內也。」

剛陷於兩柔之間，待時而動，為隱伏。水流首下行，為下首；或以為馬疲則首垂，為下首。處蹇則加憂。處險則有血。行艱為曳。處險則視不明，為多眚。剛中終不為柔所陷，為通。《子夏易》：「為盜，居陰之中，陰竊之物也。」

離為火，為日，為電，為中女，為甲冑，為戈兵。其於人也，為大腹，為乾卦，為鱉，為蟹，為蠃，為蚌，為龜。其於木也，為科上槁。

【本義】

乾，音乾。蟹，戶買反。蠃，力禾反。蚌，步項反。荀《九家》有「為牝牛」。

【釋義】

孔穎達曰：「此一節廣明離象。離為火，取南方之行也。為日，日是火精也。為電，火之類也。為中女，離為中女。為甲冑，取其剛在外也。為戈兵，取其以剛自捍也。其於人也，為大腹，取其懷陰氣也。為乾卦，取其日所烜也。為鱉，為蟹，為蠃，為蚌，為龜，皆取剛在外也。其於木也，為科上槁。科，空也。陰在內為空，木既空中，上必枯槁也。」

艮為山，為徑路，為小石，為門闕，為果蓏，為閽寺，為指，為狗，為鼠，為黔喙之屬。其於木也，為堅多節。

【本義】

荀《九家》有「為鼻，為虎，為狐」。鼻，為臉上之艮。虎嘯山林，取艮。狐，性狡猾，氣味難聞，皆能止人。

【釋義】

孔穎達曰：「此一節廣明艮象。艮為山，取陰在下為止。陽在上為高，故艮象山也。為徑路，取其山路有澗道也。為小石，取其艮為山，又為陽卦之小者也。為門闕，取其崇高也。為果蓏，木實為果，草實為蓏，取其出於山谷之中也。為閽寺，取其禁止人也。為指，取其執止物也。為狗，為鼠，取其皆止人家也。為黔喙之屬，取其山居之獸也。其於木也，為堅多節，取其堅凝故多節也。」

為狗，能守而止惡。為鼠，依止於人。閽寺，宮中掌管門禁的官，止人進也。宋衷曰：「閽人主門，寺人主巷，艮為止，此職皆掌禁止者也。」

兌為澤，為少女，為巫，為口舌，為毀折，為附決。其於地也，為剛鹵，為妾，為羊。

【本義】

折，支列反。鹵，力杜反。荀《九家》有「為常，為輔頰。」輔頰取兌口。此章廣八卦之象，其間多不可曉者，求之於經，亦不盡合也。

【釋義】

孔氏穎達曰：「此一節廣明兌象。兌為澤，取其陰卦之小，地類卑也。為少女，兌為少女也。為巫，取其口舌之官也。為門舌，取西方於五事而言也。為毀折，為附決，兌西方之卦，取秋物成熟，稾稈之屬，則毀折也，果蓏之屬，則附決也。其於地也為剛鹵，取水澤所停，則鹹鹵也。為妾，取少女從姊為娣也。」

附決，隨之而脫落，附，隨附也；決，脫離也。剛鹵，土地堅硬而含鹽鹵。陰在首似羊角，兩陽如羊之狠；外溫順內狠敢，似羊。

雜卦傳

韓康伯：「雜卦者，雜糅眾卦，錯綜其義，或以同相類，或以異相明矣。」孔穎達：「《序卦》依文王上下而次序之，此《雜卦》孔子更以意錯雜而對，辨其次第，不與《序卦》同。」雜卦，乃夫子讀易有感，雜亂文王之序，拈出相對兩卦，或卦顛倒，或爻皆相反，卦顛倒有二十三對，爻相反有四對——乾與坤、小過與中孚、離與坎、大過與頤，以便於學者記誦。

《朱子語類》云：「卦有反有對，乾坤、坎離是反，艮兌、震巽是對，乾坤、坎離，倒轉也只是四卦，艮兌、震巽倒轉則為中孚頤、小過大過，其餘皆是對卦。」又云：「八卦便只是六卦，乾、坤、坎、離是四正卦，兌便是翻轉底巽，震便是翻轉的艮，六十四卦，只八卦是正卦，餘便只二十四卦，翻轉為五十六卦，中孚是個雙夾底離，小過是個雙夾的坎，大過是個厚畫底坎，頤是個厚畫底離。」此皆孔子以意錯雜而對。

乾剛坤柔，比樂師憂。

【釋義】

乾坤爻相反，比、師卦顛倒。

乾，剛立則不繫於物，物物而不物於物，故能獨立不改其道。坤，柔附則順，直方大也可為牝馬之健，然也需承乾柔順。比相親而和於眾，故能與眾同樂。《易之義》云：「比者，得鮮也。」比者，以親比他人為義，雖比眾而樂，然務求安於外，鮮能自反而有得。師者，行眾於險中，必當憂惕戒懼。

臨、觀之義，或與或求。

【釋義】

臨、觀卦顛倒。

王弼：「以我臨物，故曰與；物來觀我，故曰求。」我臨物則與之，眾觀我則求之。君臨天下，德澤萬民，與也。民仰觀於我，期我惠政，求也。

君子有可觀者則可臨人，無有可觀，當蓄德以求可以臨者。臨於人，也必被人所觀仰。

屯見而不失其居，蒙雜而著。

【釋義】

屯、蒙卦顛倒。

屯難之時，君子濟天下則見其德，有所立而不陷於難，則不失其居。柴中行：「在蒙昧之中，雖未有識別，而善理昭著。」

蒙時正邪未別，為雜處；然蒙而不失正，其明必著。

王弼：「雜者未知所定也。求發其蒙，則終得所定。著，定也。」山下遇坎，不知所向，雜然不知所處，為雜；發蒙開智，不失其正，明德不掩，為著。

蘇東坡：「童蒙求我，求人以自明，故曰著。雜則不見，著則不居。」自明其明德，雖曰「求」人，然德之在己，需反己而求自明其德。雜則不見其正，著則不居其德。

震起也，艮止也。損、益，盛衰之始也。

【釋義】

震、艮卦顛倒，損、益卦顛倒。

鼓舞天下，物蟄而驚起，震動以奮起天下萬物。止者，止天下於正，兩柔順於一剛，終成於物，止物也。物始於震，一陽於初；物成於艮，一陽在上。

損，損下益上，剝削根本，衰之始也；益，損上益下，培育根本，盛之始也。

大畜時也。无妄災也。

【釋義】

大畜、无妄卦顛倒。

君子大畜其德以俟時，藏器以待用。若無器可藏，素不學習，時豈待我耶？无妄自作，故災自外來。郭雍：「君子藏器於身，待時而動。然則多識前言往行以畜其德，亦以待時也。无妄之謂災，其餘自作孽而已，故无妄匪正有眚。」

萃聚而升不來也。謙輕而豫怠也。

【釋義】

萃、升卦顛倒。謙、豫卦顛倒。

澤聚在地，眾集為萃。升而不返，不來歸也。山處地下，高而處卑，貴而自賤，自輕為謙。豫樂忘返，不知約束，為怠。郭雍：「謙輕己，豫怠己也。以樂豫，故心怠，是以君子貴知幾。」

噬嗑食也，賁無色也。

【釋義】

噬嗑、賁卦顛倒。

噬嗑以食，上下合志，天下安也。王弼：「飾貴合眾，無定色也。」合眾則無己，以眾之色為色，無定色也。賁者，山下有光，照得萬物，各顯文章，故賁之所飾，非自外文之，物自文之，飾之無為，任物自飾，賁無色也。賁無為而順有為，賁無色而順有色。

兌見而巽伏也。

【釋義】

兌、巽卦顛倒。

朱熹：「兌陰外見，巽陰內伏。」兌，陰居一卦之上，外見也。巽，陰處一卦之下，內伏也。

【補遺】

從卦象上看如此，兌要顯，巽要隱；兌之顯，乃屈己而悅順於人；巽之隱，乃遜入和處，然剛直不改。

隨無故也，蠱則飭也。

【釋義】

隨、蠱卦顛倒。

王弼：「隨時之宜，不繫於故也。隨則有事，受之以蠱。飭，整治也。蠱所以整治其事也。」不繫於故，乃不執過往，與時消息而已。

隨人去，必去我執，捨故我以從人，毋固毋我毋意毋必，佛家捨執念，無故也。蠱乃治蠱，治蠱必飭滌舊秩序；為卦，長女下於少男，不匹之甚；風遇山，回亂於物，也需得整飭。

剝，爛也。復，反也。

【釋義】

剝、復卦顛倒。

群陰蝕陽，一層層剝爛去，君子道消，賢人隱。陽復來於初，復反於正也。剝乃爛極了，只剩一孤陽，剝於上又復生於下，復去剝削陰。

晉，晝也。明夷，誅也。

【釋義】

晉、明夷卦顛倒。

晉，日陞於地上為晝，見龍在田，君子明其明德。明夷，日降於地下，明被誅傷，君子隱晦而斂其德光。

井通而困相遇也。

【釋義】

井、困卦顛倒。

井，木下於水，必自下而升，上下相通也。

困之為卦，自下而上，依次為坎、離、艮、兌：坎水離火，相對而遇；坎為中男，離為中女，相對而遇；艮山兌澤，相生而遇；艮為少男，兌為少女，相悅而遇。

咸速也。恒久也。

【釋義】

咸、恒卦顛倒。

咸為少男少女，交感之速。恒為男上女下，常道則久。

渙，離也。節，止也。解，緩也。蹇，難也。睽，外也。家人，內也。否、泰反其類也。

【釋義】

渙、節卦顛倒。解、蹇卦顛倒。睽、家人卦顛倒。否、泰卦顛倒。

風行水上，離散萬物。水在澤中，節約其行，行有所止也。雷動以上，雨行於下，動而出險，緩天下之急，解也。動於險下，蹇險在前，難也。睽者，女正於外，非正也，不正非親，故外之。家人，女正於內，乃正也，正則親，故內之。否，大往小來，陽消於外而陰長於內；泰，大來小往，陽長於內而陰消於外，反其類也。

大壯則止，遯則退也。

【釋義】

大壯、遯卦顛倒。

大壯，陽進至四，臣乃當止之地。遯則柔進而剛消，君子觀之而隱也。

大有，眾也。同人，親也。革，去故也。鼎，取新也。小過，過也。中孚，信也。豐，多故也。親寡，旅也。

【釋義】

大有、同人卦顛倒。革、鼎卦顛倒。小過、中孚爻皆相反。豐、旅卦顛倒。

明照萬類，居中虛己，公而無私，大有萬民，眾與也。內文明其德，外健行其志，篤信而眾從，故能與人同其心合其志，與人親也。水火相息，去故舊也。革舊以存新，鼎也。陰過勝於陽，小過也。三四虛中，寬受天下，二五剛中，誠待天下，中孚也。明以動，致天下以豐多也。旅行於外，親我者寡也。

【補遺】

「多故」之「故」，也作「事故」解，豐大則多事故，多憂也。王弼：「高者懼危，滿者戒盈，豐大者多憂故也。」事故多則多憂。王弼：「親寡，故寄旅也。」親寡，親附者寡，故所處皆非安所，處處皆為旅。

離上而坎下也。

【釋義】

離、坎卦爻皆相反。

離炎上，文明以照；坎潤下，膏澤於民。

小畜，寡也。履，不處也。

【釋義】

小畜、履卦顛倒。

一陰畜五陽，所畜者寡。履禮，謙而不處也。不處，讓也，讓名、讓利、讓天下，然有可處而不可讓者——仁義也，君子處仁由義，當仁不讓於師。

需，不進也。訟，不親也。

【釋義】

需、訟卦顛倒。

需，剛進而受阻，宜暫息不進，須待以時。天行於上，坎潤於下，上下不親也。

大過，顛也。姤，遇也，柔遇剛也。漸，女歸待男行也。頤，養正也。既濟，定也。歸妹，女之終也。未濟，男之窮也。夬，決也，剛決柔也，君子道長，小人道憂也。

【釋義】

大過、頤卦爻皆相反。漸、歸妹卦顛倒。既濟、未濟卦顛倒。姤、夬卦顛倒。

大過，本末弱，澤淹於木頂之上，顛也。風行天下，遍觸於物，遇也；一陰居下，巽入於五陽，柔遇剛也。漸，巽為長女，艮為少男，長女待少男而行。頤，內震外艮，本末皆陽，震動眾陰而止於正，所以養正也。剛柔皆居正，既濟定也。女從一而終，歸妹也。剛居上位而濡其首，三剛失位，男道窮也。

眾陽決去一陰，剛決柔，小人盡去，天下復歸純粹至正，唯王者能決之，夬也。朱熹云：「《雜卦》以乾為首，不終之以他卦，而必終之以夬者，蓋夬以五陽決一陰，決去一陰，則復為純乾矣。」項安世云：「自夬而乾，有終而復始之義也。」